足球理论探究

李泽龙　王海青 ◎ 著

中国社会科学出版社

图书在版编目（CIP）数据

足球理论探究 / 李泽龙，王海青著 . —北京：
中国社会科学出版社，2016.11
ISBN 978 - 7 - 5161 - 9377 - 8

Ⅰ . ①足… Ⅱ . ①李…②王… Ⅲ . ①足球运动—研究—中国
Ⅳ . ① G843.92

中国版本图书馆 CIP 数据核字（2016）第 278397 号

出 版 人	赵剑英
责任编辑	戴玉龙
责任校对	孙红波
责任印制	王 超

出 版	中国社会科学出版社
社 址	北京鼓楼西大街甲 158 号
邮 编	100720
网 址	http://www.csspw.cn
发 行 部	010-84083685
门 市 部	010-84029450
经 销	新华书店及其他书店

印刷装订	北京君升印刷有限公司
版 次	2016 年 11 月第 1 版
印 次	2016 年 11 月第 1 次印刷

开 本	710×1000 1/16
印 张	20.25
字 数	285 千字
定 价	75.00 元

新的理论来指导我国足球运动的发展，以尽快提高我国足球运动水平。

本书重点阐述了足球运动的特征和规律、足球运动员的体能、足球技术、足球战术、足球训练、足球运动员的营养与保健等理论。

在撰写过程中，本书力求突出如下特点。

第一，新颖性。全书内容都是国内外最新的理论，反映了国内外足球运动的发展趋势，具有鲜明的时代特色。

第二，实用性。本书立足于国内足球运动发展的现实需求，理论和实践内容基本上来自国内职业足球运动的各个方面。

由于作者能力有限，书中若有不妥之处，恳请各位读者批评指正。

李泽龙　王海青

2016 年 9 月 10 日

前　言

随着足球运动职业化的实行，风靡全球的足球运动得到了飞速的发展。为适应世界足球运动的发展潮流，中国足球紧随世界足球发展趋势，在 1992 年北京红山口召开的全国足球工作会议吹响了我国足球职业化改革的号角，足球成为我国体育体制改革的突破口。

近几年，国家出台了一系列鼓励足球发展的政策性文件，为中国足球发展保驾护航。2014 年 10 月 20 日，国务院印发了《关于加快发展体育产业促进体育消费的若干意见》，将中国足球带入改革发展的黄金期。2015 年 2 月 27 日，中央全面深化改革领导小组第十次会议，审议通过了《中国足球改革发展总体方案》。这不仅是中国足球改革与发展的纲领性文件，同时，也是中国体育史上一个里程碑式的事件，为中国足球的发展指明了前进的方向。2015 年 7 月 27 日，由教育部、国家发展改革委、财政部、新闻出版广电总局、国家体育总局、共青团中央等 6 部门联合发布了《教育部等 6 部门关于加快发展青少年校园足球的实施意见》，明确提出了到 2025 年建设 5 万所足球特色学校、200 个左右高等学校高水平运动队等目标。这是校园足球的主管部门由体育部门转为教育部门后的又一举措。

国家各部门严格实施有关足球政策，使中国足球走上了正确的道路。目前，中国足球协会已经与国家体育总局脱钩，足球联赛也逐渐市场化和规范化，我国足球在体制改革、机制转变的道路上已经初见成效。

虽然经过十几年的发展，我国足球运动水平也得到了长足的发展，但不可否认的是，我国足球运动水平与世界足球强国还有不小的差距，这就需要我们通过

目 录

第一章 现代足球特点和规律

第一节 现代足球运动的特点

一 现代足球运动的特点

（一）球队的集体协作性

在足球比赛中，每队上场比赛的 11 个人思想要统一、行动要一致，无论进攻还是防守，所有参赛队员必须一动全动，整体协作的意识一定要强，这样整支球队的作战能力才能表现出"1+1 > 2"的整体作战特点。但是，由于足球比赛中位置分工多、身体触球部位多、配合线路多，因此，集体配合难度大。

（二）个人能力的综合性

1. 个人能力是足球运动的基础

虽然在足球比赛中，需要参赛的 11 名队员以一个整体形式表现，但是，球队的整体作战能力则是建立在队员个人能力的基础上，个人能力是足球整体实力的坚实基础。

2. 个人能力要与集体技战术有机结合

参赛队员的个人能力必须要与球队的集体技战术有机结合，这样才能真正使个

1

人能力得到发挥，使球队发挥出"1+1 > 2"的整体作战能力。

3. 独特的个性特点和个人竞技能力的重要性

运动实践证明：运动员的个性特征是他们掌握技能和使之稳定、准确地表现出来的必要的心理条件，对运动员更高运动成绩的取得有着重要影响。而独特的个人竞技能力是足球运动员在场上战胜对手的"利器"，对球队整体实力的提升、比赛结果都有重要的影响。

4. 个性特点和全面的技战术特点的结合

个性特点对于足球运动员掌握、稳定、准确地发挥技能，具有非常重要的作用。但是，运动员必须具有全面的技战术特点，二者必须有机结合才能将运动员的独特、全面的竞技能力发挥出来。

（三）对抗的特殊性

足球运动是一项竞争激烈的对抗性项目。从一对一的对抗到局部两三人之间的对抗，再到球队的整体对抗；队员之间从无球的对抗到有球的对抗；从上躯干的对抗到下肢的对抗；从空中的对抗到地面的对抗，以及同队的压力、对手的压力、环境的压力都可能作用到一次简单的动作中的"对抗"，都体现出足球运动对抗的特殊性。

（四）技战术和体能的专项性

足球运动的技能、战术能力和体能表现出专项化的特征，因此，在训练中必须进行专项化的训练。同时，足球运动员的技术、战术能力和体能必须同步进行和提高，特别是体能训练必须技术化、战术化，而且要具有阶段性。

（五）比赛情境的不可重复性

由于足球比赛中队员人数多、对抗特殊、配合复杂，所以足球比赛的情景不容易再现，更无法真实地还原比赛情景，队员、球队的训练水平也不能等同于比赛水平。

（六）比赛和训练的非一致性

足球运动是一项技术上多姿多彩、战术上变幻莫测、比赛结果难以预测的非周期性项目，因此，训练只能无限接近实战，但是永远无法成为实战。所以，比赛和训练是不一致的。

（七）对抗中的准确性

在足球运动中，队员的战术思维必须准确，同时完成技术动作必须准确，队员之间的战术配合思维也一定要准确，而所有技战术完成的准确性最终必须体现在射门的准确性，这是足球运动中对抗准确性的起点和归宿。

二　足球的制胜规律

足球比赛的制胜规律可以概括为整体、快速、变化、对抗、意志力等。

第二节　现代足球的比赛特点

一　快速准确

在现代足球比赛中，从个人技术动作的完成、奔跑速度、战术决策到局部二三人之间的配合，再到球队的整体攻守速度，都体现为"快速"。同时，在快速运动中，无论是队员的个人技术动作和战术决策，还是队员之间局部战术配合思维以及整体攻守战术思维的完成都必须准确。

二　对抗激烈

在现代足球比赛中，为了实现对球的控制，必须对对手、对球场内特定的区域、对比赛速度在时空上实行全方位的控制。因此，在比赛中，攻守双方为了最大限度地争夺时空优势，或获得某一特定的空间，争取宝贵的瞬间，队员相互运用身体冲撞、贴身紧逼、带球突破、争顶高球等多种形式的对抗越来越多，也越来

越激烈。据统计，当前世界优秀足球队在一场比赛中，平均完成技术动作916次，其中处于对抗条件下运用技术为482次，占总数的52.6%。这反映出比赛中为了争夺控球权，全场1/2以上的技战术是通过对抗形式实现的；若再加上在球附近、在双方罚球区内的要害地区为争夺时空间的限制与反限制的对抗数，则其比例将会大大超过上述数字，这充分说明现代足球比赛的对抗程度越来越激烈。

三　时空狭小

现代足球比赛中，比赛双方（除守门员外）的20名队员都集中在宽度约40米、长度约30米的狭小空间中展开对球的争夺和控制，而且，由于队员体能训练水平的提高，队员的奔跑速度越来越快，奔跑距离越来越长，留给队员完成技术动作和战术决策的时间越来越短、空间越来越小。

四　攻防频繁

现代足球比赛的基本态势是攻守之间的转换快速而频繁。经过研究，在90分钟的比赛时间里，纯比赛时间大约为60分钟，而在约60分钟的纯比赛时间里，比赛双方要进行300多次的攻守转换，在短短的1分钟时间内双方攻守转换可达5次之多，这充分体现了现代足球比赛攻守转换高速度和高频率的特点。

第三节　现代足球运动的规律

一　足球运动具有以有氧耐力为基础，以有氧和无氧混合供能为特点，突出非乳酸速度耐力训练的生理变化规律

根据利森对1990年第14届世界杯统计表明，运动员在场上跑动最少的为

8700 米、最多的为 14273 米。可见，为了能够在 90 分钟甚至更长的时间里保持正常的跑动，必须具有良好的耐力基础。同时，1990 年世界杯的研究还表明，在比赛中走动距离占 33.7%、慢跑距离占 40.8%，而快速冲刺跑距离占到了 25.5%。运动员每次跑动以 5—15 米的距离为最多，加上一些急停急转、跳跃的动作，可以说，在足球比赛中不同的运动形式决定了运动员需要不同的供能系统进行供能。究竟以哪个系统供能为主，一直是研究者争论和研究的热点，但是，从 20 世纪 80 年代末、90 年代初以后，国际上一些学者的研究结果开始趋于一致：足球运动员主要以有氧和无氧系统供能，而无氧糖酵解供能对足球运动员则没有特殊的要求。例如，丹麦的汉斯测试甲级队比赛血乳酸值为 4.4 毫摩尔/升；德国的杰里施发现职业队同业余队比赛时血乳酸值为 4—6 毫摩尔/升，顶峰值也只有 7—8 毫摩尔/升；匈牙利的皮特和其他国家研究者的结果也基本在这一范围。因此，足球运动员的无氧能力主要是非乳酸无氧能力，许多研究已经证明了这一点。例如，英国里利·托马斯等人的研究表明，足球比赛每 90 秒内约有 15 米的冲刺跑；而美国马修斯测等人测试足球运动员的非乳酸无氧功高达 169—181 千克·米/秒。可见，足球运动员的非乳酸无氧能力对比赛取胜起着重要作用，所以，在训练中要突出非乳酸无氧能力训练的生理变化。

二　足球运动具有以技术、技巧为基础，以战术意识为灵魂，以身体、心理和意志力为保证，突出综合性技战术训练的运动规律

田麦久的项群训练理论揭示：足球运动是一项竞技能力主导类同场对抗性项目，运动员在比赛中围绕"球"所进行的一切有球和无球的行动，都是以有球和无球技术、技巧为基础，技术、技巧是足球运动员竞技能力中最重要的因素之一，而所有运动员技术、技巧的发挥都必须服从和服务于全队的战术，这样才能发挥"1+1 ＞ 2"的整体系统功能。作为一项比赛时间长、强度大、对抗激烈、完成技战术难度大的运动项目，运动员还必须具备超强的奔跑能力、快速而富有弹性的爆发性力量、良好的灵敏度和柔韧性等身体素质，稳定的情绪、较集中的注意力、顽强的意志品质的心理能力，锐利的观察能力、良好的记忆能力及快速、灵活的思维

能力和出色的独创能力等智能素质。可以说，足球运动员的竞技能力是由不同因素及它们之间的密切联系所构成的，形成了一个多序列、多环节、多层次的动态结合体。因此，在训练过程中，必须将决定足球运动员竞技能力的五个要素即技能、战术能力、体能、心理能力和运动智能作为一个整体进行综合性训练，同时，也要根据决定足球运动员竞技能力五个要素的层次性，抓住足球运动的制胜规律，突出足球运动员的技能和战术能力的训练。

三　足球运动具有以变化性、整体性、对抗性为特点，突出高强度对抗性训练的规律

足球比赛是一项技能主导类同场对抗性项目。在比赛中，同队的 11 名队员必须思想统一、步调一致、协同作战，为了与对手在"球"的争夺和控制中获取胜利而展开激烈的对抗，从有球对抗到无球对抗、从上躯干对抗到下肢对抗、从空中对抗到地面对抗、从个人对抗到局部对抗再到整体对抗，以及运动员竞技能力各要素之间的对抗，足球比赛中对抗无处不在、无时不在，而且变幻莫测、瞬息万变，表现出明显的整体性、对抗性和变化性。因此，在训练过程中，必须以比赛为镜子，从实战需要出发，突出足球比赛高强度对抗性的特点，这是足球训练的重要规律之一。

四　足球运动具有以训练为基础，以比赛为目标，以比赛带动训练，突出比赛实用性技术运用的规律

足球运动作为以体育竞赛为主要特征，以创造优异运动成绩、夺取比赛胜利为主要目标的竞技体育的重要组成部分，必须通过高水平的运动训练，全面提高运动员的竞技能力以及球队的集团竞技能力。并且通过运动竞赛的形式将运动员的竞技能力和球队的集团竞技能力表现出来，满足社会大众的消费需要。通过比赛这个杠杆，带动运动员训练的积极性、主动性。在训练的过程中，必须从实战需要出发，紧跟现代足球发展趋势，突出技术训练的合理性、简捷性。

第二章
现代足球训练的特点与原则

第一节　现代足球运动员的竞技能力结构

　　足球训练以获得最佳竞技能力并在比赛中战胜对手、取得优异成绩和理想名次为最终目的，为此，有必要揭示足球运动员竞技能力的构成因素。足球运动员的竞技能力是由不同因素及它们之间的密切联系所构成的，形成了一个多序列、多环节、多层次的动态综合体。现代运动训练理论和实践告诉我们，作为技能主导类同场对抗性项群的一个项目，足球运动员竞技能力的高低主要取决于他们的技能、战术能力、体能、心理能力和运动智能（图 2-1），据此才能进一步明确训练的具体内容，合理地安排运动负荷，以及选择适宜的训练方法、手段等，使足球运动员的竞技能力得到全面提高。

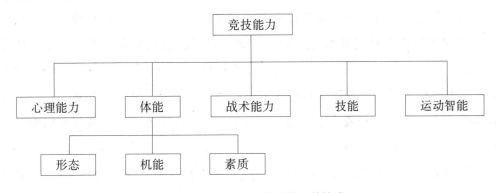

图 2-1　足球运动员竞技能力的构成

一 足球运动员的技能特征

运动技术是指完成比赛的特定动作的方法。实践证明，足球技术在足球运动员的竞技能力中起着决定性作用。足球运动员在比赛中，需要不断调整自己与球、同伴、对手以及场地之间的关系。因此，它的技术动作处于不断的变化之中，依其动作结构特点，隶属于多元变异组合结构。

在学习和运用足球技术时，根据足球运动员的基础水平，一般来说，分下面三个步骤进行。即首先学习、掌握单个动作技术，其次练习各个变异组合技术，最后在对手干扰下完成。

从足球运动员与球的关系上来看，又可以将足球的技术动作分为有球技术和无球技术两大类。足球运动员在比赛场上携球或无球徒手完成不同姿势的起动、跑、移动、跳跃、转身、倒地、合理冲撞、急停以及冲刺跑等。

尽管当今足球运动员在比赛中能攻善守，常常不拘泥于死板的阵型和位置，但足球运动员仍有基本位置的分工。因此，足球运动员的技术还有一般技术与位置技术之分。不同位置的足球运动员常常运用不同的技术完成自己的参赛任务。

随着足球运动的深入发展，几十年来足球技术动作结构虽然变化不大，然而，由于干扰与反干扰的激烈对抗，足球技术也被注入了新的内容，展示了引人注目的突破性进展，具有一些时代的特点。

（一）既全面，又有特长

技术全面是足球运动员运动技术水平高度发展的重要体现。足球运动员须熟练地掌握和运用多种变异组合结构的运动技术，在激烈争夺中表现出高度的技巧。例如有些足球运动员在比赛中能担任多个位置的角色，能用左、右脚射门得分。同时还应当看到，当今的足球运动员除技术全面外，还有专门化的特点，即有鲜明的个人技术特长或绝招。须知，今天的专门化同 20 世纪 60 年代以前的技术专门化含义不同，那时的专门化是队员固守在某个位置的专门化，而当今的专门化是建立在全面化基础上的。他们首先是某个位置或场区上的"专家"，能熟练地运用本位置或场区的技术和个人的绝招，此外，还能完成其他位置或场区的职能，做到能攻善守。

（二）技术与快速融为一体

不言而喻，当今足球运动员的技术如果不与速度紧密结合是没有生命力的，过去那种适应"一接二看三传球"比赛格式的技术，在现代高水平的竞技场上已经几近绝迹了。足球运动员完成技术动作的速度明显加快，并减小了某些技术动作的幅度。例如运动员完成踢球技术动作时，主要靠小腿的摆动来完成，减小了大腿的作用，缩短了摆动距离，加快了动作频率。

（三）技术熟练，技巧性高

现代足球运动员在激烈比赛中完成技术动作时，表现出很高的熟练性、稳定性和技巧性。例如他们在运球时，能"解放眼睛"，边运球、边观察场上情况，运球技术动作快速熟练、连贯协调、变化自如，对手很难从运球者脚下抢断球。又如传球巧妙、多样。传球是足球组织进攻和集体配合的主要手段，被称为"足球运动员的语言"。观摩球场上足球运动员的传球技术，展现在我们眼前的是形式多样、及时准确、隐蔽性强、变化莫测。由于足球运动员在球场上活动范围的扩大，场地显得"小"了，足球运动员们在狭小的空间内，进行各种巧妙的传球配合，使人眼花缭乱。同伴之间表现出高度的默契，不论快速反击的长传球，还是巧妙的短传配合，优秀队员都能及时且恰到好处地将球传到需要的地方。

（四）技术表现出高度的准确性和实用性

在现代足球比赛中，足球运动员完成技术动作的准确性明显提高了。射门、传球、抢截球等技术的准确性，同 20 世纪三四十年代相比有天壤之别。技术运用得简练、实用也是现代足球技术的一大特点。足球运动员在竞赛场上不论是完成单个动作还是组合技术动作，都以争取时间更多地射门得分为目的，因此，技术运用得十分简单、实用。应当强调的是，现代球星技术的特点是十分实用，那些华而不实、个人表演的时代已经结束。正如许多国外足球专家评论的那样：当今的球星在世界杯赛中的表现说明了他们在个人技术上比过去朴实、稳妥多了，他们放弃了过去那些为了取悦观众、花哨的不必要的多余技术动作。

二 足球运动员的战术能力特征

战术是指在比赛中为了发挥本队特点、战胜对手，根据主客观的实际情况而采用的个人和集体配合的组织形式。足球比赛战术主要包括三个部分（图2-2）：

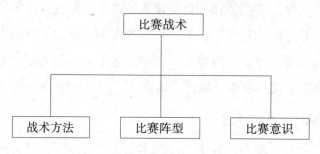

图2-2 足球比赛战术的构成

（一）战术方法

战术方法是个人或集体为实现本队作战目标所采用的具体手段和形式。比赛中的战术方法可分为个人、局部和整体三种（图2-3）。

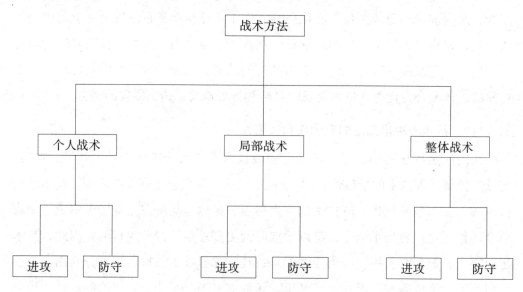

图2-3 足球比赛战术方法构成

1. 个人战术

个人战术方法可分为有球的战术方法和无球的战术方法两类。这里重点阐述有球的战术方法。个人有球战术方法既是局部战术方法及整体战术方法的基础，同时又要符合局部和整体战术的要求。队员在不违背整体作战方案的前提下，在进攻和防守中可充分发挥个人的聪明才智，创造性地完成全队的攻守打法，这是足球个人攻守打法的突出特点。进攻中通常采用的方法是运球突破、传球和射门；防守时主要运用选位和盯人等战术。

2. 局部战术

局部战术方法是指球场某一局部区域两三人之间的配合进攻和防守的具体手段和形式。

局部战术也称基础配合。在进攻时主要有传切配合、二过一配合、交叉换位配合、突破分球配合、掩护配合，等等；防守时主要有保护、补位、围抢，等等。

现代足球局部攻守战术的明显特点主要表现在两三名队友之间默契的呼应、快速而协调的配合。

3. 整体战术

整体战术是指为了完成全队的战术配合，由全体队员协同采用的有针对性的进攻和防守配合的方法。

整体战术是建立在个人、局部战术基础之上的，也是发挥全队力量的重要战术。足球进攻中整体战术方法主要有两种，一是快攻战术，二是阵地进攻战术。整体防守战术主要有盯人防守、区域防守和混合防守。

优秀足球运动队都十分重视全队的攻守战术配合，发挥和依靠全队的力量取胜。因此，在整体攻守战术打法上表现了如下特点。

（1）体现整体攻守战术配合

不论是全队的快攻还是阵地进攻，不论是边路进攻还是中路进攻，在进攻的一次配合中，有的队员控制球并保证全队的连续进攻；有的队员跑位接应支援控球的同伴；有的队员积极穿插跑动，为同伴创造接、传、射条件；有的队员承担射门角色；有的队员准备在进攻失误后积极选择有利的防守位置，等等。总之，

在每次攻守中都能体现出场上所有队员的作用，提高整体攻守最佳效能。

（2）强调以多攻少或以少防多的战术

《足球竞赛规则》规定，队员故意地严重犯规要一次性罚下场，不准再上场也不得替补，在队员出场减员的情况下，就出现了以多攻少或以少防多的局面。尤其是在与水平相近的对手的比赛中，这一战术就显得格外重要。抓好以多攻少或以少防多的整体攻守战术常常成为全队一场比赛成败的关键。因此，各国足球运动队都十分强调这一战术的训练。

（3）攻守战术速度明显加快

随着足球运动对抗日趋激烈，必然会引起战术打法的变革，其中攻守战术的配合速度和攻守之间的转换速度加快就是具体体现。因此，快速的战术配合是在激烈争夺之中取胜的最有效的手段。现代足球快攻打法日渐增多。据2002、2006年两届世界杯部分比赛在干扰下快攻射门进球数字可知，两次比赛中采用快攻手段入球数均占各种手段入球数之首，分别为49%和59%。

现代足球比赛中，不仅男子足球攻守战术速度越来越快，女子足球也同样向着高速度方向发展。据2003年第4届和2007年第5届女足世界杯统计，比赛中双方发球权转换140—150次，共有90次以上攻入进攻三区，这充分证明了女子足球运动高速度的发展趋势。

（4）十分重视防守战术配合

足球比赛判定胜负的标准是攻破对方球门数量的多少，因此，如果仅仅具有上乘的防守战术能力，而缺乏富有成效的进攻战术的配合，最多进球也不过打成平手。从这一认识出发，在一段时间内足球运动中曾出现过"重攻轻守"的战术指导思想。但实践证明，这一指导思想并不利于一支球队的最后胜利。随着足球运动的深入发展和人们认识的不断深化，现在各队普遍重视防守战术，而且出现积极、主动、富于攻击性的防守战术，给对方进攻造成了很大压力，使其失误增多、进攻威力降低，同时使本队由被动变主动，为进攻取胜创造了条件。例如，有的球队针对临场对手情况和战局变化，采取全场紧逼战术；有的采取区域防守或区域人盯人防守战术，守中寓攻，一旦截获到球，则风驰电掣般地进攻，使对手猝不及防而导致失分，甚至最后败下阵来。

（二）比赛阵型

所谓比赛阵型指一个球队为实现预定的比赛目的，而将各种不同类型的足球运动员有机而协调地排列在竞赛场上的战术结构。它是比赛战术的重要组成部分。比赛阵型与足球运动员的技术水平密切相关，从足球比赛阵型的演化看，尽管不同历史时期有不同的阵型，特别是近年来各项比赛战术都在朝着全攻全守方向发展，比赛中似乎见不到明显的阵型排列，但认真分析起来，可以看到当前比赛中仍有各自的基本阵型。当然，这并不否定各队依自己的特点和具体比赛对手的不同采用不同的阵型，甚至在同一场比赛中，根据比赛战局和比分的变化，也会改用不同的阵型。虽然足球比赛中各队所采用的基本阵型不同，但就其阵型的基本内容而言则是相同的。以下是不同基本阵型的基本内容。

划分各个位置运动员活动的一般区域；

规定每个运动员的具体职责；

确定每个运动员与各条线之间的关系；

明确个人与整体、局部与全局之间有目的的联系。

因此，现代人对足球比赛阵型的基本认识是：

① 阵型的选用，要根据本民族的特点和本队的实际情况，同时还要与足球运动的发展趋势相适应。一个队应有一个主要阵型，并有一两个辅助阵型。

② 阵型不是一成不变的，它的演变主要取决于足球运动员竞技能力水平、攻守矛盾的斗争、竞赛规则的变化和民族特征等。

③ 一场比赛的胜负主要不是取决于所采用的比赛阵型，而主要取决于足球运动员的竞技能力水平。在同一场比赛中，即使双方均采用相同的比赛阵型，但是由于队员竞技能力的差异，比赛结果也会有很大的变化。

④ 根据与比赛对手水平和本队三条线攻守力量的需要来配备队员人数，是确定一场比赛阵型的基本原则。

（三）比赛意识

所谓比赛意识是指，足球运动员在比赛中对球场上出现的各种情况所做出的行动反应。足球运动员受到球场上的各种刺激后，通过反射弧，即感受器—传入神经—中枢神经—传出神经—效应器，做出行动反应。

足球比赛成绩与运动员比赛意识的强弱紧密相关。特别是世界足球强队之间的实力十分接近，比赛常常仅以微小的差距分出高低。无疑，足球运动员比赛意识的作用更加突出。

当今足球运动员的比赛意识特征主要表现在三个方面，即观察特征、思维特征和行动特征。每个方面又都对足球运动员提出了特定的要求（图2-4）。

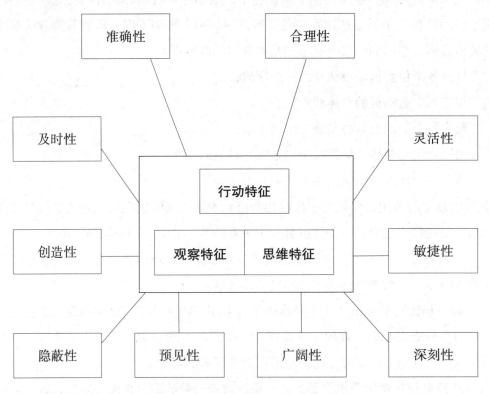

图2-4 足球运动员比赛意识特征

资料来源：田麦久：《项群训练理论》，人民体育出版社1998年版。

三　足球运动员的体能特征

足球运动员的体能特征主要包括形态、机能和素质。

（一）形态特征

足球运动员的形态特征主要反映在身高、体重、胸围、上肢和下肢长度、大小腿围和膝关节、踝关节围度、脚的长短和足弓高低等方面。对于守门员除上述指标外，还应增加手指长度和手指展开程度这两项指标。

孙文新、侯会生研究显示：从整体上看，我国优秀足球运动员的身体形态主要的特征表现为身材高大、体格健壮、肌肉细长并富有弹性、脂肪层薄、踝关节围度小、足弓高等；守门员身体形态各指标非常明显地大于场上其他位置的运动员，前卫运动员的身体形态各指标是场上各位置中最小的，而前锋和后卫的身体形态比较相似。我国优秀中后卫的身体形态各指标非常明显地大于边后卫，而前卫、中锋和边锋的身体形态没有差异。足球运动员的这些特征都是以满足快速、灵活、激烈对抗等足球比赛特点和各位置的需要为出发点的。

（二）机能特征

足球运动员比赛中的活动特点是，不仅要完成各种技术动作和战术配合，而且还要在较长的时间内完成无球的起动、快跑、跳跃、转身、冲刺、急停等动作，因此，足球运动员的机能能力在体能中占有重要地位。机能能力主要指足球运动员的心肺功能。良好的血液循环系统和呼吸系统是足球运动员在长时间比赛中持续移动的体能基础。只有具备了良好的奔跑、跳跃等能力，才能保证足球运动员在比赛中自始至终高水平地发挥其技能。

研究表明，足球运动员在比赛时，能量供应是无氧和有氧交替进行的，时而大强度活动，时而中小强度活动。因此，其特征则主要是以无氧非乳酸代谢及有氧代谢为主要方式。

丹麦汉斯、德国杰里施、英国里利·托马斯等的研究都证明了这一论点。

（三）素质特征

素质在足球运动员体能中占有重要地位。足球的运动特点要求运动员具备全面的身体素质，主要有力量、速度、耐力和速度耐力、灵敏和柔韧以及平衡能力。

1. 力量

足球运动员需要具备良好的力量素质。在支配、控制球，在与对手身体合理接触中克服对手所施加的力量，在比赛中克服人体重力而不停地移动。在完成各类技术动作和战术配合时，都要求足球运动员有高度发展的力量素质，主要是快速而富有弹性的爆发性力量，并要求极高的准确性。例如，强有力的快速传球、射门、抢截球中的合理用力冲撞，以及突然起动和冲刺快跑中的急停、转身、跳跃等，都表现了足球运动员独有的力量素质特征。

2. 速度

在足球竞赛中，速度素质有着特殊的价值，不仅是取胜的有力武器，而且使比赛更加引人入胜。足球运动员的速度素质包括反应速度、与球结合的动作速度及位移速度。

反应速度表达着足球运动员在场上对各种刺激所做出反应的快慢。它在球场上的表现是多方面的，如运动员运球突破过人、与同伴间的传球配合以及防守时的抢截球、补位等。在瞬息万变的足球场上，运动员必须针对每一个新的变化及时而准确地做出应答性反应，据此采取相应的对策和行动，从而处于主动地位。

动作速度日趋加快是足球运动员的速度特征之一，表现在运球、传球、射门单个技术动作和运球—传球、接球—运球—射门等多元组合技术动作等完成的时间缩短，使对手防不胜防。但是还应看到，运动员在比赛中并非所有的技术动作都是千篇一律在快速中完成的。有时，由于比赛情境不同，常常也做些慢速动作。这种动作速度的节奏性变化，是由足球竞技特点所决定的。

依人与球的关系，可将位移速度分为有球和无球两种位移速度；而依移动的轨迹，则可分为直线和折线跑的位移速度。

3. 耐力和速度耐力

足球比赛的时间较长，因此，对足球运动员的耐力素质要求很高。足球比赛中，运动员每次跑动的距离、方式不同，强度各异，间歇时间也长短不一，因此，足球运动员耐力素质主要表现为一种无规则间歇的反复短距离快跑或冲刺的速度耐力。从供能特点来说，足球运动员的耐力可分为有氧耐力和无氧耐力两种。例如，从足球运动员全场比赛时间来看，是一种典型的有氧耐力活动形式，但运动员活动强度大，每次冲刺距离相对较短，并伴随着完成突破过人、传球和射门等特点，又都属于无氧耐力供能范畴。根据供能的四种情况看，足球运动员的耐力活动是建立在高能磷酸化合物的无氧分解和有氧再合成的基础上的，是以非乳酸性无氧代谢和有氧代谢为主要特征的。

4. 灵敏与柔韧

随着足球比赛争夺的日渐剧烈，足球运动员完成技战术的时间在缩短，人们感觉空间似乎变小了。因此，对于在不同条件下突然变换身体状态，并能快速、准确和协调地完成技术动作以及战术配合行动来说，足球运动员的灵敏、柔韧素质的好坏是极其重要的。例如，控球的进攻队员在对手贴身逼抢下能轻松自如地躲闪并绕过对手，从而获得传球、运球、射门机会，这里，良好的灵敏素质也起着决定性的作用。而随着现代足球对抗的日趋激烈，足球运动员还必须具备良好的柔韧素质，以保证大幅度地完成各种技战术动作。

5. 平衡能力

平衡能力是人体维持身体稳定姿势的能力。随着足球运动的不断发展，足球比赛中运动员的身体接触和对抗越来越多、越来越激烈，运动员只有具有良好的平衡能力才能在与对手的对抗中获得胜利。例如，运动员在高速运球突破中受到对方猛烈冲撞后仍能维持平衡，很好地控制球，从而获得传球、突破和射门的机会，这里平衡能力起着决定性的作用。

四　足球运动员的心理能力特征

足球运动员心理能力的作用仅次于技战术能力和体能，在实力接近的比赛中，心理能力往往起决定性作用。心理能力在足球比赛中表现出不同的特征，主要包括球感、情绪、注意力和意志品质。

（一）球感

足球运动员在场上的一切活动都是以球为中心而展开的，对球的感觉十分重要。如对球的大小、轻重、形状、弹性、软硬、颜色、旋转程度及脚对球的控制能力和球在空间运行的速度、高度、方向等变化的感知。优秀足球运动员的球感能达到精细的分化程度，因此，在比赛中能及时、准确、合理、巧妙地进行接球、运球突破、射门得分等。

（二）情绪

足球运动属于技能主导类同场对抗性项目，比赛中双方对球的争夺十分激烈，运动员在比赛中的心理状态，常常反映为情绪的变化。如比分暂时落后时的急躁、想赢怕输时的紧张、裁判"不公"时的怨恨、对手动作粗野时的愤怒或怯懦、同伴关键时刻失误时的埋怨、观众起哄时的愤怒以及教练员的情绪对自己的影响等。这些情绪变化的显著特征是：① 鲜明而强烈。比赛时激烈的竞争性是造成足球运动员情绪鲜明而强烈的直接原因。例如，一次关键性的射门得分，运动员的情绪可能达到狂热的程度，进行奔跑、跳跃、拥抱、空翻等。② 情绪的易变性。同一种客观需求不仅可以引起不同人的不同情绪，甚至可以使同一个人产生迥异的情绪。例如，应该射门得分的球而未能破门，此时观众喝倒彩、同伴责备埋怨等会使运动员积极的情绪变为消极的情绪；又如，裁判员误判了一个关键球，有的运动员开始可能因愤怒的情绪而不服从裁判的判决，但理智感告诉运动员要服从裁判的判决，于是避免了一场争执，由消极情绪变为了积极情绪。可见，情绪是可以改变的，也是可以控制的。③ 情绪的多样性。足球运动员随比赛场上出现的各种不同情况，情绪往往也表现各异。例如，当运动员巧妙而成功地完成了一次战术配合时，会有满意而愉快的情绪；反之，当他遇到挫折、失利时会出现焦急、烦躁、痛苦的情绪等。

（三）注意力

足球运动对运动员的注意力要求比较高，只有具有较高的注意力才能自始至终地打好比赛，发挥本人和全队的水平。在足球比赛中，运动员常表现出如下注意力特征：① 注意力的稳定性。优秀足球运动员在全场比赛中，注意力十分稳定，不受或很少受对手、观众、裁判员和同伴的不必要的干扰，能始终把注意力集中于比赛进程，全神贯注地投身于比赛中的每一个技术动作和战术配合上。② 注意力的分配。足球的比赛活动，对运动员的注意力分配要求较高，他们要在剧烈的近身对抗中合理地分配注意力。如运动员边运球边观察场上情况；防守者在盯住无球对手的同时观察球的动向等。③ 注意力的范围。足球运动员在比赛中，注意力只是集中于足球、局部范围，还是能照顾到全场的范围，对其技战术水平的发挥关系密切。例如，后卫队员在防守中，断抢下对手的球时，常常就是发动反击的有利时机；但倘若他只注意到本人周围同伴的情况，而注意不到前场同伴的活动情况，就可能贻误一次长传反击得分的机会。④ 注意力的转移。它是指足球运动员有目的、有意识地自觉将注意力由一个目标或对象转移到另一个目标或对象上。由于足球技战术复杂且变化多端，注意力的转移有着特殊的作用。例如，当前锋队员在控球射门瞬间，他注意到处在同样有利射门位置的同伴，而自己这时突然受到两名防守队员的严密封堵，若继续强行射门很可能会导致进攻的失败，如果及时地把球传给同伴，就有可能为本队创造得分的宝贵机会。

（四）意志品质

足球运动员的意志力是十分重要的。意志品质主要包括主动性、果断性、勇敢性、独立性、顽强性和自信心等。由上述诸因素可知，意志力是足球运动员自觉确定目的，据此而支配和调节自己的行动，克服赛场上出现的各种困难，而达到完成任务的目的。

顽强的意志品质是任何一个优秀足球运动员都必须具备的，在足球比赛中有着特殊的作用。因此，教练员们都十分重视这一品质的培养。

五 足球运动员的智能特征

足球运动员的专项智能是指，运动员对球场上事态的认识和运用自己的知识解决出现的各种问题的能力。足球运动员的智能因素主要表现在三个方面，即观

察记忆能力、抽象思维能力和独立的创造性地解决各种技战术问题的能力。

（一）观察记忆能力

观察记忆能力是指，足球运动员在比赛进程中，有意识、有目的地了解和掌握比赛中的有关情况，并有选择地存储于记忆之中的能力。它是一个足球运动员合理完成技术动作和战术行动的重要前提。任何一个优秀足球运动员都具备锐利的观察能力和良好的记忆能力。这主要是通过长期训练和比赛获得的。

（二）思维能力

思维能力是一个足球运动员智能结构的核心。它是通过分析、比较、综合、抽象、概括等过程来实现的。当代的优秀足球运动员在球场上不仅表现出良好的体能和精湛的技能，同时还表现出很强的思维能力。这样，在比赛中才能迅速而准确地观察、判断不断变化着的情况，及时提出或改变自己的战术意图，从而采取有效手段驾驭比赛进程，保证自己和本队始终处于主动地位。

足球运动员在比赛中思维的主要特征是：思维十分灵活、敏捷、准确、深刻而广阔。这些特征是与足球比赛激烈、技战术复杂多变的特征相适应的。

（三）独创能力

独创能力是指，足球运动员在比赛中独自并创造性地合理运用技战术的能力。作为足球队中的一个成员，不论他上场出任什么角色，他在每一次技战术活动时，都是由本人独自进行的，而且为战胜对手常常是即兴发挥、创造性地解决、处理出现的各种问题。因此，在双方限制与反限制的拼搏中，独自、创造性地处理赛场上一切情况，是足球运动员智能上的一个突出特点。

六　竞技能力诸因素的相互关系

上述竞技能力的五个因素是相互制约、交融一体的，都与足球运动员竞技能力的总体水平密切相关，又都是总体竞技能力不可缺少的组成部分。任何一个因素发生障碍，都会影响其他因素，从而导致总体竞技能力的下降，甚至会使即将取胜的战果瞬间消失。它们之间既有区别，又有联系。

　　足球运动员在球场上的任何一个有球和无球行动都是战术因素的具体反映，因此，战术因素是竞技能力的中心环节，也是竞技能力最直接的外部表现形式。赛场上的战术能力是依赖于合理地运用技术、体能的行动而反映出来的，如果离开了这两大因素也就失去了战术存在的基础内容。所以，技术和体能是战术的基础，足球运动员只有具备了良好的技术和体能，才可能为合理地完成战术行动创造条件。反之，战术的指导作用也明显地体现在技术和体能上。在它们之间的关系中，战术总是以技术和体能为基础而存在，并随着技术、体能的发展而发展。同时，战术又对体能产生强烈的反作用。例如，足球的全攻全守打法，都是由于足球运动员具备了良好的技术和体能才创造出来的；反之，这种战术打法的不断深化和完善，无疑对运动员的技术、体能的发展提出了更高更新的要求。

　　一个足球运动员在赛场上的思维能力如何，具体体现着其战术意识的强弱，而思维能力取决于队员的智能素质。由此可见，战术水平又有以球场意识表现的智能素质方面的精神基础。智能素质作为战术水平的精神基础，同样也受战术水平发展的反作用。事实上，战术发展总是对智能不断提出新的要求，使思维更加丰富，从而使球场意识与战术打法的要求同步。但由于足球运动员的一切活动都受心理状态的影响，只有当运动员的心理素质得到高水平发展时，战术能力才能更好地发挥。显而易见，心理素质是战术能力的保证，特别是在双方技战术、体能和智能水平相差无几时，心理素质将对比赛胜负起决定性作用。

　　通过上面的简单分析可知，战术因素是足球运动员竞技能力的中心环节和最直接的表现形式，技术、体能和智能是战术能力的基础，而心理因素则是战术能力的保证。

　　但是，如果从生物运动角度分析，足球运动员所完成的技能、体能，都是受大脑支配和统率的，这一运动过程大体可分为四个阶段，即外部环境信息传到神经中枢，神经中枢经过分析后，把指令传到效应器（肌肉），肌肉收缩而带动骨骼运动以及运动结果的再反馈，使竞技能力诸因素相互形成了一个统一的整体。

第二节　现代足球训练的基本特征

一　实战性特征

竞技需要原理决定了足球运动训练的基本目标是提高运动员的竞技能力和球队的竞技能力，而最终目标是参加比赛夺取优异的成绩。所以，我们根据足球运动员的竞技能力，从实战出发，科学安排训练的阶段划分及训练的内容、方法、手段和负荷等因素，使训练与专项特点和专项竞技比赛的需要很好地结合起来，提高运动员训练的专项针对性、实战性和实效性，争取获得满意的竞技比赛成绩。

因此，首先，要对足球运动的专项特异性进行全面、深入的分析，对足球运动的特点，特别是足球运动员的竞技能力构成要素做出正确的分析，这是确定训练内容和手段必不可少的重要前提。其次，要对运动员的现实状态做出科学的诊断，对运动员的训练条件做出全面的分析，对运动员的发育潜力和训练潜力做出客观的评价，进而确定经过艰苦训练可能实现的训练目标。再次，要根据足球运动员的竞技能力的决定因素和自身的具体情况确定训练负荷内容和手段，必须要注意发展体能、技能、战术能力、心理能力和发展运动智能的练习之间的合理结构，同时要考虑到运动员的自身情况以及训练过程中的不同阶段。

二　连续性和阶段性特征

依据超量恢复原理，足球运动训练是通过对运动员身体施加训练负荷，使运动员通过有机体自身的各个系统、各个器官、各部位肌肉乃至每个细胞的变化，一步一步实现的。足球运动员的竞技能力是多种能力的综合表现，它不仅涉及生理、心理等各个方面的因素，同时又受先天、后天因素的影响。因此，人体机能的生物适应性改造包括中枢神经系统功能的改造，都不是在短时间内所能奏效的。所以，运动员只有通过长时间、持续的训练，才有可能攀登竞技运动的高峰。足球运动员竞技能力的提高，是每一次课、每一个阶段的训练效果的积累。训练过程的每一次课、每一个阶段，都是整个训练过程的一个部分，要为整个训练过程服务，为达到整体目标而安排和考虑每一节课的训练，因此，训练过程表现出明显的延续性和不间断性的特征。

足球运动员延续和不间断的训练过程，是由每一个不同的训练阶段组成的，运动员整个训练目标也是由各个不同阶段的训练效果的积累而实现的。因此，各个训练阶段又是独立存在的，有各自的训练目的和训练任务，只有完成了各个阶段的训练任务，才能完成球队的整体训练任务，实现最终的训练目标。训练过程表现出明显的阶段性特点。

三　适应性特征

适宜负荷原理的理论表明，足球运动员竞技能力的发展和提高，是通过训练内容给运动员机体施加适度的运动负荷，使运动员机体产生功能性的适应性变化和改造，最终产生相应的训练效应。但是，并非只要施加了负荷，就一定会产生良好的训练效应。只有根据足球运动员的现实可能和人体的训练适应规律，以及提高运动员竞技能力的需要，在训练中给予相应量度的负荷，才能取得理想的训练效果，这就是足球运动员训练的适宜负荷原理。

在足球训练过程中，如果训练负荷过小，就不会引起运动员机体必要的应激反应，运动员的竞技能力也不会有所发展和提高；在适度的范围内，负荷量越大，对机体的刺激越明显，适应性变化也越显著，运动员的竞技能力提高得也越快。因此，在足球训练中，保持一定的负荷量是十分必要的，在训练中使运动员产生适度的疲劳，有助于运动员在比赛中充分发挥已有的竞技能力；但是，如果训练负荷过大，超出运动员机体所能承受的负荷范围，运动员的机体将产生劣变反应，这种劣变现象的直接后果就是运动员的机体出现不适应的症候，这些不适应的症候包括生理方面和心理方面的，如果我们不及时采取措施，那就可能导致过度疲劳，给运动员的机体造成极大的伤害，甚至带来灾难性的后果，这是我们必须要注意避免的。

四　整体性特征

系统理论原理向训练参与者描绘出了足球运动训练过程的目标状态，它是整个训练过程的终点，是训练阶段划分、训练内容的确定、训练方法和手段的选择、恢复措施的选用及检查评定的设计等重要内容的基本依据。全部训练活动都是为实现这一终极目标服务的。这一终极目标的确定，使得训练过程的每一个环节、每次训练活动和比赛都围绕着目标状态的实现而全面展开，每一个阶段、每一次比赛以及每一次训练课都是整个训练的一部分，只对某一堂课、某一个练习进行评价和分析是不客观的。

足球运动员的竞技能力是由多种能力构成的一个多序列、多环节、多层次的结构系统。因此，在训练的过程中必须对运动员竞技能力有一个整体上的把握，除了重视体能、技能、战术能力的训练外，还必须将心理能力和运动智能的训练纳入训练的范畴，同时要从足球比赛的实战出发，训练过程中的每一次课的训练都要将足球运动员竞技能力的子能力有机地结合起来。

五　可控性特征

控制理论原理决定着足球运动训练这一社会化的活动是由多种因素构成，并受着多方面因素的影响。而来自各方面的多种因素又都是处于不断的变化运动之中的，所以，为了保证运动训练过程朝着预定的方向发展，在足球训练实践中实施有效控制显得越来越重要。

自 20 世纪 60 年代始，苏联的一些学者和教练把控制论、信息论、系统论等系统科学的理论和方法应用到运动训练实践中，建立了模式训练体系，很快便被训练学界的人士所普遍接受，在世界范围内广泛应用，使运动训练的可控性程度大大提高，明显改进了训练的效果。足球运动训练的科学性和可控性也在控制理论的指导下得到了显著提高，特别是随着科学技术的不断发展，对足球运动训练进行有效控制的方法、手段越来越多，也越来越精确。例如，对运动强度的监控、对活动方式和活动距离的监控、对身体恢复状况的评价，等等，这些都能极大地提高教练员的训练水平和训练效果。

我们在认识到足球运动训练可控性的同时，要不断加大足球运动训练控制方法、手段的研究和应用，为足球运动的飞速发展提供服务。

第三节　现代足球训练过程的基本依据

现代足球训练过程的基本依据主要是：足球运动员竞技能力发展的敏感期以及足球运动员多年训练过程的阶段划分。

一　足球运动员竞技能力发展的敏感期

足球运动员的竞技能力，一部分是通过先天遗传途径获得的，另一部分就是通过后天的运动训练和生活途径获得的，特别是通过训练途径来获得。足球运动员先天遗传的竞技能力随着运动员发育阶段的递进而表现出不同的水平，后天获得性竞技能力也随着训练过程的延伸而变化。在先天遗传与后天训练和生活环境的共同作用下，足球运动员在生长发育的某一个时期，生长发育速度最快，机体对外部施加的训练负荷最敏感，也是竞技能力中相关因素发展最快和最佳的时期，这就是运动员竞技能力发展的敏感期。因此，科学的多年训练过程始终把追求实现两者的最佳组合作为自己的行为目标。理想的组合是，当足球运动员的生长发育过程处于最适宜于进行某个竞技能力子能力的训练阶段时，他应该在这个时期接受足球的相应子能力的训练，使其得到充分的发展和提高。如果足球运动员处于两类竞技能力最佳组合的状态，则具备了在专项比赛中表现高度竞技水平最佳的主观条件。

（一）足球运动员体能发展的敏感期

在足球运动员体能的各项素质中，最先发展的是柔韧、速度、灵敏和协调素质，其次是爆发力和有氧耐力；最后发展的是力量和无氧耐力素质。具体年龄段见表2-1。

表 2-1　　　　　　　　　　足球运动员体能发展的敏感期

发展能力指标年龄段（岁）	6-8	9-12	13	14	15	16	17	18	19	20以上
柔韧素质	■	■	■	■						
速度素质	■	■	■	■						
灵敏、协调素质	■	■	■	■	■	■				
爆发力			■	■	■	■	■	■		
力量素质					■	■	■	■	■	■
有氧耐力		■	■	■	■	■	■			
无氧耐力					■	■	■	■	■	■

资料来源：引自刘丹《足球体能训练》，北京体育大学出版社2006年版。

（二）足球运动员技能发展的敏感期

随着年龄的增长和身体不断发育，足球运动员技能的发展也呈现出阶段性的特征。首先进行基本技术学习，其次是结合战术方法的技术运用阶段，最后就是技术运用对抗能力和灵活运用阶段。具体年龄段见表2-2。

表 2-2　　　　　　　　　　足球运动员技能发展的敏感期

发展能力指标年龄段（岁）	6-8	9-12	13	14	15	16	17	18	19	20以上
基本技术学习	■	■	■	■	■	■				
结合战术方法的技术运用		■	■	■	■	■	■			
技术运用对抗能力					■	■	■	■	■	■
技术的灵活运用							■	■	■	■

资料来源：引自刘丹《足球体能训练》，北京体育大学出版社2006年版。

（三）足球运动员战术意识发展的敏感期

足球运动员的战术意识是运动员战术能力的核心内容，构成运动员战术意识的各个组成要素也具有阶段性。黄竹杭的研究认为：足球运动员战术行为决策过程的内在步骤主要包括四步。

第一步，对场上环境的知觉过程。这是运动员在比赛战术行为决策前必须进行的观察过程，即对行动的目标、自身的位置和同伴、对手的状况的整体知觉。这一过程是战术行动决策的前提，只有对行动目标的确定，对自身所处的环境和具备的条件以及同伴和对手的状况有准确的了解，才能进一步寻找或确定达到目标的战术手段，并进行下一步骤。

第二步，对完成目标所需的重要信息进行有意注意并做出判断的过程。当确定了行动目标后，要即刻寻找重要信息以确定战术手段。重要信息的选择是因人而异的，同样的信息对不同的足球运动员产生的影响是不同的，做出的判断也就会不同。尤其是在知觉信息不完整的情况下，需要利用先行信息做出知觉预测，即利用已有信息对场上形势做出判断时，不同水平的运动员对场上形势判断的准确性，会存在较大差异。

第三步，从记忆库中提取已有的经验图式与比赛场景进行比对，采取决策的过程。这是已有经验指导行动的过程，即利用原有的比赛经验对目前判断的比赛情况进行对比，利用以往直接或间接的决策结果信息确定自己的行动方案。在这一过程中，以往的经验或间接经验对行动决策将起到关键性的作用，特别是以往行动决策的效果，对预计达到的目标起着决定性作用。

第四步，通过决策采取行动的过程。这是决策的实施过程，在此过程中运动技能将对结果产生影响。如果行动成功，战术的经验积累到记忆库中形成新的经验图式；如果失败，将总结原因，找到问题，并进行新的尝试，水平将得到不断提高。

在足球运动员战术意识的四个构成要素中，首先能够发展的是观察能力，其次是信息知觉与判断能力，最后依次是决策能力和知觉预测能力。具体年龄段见表2-3。

表 2-3　　　　　　　　　　足球运动员战术意识发展的敏感期

发展能力指标年龄段（岁）	13	14	15	16	17	18	19	20以上
观察能力	■	■■■	■					
信息知觉与判断能力			■	■■■	■			
决策能力				■	■■■	■	■	
知觉预测能力							■	■■■

资料来源：引自刘丹《足球体能训练》，北京体育大学出版社 2006 年版。

　　需要注意的是，足球运动员竞技能力发展的敏感期是大脑接受能力的敏感期，而不是运动员运动器官的敏感期，运动器官只是某种素质或能力发展敏感期的表现形式。从控制论的角度来看，足球运动训练的效果是基于一个以运动员机体生物适应性反应为核心的反馈系统的良性循环，因此，在足球运动训练过程中，训练内容的安排、训练方法和手段的选择以及训练负荷的确定，一定要符合足球运动员的年龄特点，不能急于求成、拔苗助长；同时，要适时对运动员进行指导，纠正和反馈运动员存在的不足和错误，这是十分必要的。

二　全程性多年训练过程的阶段划分

　　足球运动员的成才过程要经历长期、艰苦的训练，一个优秀的运动员从开始训练到取得优异成绩，需要 10 至 14 年的时间。在这个漫长的全程性多年训练过程中，每个足球运动员都要经历基础训练阶段、专项提高阶段、最佳竞技阶段以及竞技保持阶段。

　　各个阶段有着不同的训练任务和训练内容，并对运动负荷的安排提出不同的要求（表 2-4）。不言而喻，最佳竞技阶段是足球运动员全程性多年训练过程的核心阶段，运动员进入最佳竞技阶段的训练并表现出最佳竞技成绩，是运动训练过程的最终目标。基础训练阶段和专项提高阶段的安排和要求，都要服从于最佳竞技阶段训练任务的完成；而竞技保持阶段则可视为最佳竞技阶段尽可能长的延续。

表 2-4　　　　　　　　　足球运动员全程性多年训练的阶段划分

阶　段	主要任务	年　限（年）	年　龄（岁）	训练的重点内容及顺序	负荷特点
基础训练阶段	发展一般运动能力	3—5	9—13	1.协调能力、基本运动能力 2.多项基本技术 3.一般心理素质 4.基本运动素质	循序渐进留有余地
专项提高阶段	提高专项竞技能力	4—6	14—19	1.基本技能、战术能力 2.专项运动素质 3.专项心理素质 4.训练理论知识	逐年增加逼近极限
最佳竞技阶段	创造专项优异成绩	4—8	19—27		在高水平区间起伏
竞技保持阶段	保持专项竞技水平	2—5	27以上	1.心理稳定性 2.专项技能、战术能力 3.专项运动素质 4.训练理论知识	保持强度明显减量

资料来源：参见田麦久《论运动训练过程》编制。

在足球运动全程性多年训练过程中，必须根据不同的阶段来安排训练任务、训练内容和训练负荷，并且在不同的训练时期中应该有明确的发展重点。同时，在不同的训练阶段，根据不同的训练任务对运动员竞技能力发展水平提出不同的要求。

第三章

足球运动员的体能与训练

第一节　足球运动员体能训练概述

一　足球运动员体能的概念

（一）体能及构成

运动员的体能即运动员机体的基本运动能力（又简称为身体素质），是运动员竞技能力的重要组成部分，英文名称为"Physical fitness"，在足球运动中又可将其直接称为"Soccer fitness"，意即足球运动员的体能。运动员的体能是由身体形态、身体机能和运动素质三个要素组成。身体形态是指机体的内外部形状；身体机能是指机体各器官系统的功能；运动素质是指机体在活动时所表现出来的基本运动能力，通常包括力量、耐力、速度、柔韧和灵敏等（图3-1）。

构成体能的身体形态、身体机能和运动素质三个因素都有各自相对独立的作用，又有着密切联系，彼此制约、相互影响，其中每一个因素的水平，都会影响体能整体的水平。三个构成因素之中，运动素质是体能的外在表现，所以，在运动训练中多以发展各种运动素质为身体训练的基本内容。

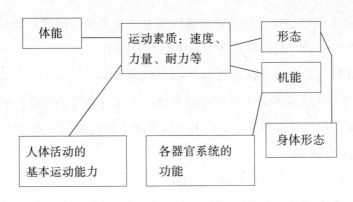

图 3-1 运动员体能构成要素

（二）体能训练的概念

体能训练即运用各种有效的训练手段和方法，改造运动员的身体形态，提高机体的机能水平，增进健康的运动素质。体能训练是技术训练、战术训练、心理训练和智能训练的基础；良好的体能训练还有助于预防伤病，延长运动寿命。

体能训练一般分为一般身体训练、专项身体训练和专项能力训练。

1. 一般身体训练

一般身体训练是指在运动员的训练过程中，运用多种多样的非专项的身体训练手段，以增进运动员的健康，提高人体各组织、器官、系统的机能水平，促使运动员身体素质全面发展，为专项身体训练打好基础。其目的是全面协调、发展人体各肌肉群的力量素质，并按照运动专项的特点需要，在运动员的训练过程中，有计划、有目的、按比例发展不同代谢、功能的各种身体素质，以改善运动员机体的协调能力、运动速度，为形成合理的专项运动技术创造有利条件。此外，还可以促使运动员的整体素质、力量、速度、耐力、协调、柔韧各单项身体素质得到全面发展，以逐步达到专项身体训练目标和专项成绩目标所需要的神经肌肉的协调能力，承受大负荷训练的能力，为专项运动能力的逐步提高打下坚实的基础。

2. 专项身体训练

专项身体训练是在足球运动员的训练过程中，采用与足球比赛规律密切相关

的专门身体训练手段，改善与足球运动成绩直接相关的、所需要的素质，以保证掌握合理的专项技术、战术及其在竞赛中的有效运用。

一般身体训练是专项身体训练的基础，专项身体训练又是专项运动能力改善和提高的基础。专项身体训练是针对运动员参加比赛项目的特点，对人体各项身体素质中与运动项目特点相关度最高的一些素质进行的专门身体训练。

3. 专项能力训练

专项能力训练是指人体参与运动的各个因素的运动机能水平、身体素质水平、运动技术水平与战术水平、智能控制水平、比赛心理状态和比赛环境适应等多方面因素综合的整体运动能力。专项能力的改善和提高，是运动员多年系统训练的最终目的。

训练实践证明，专项能力越高，则项目特征和个人特点对运动成绩的影响越大、越突出。这就要求训练方法和手段在多年系统训练中不断改革、完善，才能逐步最大限度地挖掘人体运动的极限潜力，创造最佳的运动成绩。

（三）足球运动员体能训练的内容

足球是一项需要很高身体素质水平的运动项目，属于既需要力量、速度、耐力，又需要爆发力、灵敏和柔韧的运动项目。高水平足球运动员在一场比赛中的跑动距离常常超过14000米（在1998年法国世界杯比赛中发现，一场比赛中球员的跑动距离在9000—14000米之间，平均为10800米），其间包括进行频繁的加速、减速、变向和跳跃。由此可见，体能是足球运动员进行技术与战术训练的基础。英国足球总会前训练组长查尔斯·休斯曾经将"足球体能"解释为："足球体能是一种实现技术、战术或比赛的身体能力。"

身体素质对各个级别的足球运动员来说都是十分重要的，对优秀运动员来说更为必要。对初学者来说，进行身体素质训练，使其达到一个好的标准，可以提高他们在运动中的动作有效性和在运动中享受快乐。足球运动员进行体能（身体素质）训练的目的就是使其能够应付比赛对身体机能的需求，在整场比赛中能合理、有效地发挥技、战术能力和水平。

1. 足球运动员身体素质的组成内容

　　足球运动员的身体素质是由一系列要素组成的。图 3-2 概括出了足球运动员身体素质的组成要素，当然膳食等因素也应该包括在内，但是图 3-2 只列出了身体素质的主要组成内容，这是机体运动时所需要的，它们能给运动中的机体带来生理性的变化。

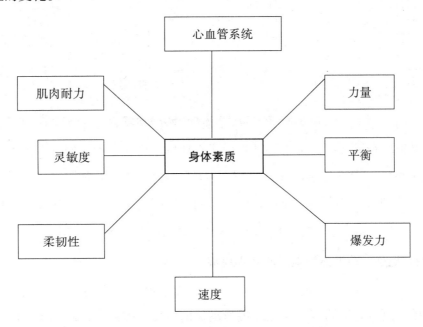

图 3-2　足球运动员身体素质的组成

2. 足球运动员体能训练的组成要素

　　运动能力受先天遗传因素和后天训练效应及生活环境的影响。后天的运动训练是发展和提高运动能力的主要因素，天赋再好的个体也需要正确的训练才能使他们的天资得到最大程度的施展。

　　足球运动员从事的是长时间间歇运动（耐力），属于大强度运动。比赛中要冲刺、踢球或抢球时使用较大的爆发力，良好的灵敏性和协调性也是足球运动员所必需的。这也是优秀足球运动员与普通运动员之间的差别所在（图 3-3）。

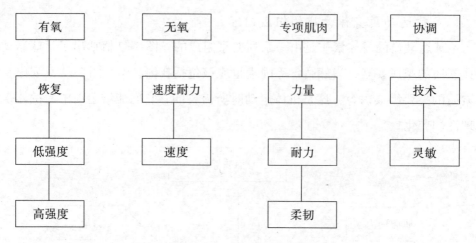

图 3-3　足球运动员体能训练的组成要素

在足球比赛过程中，由于运动强度不断地发生变化，因此应尽可能地根据实际情况进行体能训练。应该经常采用"有球训练"，这不但对发展比赛时所需要的专项肌肉机能有所帮助，而且可以提高技战术能力，并保持运动员对训练的乐趣。

（四）足球运动员体能训练的基本要求

1. 合理安排一般体能训练和专项体能及专项能力训练

安排一般体能训练可全面地发展运动员的力量、耐力、速度、灵敏度和柔韧性等运动素质，提高运动员各个器官系统的机能，并使运动员身体各个部位得到均衡的发展。一般体能训练可为提高专项运动所需要的身体能力打下基础。

安排一般体能训练，并不意味着在运动训练过程中使身体各部位、各器官系统和各运动素质绝对均衡地得到发展与提高，相反，正确的做法是根据专项运动的需要和个人的具体情况，安排要有主有次、以主带次。

在合理安排一般体能训练的同时，还必须合理地安排专项体能的训练，任何专项训练对身体都有着特殊的要求，一般体能训练并不能代替专项体能训练。

2. 体能训练应与技术、战术、心理、智能训练有机结合

在进行体能训练时，一定要充分认识到足球运动员的竞技能力是一个完整的系统，在选择体能训练内容、确定体能训练方法和手段时应力求与专项技术动作

形式、战术配合形式、心理和智能有机结合起来进行，使体能训练更能满足足球比赛的需要。

3. 体能训练应该严格贯彻区别对待原则

在足球运动员的体能训练中，一定要严格贯彻区别对待原则。意大利国家队主教练马赛罗·里皮说："应该根据不同球员的特点来制订不同的体能训练计划。"这一点对女子和青少年足球运动员的体能训练同样重要。体能训练在整个训练中所占的比重，以及一般体能训练和专项体能训练的比例的确定，要因人、因时而异。

4. 体能训练的主要内容是运动素质训练

各种运动素质在运动员的不同发育阶段发展的程度不同，训练的可塑性也不一样。训练中应根据各运动素质训练的可能性，抓住"敏感期"有利时机，使该素质在适时的年龄阶段得到相应的发展，在敏感期内得到较大的提高。

5. 体能训练必须积极采用各种恢复手段

运动员在承受大负荷训练和比赛后机体恢复速度的快慢，直接影响到训练和比赛的成效。国际体育界的共识为："训练、比赛成效的50%取决于恢复。"

随着现代足球训练和比赛负荷的增大，特别是极大负荷的情况下，广泛采用训练恢复、营养恢复、医学生物学恢复和心理恢复等，已成为足球训练特别是身体训练全过程的一个重要环节。它不但可以防止过度训练，预防和减少运动损伤，而且能够提高运动员负荷能力5%—10%，因此，每一名教练员都必须对此高度重视。需要特别强调的是，恢复措施在训练和比赛过程中就应该采用，而不是在训练中和比赛后。

第二节　足球运动的准备活动

一　定义

准备活动是指在比赛、训练前和体育课的基本部分之前，为了克服内脏器官的生理惰性，缩短进入工作状态时程和预防运动创伤而有目的地进行的身体练习，为即将来临的剧烈运动或比赛做好准备。

二　准备活动的作用

（一）提高机体的代谢水平，使体温升高

准备活动在英文中叫作"warm-up"，因此有人把它译做"热身"，即在运动或比赛前使体温升高。运动器官由肌肉、骨骼、关节及韧带构成。骨骼肌的特点是受运动神经（意识）的支配，想动就动，想停就停，所以又叫随意肌。就肌肉的物理特性而言，肌肉具有伸展性、弹性和黏滞性；就其生物特性而言，肌肉有兴奋性和收缩性。体温升高可降低肌肉黏滞性，提高肌肉收缩和舒张速度，增加肌肉力量；在体温较高的情况下，血红蛋白和肌红蛋白可以释放更多的氧，增加肌肉的氧供应；体温升高可增加体内酶的活性，物质代谢水平提高，保证在运动中有较充足的能量供应；体温升高还可以提高中枢神经系统和肌肉组织的兴奋性；同时，体温升高使肌肉的伸展性、柔韧性和弹性增加，从而预防运动损伤。

（二）克服内脏器官的惰性

内脏器官受植物神经支配，因而有以下特点：其一，灵活性低，兴奋与抑制的转换需要的时间较长，其二，兴奋传导的速度较慢，因而，内脏器官的兴奋与运动器官相比相对滞后。内脏器官兴奋性的调动，最佳功能的发挥需要一定的时间，即所谓内脏器官的惰性。通过准备活动可以提高心血管系统和呼吸系统的机

能水平，使肺通气量及心输出量增加，心肌和骨骼肌的毛细血管网扩张，使工作肌获得更多的氧，从而克服内脏器官生理惰性，缩短进入工作状态时间。

（三）促进参与运动有关中枢间的协调

运动技能的本质就是条件反射，就是使运动技能在大脑皮质中留下"痕迹"。准备活动可以提高中枢神经系统的兴奋性，调节不良的赛前状态，使大脑反应速度加快。参加活动的运动中枢间相互协调，唤醒大脑皮质中运动技能的"痕迹"，使各种运动技能条件反射联系多次接通，更有利于掌握和巩固运动技术，发挥自己的运动水平。

三　准备活动的方法

目前，在高水平足球队中采用的准备活动方式主要有两种：第一种是无球准备活动；第二种是有球准备活动。

（一）无球准备活动

这种准备活动一般应按以下步骤进行。

① 慢跑几分钟，让身体发热（机体的供能物质只有很少一部分用于肌肉做功，绝大部分是以热能的形式释放出来）。

② 在身体发热的基础上，进行各主要关节的活动。

③ 对参与运动的主要肌群进行牵拉（以动态牵拉练习为主）。

根据研究及各国运动员的实践，在准备活动中，牵拉练习应当以动力性牵拉为主，如踢腿、扩胸、振臂等，不要过多地进行较长时间的静力性牵拉练习，静力性牵拉练习的时间过长可降低神经系统的兴奋性，降低组织温度；长时间的静力性牵拉，还可导致肌肉过于放松，使肌肉的工作能力下降。

④ 在此基础上，开始专项活动，其强度也应由小到大、逐渐增加，这样做不仅可以提高训练效果，而且可以有效减少伤害事故的发生。

（二）结合球准备活动

这种准备活动一般应按以下步骤进行。

① 在慢跑中进行颠球、运球和传接球练习，让身体发热。

② 在身体发热的基础上，结合球进行各主要关节的活动。

③ 结合球对参与运动的主要肌群进行牵拉（以动态牵拉练习为主）。

④ 在此基础上，结合训练内容和位置技术开始专项活动，逐步加大动作幅度和运动强度。

需要注意的是，准备活动的量，应根据个人的机能状况、气象条件、锻炼的具体情况而定。在兴奋性较低或气温较低时，准备活动的时间应适当延长。准备活动一般以身体发热、微微出汗，没有疲劳感觉为宜。另外还应注意，准备活动的结束与正式训练开始之间的时间间隔不要太长，一般为 1～4 分钟，不要超过 5 分钟。

第三节 足球运动员的力量素质和训练

一 释义

（一）定义

力量素质是指人体神经肌肉系统在工作时克服和对抗阻力的能力。

肌肉工作时以收缩产生的拉力克服阻力。足球运动员克服的阻力包括外部阻力和内部阻力。外部阻力主要有对手施加的阻力、球的阻力、空气的阻力，等等；内部阻力主要是肌肉的黏滞性、各肌肉间的对抗力，主要来源于运动器官，如骨骼、肌肉、韧带等组织的阻力。

（二）分类

力量素质有很多种分类方法，这里将主要根据运动时肌肉收缩形式的不同进行分类，可以分为静力性力量和动力性力量。根据足球比赛的特点，运动员多表现为动力性力量。动力性力量又可分为重力性力量和速度性力量，足球运动员的速度性力量占有显要地位。运动员不仅要克服自身重量和来自对手施加的力，而且还要克服球体和不同场地、气候等所产生的阻力。

速度性力量，通常也称为爆发性力量，即爆发力＝力量×速度。足球运动员的爆发性力量在比赛中处处可见，如不同姿势和方向的快速起动跑、快速长距离的传球和大力远距离的射门、跨步或倒地铲球以及跃身跳起争顶传球等，均体现了运动员在最短的时间内发挥最大力量的能力。

二　影响力量素质的因素

力量大小主要是与骨骼肌的特点有关，其中包括肌肉的生理横断面、肌纤维类型、肌肉代谢能力、肌肉初长度。此外，肌肉力量大小还与神经的调节能力等有关。

（一）肌肉横断面

肌肉横断面是指一块肌肉中所有肌纤维横断面积之和。肌肉生理横断面越大，肌肉力量就越大。生理横断面积大，主要与肌纤维增粗有关，其增粗主要原因是其中肌凝蛋白含量增加，当肌肉收缩时产生较大的平行拉力，故力量就大。

（二）肌纤维类型

肌纤维按收缩特性可分为快肌（白肌）纤维和慢肌（红肌）纤维两种。快肌纤维收缩速度快，且产生的张力也大，慢肌纤维则反之。可见，如若运动员肌肉快肌纤维含量大，力量也就大。研究表明，快肌纤维大于60%的人，在同一速度情况下，要比快肌纤维小于50%的人肌肉力量超出15%。

（三）肌肉代谢能力

肌糖原是存在于肌肉中的多糖，是肌肉收缩时的能源物质。肌糖原不仅与供能有关，其数量多少与肌肉力量大小也有关。肌糖原贮存量越多，肌肉收缩力量就越大。运动员在训练和比赛中，教练员常采用糖原填充法或超量恢复来提高运动员的肌糖含量，以达到提高肌肉收缩能力的目的。

（四）肌肉的初长度

肌肉的初长度是指肌肉在收缩前的长度。实验表明，肌肉的初长度决定了力量的大小。肌肉的初长度越长，收缩时产生的张力就越大。因为肌肉长度不同时，肌纤蛋白和肌凝蛋白的重叠程度不同，所以，重叠越大，力量就越大。

（五）各肌肉间的协调活动程度

当运动员在完成不同的动作时，总存在着主动肌、对抗肌、协作肌和助动肌等肌群间相互作用，其机制是支配某肌群活动的运动中枢处于兴奋状态，同时支配某肌肉群活动运动中枢处于抑制状态，使各肌肉群达到良好的协调配合程度，以提高肌肉工作效率。

（六）骨杠杆的机械效率

足球运动员在训练和比赛中实施各种力量，如能充分利用骨杠杆的机械效率，调整肌肉对骨骼的牵引角度，改变杠杆的阻力臂与动力臂的相对长度，则能有效地提高肌肉力量。

（七）神经过程的灵活性

灵活性即兴奋与抑制的相互转换的速度。当神经过程的灵活性提高时，肌肉收缩速度则会加快，速度性力量也就会增强。

三　足球运动员力量素质的训练原则

（一）速度性力量

① 运动强度：75%～90%。

② 练习时间：5～10秒。

③ 间歇时间：以完全恢复为宜。

④ 练习次数：4～6次。

⑤ 练习组数：3～4组。

（二）力量耐力

① 运动强度：60%～70%。

② 练习时间：15～45 秒。

③ 间歇时间：一般心率要恢复到 120 次/分左右（45～90 秒）。

④ 练习次数：20～30 次。

⑤ 练习组数：3～5 组。

四　足球运动员力量素质的训练方法

在足球运动员力量素质训练中，常采用的训练方法有如下几种。

（一）动力性等张收缩训练

人体相应关节运动，肌肉张力不变，改变长度产生收缩力克服阻力的训练为动力性等张收缩训练。可以分为向心克制性及离心退让性两类工作形式。

1. 动力性向心克制性工作

肌肉在做动力性向心克制性工作时，肌肉长度逐渐缩短，所产生的张力随着关节角度的变化而改变，因此，练习时根据专项运动的需要，掌握好发挥最大肌力的关节角度，可得到事半功倍的训练效果。

2. 动力性离心退让性工作

实验表明，肌肉做离心收缩时所产生的张力比肌肉做向心收缩时所产生的张力大 40%。股四头肌做离心收缩时所承受的负荷是做向心收缩时所承受负荷的两倍。由此，人们利用离心收缩的原理创造了"退让训练法"。肌肉的退让性工作是指肌肉在紧张状态中逐渐被外力拉长的工作，即肌肉的起止点彼此向分离方向移动，故又称离心工作。

通常情况下，在足球运动员力量训练中，二者是结合运用的，例如，用杠铃做的两臂弯举中，当臂部积极用力将杠铃往上举起时是动力性向心克制性工作训练，然后再用手抵抗回降动作，慢慢地将杠铃放下就属于动力性离心退让性工作。

（二）静力性等长收缩训练

在身体固定姿态下，肢体环节固定，肌肉长度不变，改变张力克服阻力的练习方法。称之为静力性等长收缩训练。

肌肉做静力性收缩时，可以动员更多的肌纤维参与工作，表现出的力量大，力量增长也快，并节省训练时间。但是由于肌肉紧张，血管封闭，肌肉中血液循环可发生不同程度的暂时中断，因而工作不能持久。

在足球比赛中，运动员的静力性力量工作或姿势很少出现或使用。但是，在运动员损伤后的恢复期，常常使用静力性力量训练来提高力量，促进机体能力的恢复。例如，膝关节受伤后，运动员常常使用半蹲的姿势，通过长时间静力性训练来提高膝关节周围肌群力量。

（三）超等长收缩训练

超等长练习时先使肌肉做离心收缩，然后做向心收缩。利用肌肉的弹性，通过牵张反射，加大肌肉收缩的力量。

超等长收缩的优点在于，在做离心收缩工作时，肌肉被迅速拉长，它所受到的牵张是突然而短促的，肌肉各个牵张感受器同步地受到刺激，产生的兴奋高度同步，强度大而集中，能动员更多的运动单位同时参与工作，使肌肉产生短促而有力的收缩。

超等长练习与其他力量练习相比，更接近比赛时人体的运动形式，肌肉发力突然，技术结构相似，传递速度快，因而可得到更好的训练效果。因此，在足球力量训练中常常被采用，如各种跳跃练习。

（四）循环训练法

目前，在足球运动员力量训练中，循环训练法采用的也比较多，如上肢、腰腹、下肢等部位力量的组合训练常采用循环训练法。

五　足球运动员力量素质的训练手段

目前，高水平足球队常采用的力量训练手段主要有以下几种。

（一）负重抗阻练习

例如，运用杠铃、哑铃等训练器械或克服同伴的重量进行练习。这种训练手段可用于机体任何一个部位肌肉力量的训练。

（二）对抗性练习

例如，同伴间的拉、撞等，依靠双方的相互对抗来发展力量素质。对抗性练习不需要任何训练器械及设备，又可引起队员的练习兴趣，更重要的是，这种练习更符合足球比赛的实战需要。

（三）克服弹性物体的练习

目前在高水平足球队中，常常使用拉橡皮带等弹性物体，通过弹性物体变形而产生的阻力来锻炼力量。

（四）利用力量训练器械练习

随着器材设备的不断完善，现在高水平足球队常常利用力量训练器械进行力量练习。这种练习可以使身体处在各种不同的姿势（坐、卧、立）进行练习，可直接发展运动员所需要的肌肉力量，使训练更具有针对性。使用力量训练器，还可以减轻运动员的心理负担，避免伤害事故的发生。

（五）克服外部环境阻力的练习

在足球训练中常常利用外部环境的阻力来发展和提高运动员的力量。例如，利用在沙滩、草地上的跑、跳来发展踝关节力量。

（六）克服自身体重的练习

如各种跳跃、俯卧撑练习。这类练习均由四肢的远端支撑完成，迫使机体局部承受体重，使机体局部部位的力量得到发展。

第四节　足球运动员的速度素质和训练

一　释义

（一）定义

速度素质是指人体快速运动的能力。包括人体快速完成动作的能力和对外界信号刺激快速反应的能力，以及快速位移的能力。

（二）分类

速度素质包括反应速度、动作速度和移动速度。

反应速度是指人体对各种信号刺激（声、光、触等）快速应答的能力。反应速度表达着足球运动员在场上对各种刺激所做出反应的快慢。它在球场上的表现是多方面的，如运动员运球突破、与同伴间的传切配合以及防守时的抢球、补位等。在瞬息万变的足球场上，运动员必须针对每一个新的变化及时而准确地做出应答性反应，据此采取相应的对策和行动，从而始终处于主动地位。

动作速度是指人体或人体某一部分快速完成某一个动作的能力。动作速度日趋加快是足球运动员的速度特征之一，表现在运球、传球、射门单个技术动作等完成时间缩短了，运球—传球、接球—运球—射门等多元组合技术动作等完成时间也缩短了，使对手防不胜防。但是也应该看到，足球运动员在比赛中动作速度不是一味地追求快速，而是根据比赛情境的不同，常常也做些慢速动作。这种动作速度的节奏性是由足球比赛的竞技特点所决定的。

移动速度是指人体在特定方向上位移的速度。以单位时间内机体移动的距离为评定指标。移动速度对于足球运动员而言，其重要性不言而喻，此处不再赘述。

二　影响速度素质的因素

（一）中枢神经系统的机能状态

中枢神经系统的机能状态与速度特别是与反应速度有密切的关系。良好的兴奋状态及其灵活性，能够加速机体对刺激的反应，使效应器由相对安静状态或抑制状态迅速转入活动状态。当足球运动员处于良好的赛前状态时，反应时间缩短。反之，如果运动员大脑皮质层的兴奋性降低或灵活性降低，反应时间将明显延长，反应速度必将减慢。而中枢神经系统的良好状态使运动中枢与各中枢更加协调，兴奋与抑制转换速度加快，所以动作速度和移动速度也相应地加快。

（二）运动条件反射的巩固程度

随着运动技能的日益熟练，反应速度加快。研究发现，通过训练，反应速度可以缩短11%～25%。而在完成工作过程中，运动技能越熟练，动作速度也越快。

（三）肌纤维类型

肌肉中快肌纤维占优势是速度素质重要的物质基础之一，快肌纤维百分比越高且快肌纤维越粗，则肌肉收缩速度越快，运动员的动作速度和移动速度就越快。

（四）肌肉力量

肌肉力量越大，越能克服肌肉内部及外部阻力而完成更多的工作，所以，肌肉力量大，运动员的动作速度和移动速度也越快。

（五）肌肉组织机能状态

肌肉组织兴奋性高时，刺激强度低且作用时间短就能引起肌组织兴奋，加快运动员的动作速度和移动速度。

三　足球运动员速度素质的训练原则

（1）运动强度：95%～100%。

（2）练习时间：3～5秒（5～40米）为宜。

（3）间歇时间：完全恢复（脉搏由180次/分下降至80～90次/分），再进行下次练习。

（4）练习次数：6～8次。

（5）练习组数：3～5组。

四　足球运动员速度素质的训练方法

（一）反应速度训练方法

1.信号刺激法

利用突然发出的信号提高运动员对简单信号的反应能力。

2.运动感觉法

运用运动感觉法一般要经过三个阶段。第一个阶段是让运动员以最快的速度对某一个信号做出应答反应，然后教练员把所花费的时间告诉运动员；第二个阶段先让运动员自己估计做出应答反应花费了多少时间，然后教练员再将其与实际所用的时间进行比较，目的在于提高运动员对时间感觉的准确性；第三个阶段是教练员要求运动员按事先所规定的时间去完成某一反应的练习，这种练习可以提高运动员对时间判断的能力，促进反应速度提高。

3.移动目标的练习

运动员对移动目标能迅速地做出应答，一般要经过看（或听）到目标移动所发出的信号，判断目标移动的方位及速度，运动员选择自己的行动（应答）方案和实现行动方案四个步骤。其中，判断目标的移动方位及速度的准确性与否，会导致所选择行动方案的正误，因此，这是训练的重点。随着训练水平的提高，在目标移动的设计上可加大难度，如提高目标移动速度、缩短目标与运动员之间的距离等。

4.选择性练习

具体做法是，随着各信号复杂程度的变化，让运动员做出相反的应答动作。

例如，教练员喊"蹲下"同时做下蹲动作，运动员则站立不动；教练员喊"向左转"，运动员则向右转；或教练员喊"一、二、三、四"中某一个数字时，运动员应及时做出相应（事先规定）的动作等。

（二）动作速度训练方法

1. 借助信号刺激提高动作速度

例如，利用同步声音的伴奏，使运动员伴随着声音信号的快节奏做出协调一致的快速动作。

2. 缩小完成练习的空间和时间界限

例如，利用小场地练习。这是因为快速动作的完成与持续练习的时间长短有关，也与完成动作活动范围（空间）大小有关，通过小场地传接球练习，可以限制活动的时间及活动范围，从而提高运动员完成动作的速度。

3. 借助外界力量减小阻力

例如，下坡跑或顺风跑，根据队员和环境情况，采用不同身体姿势，听到信号后突然加速跑动。

4. 专门性的步法练习

例如，快速小步跑、高抬腿跑、滑步等，都可以提高运动员的动作频率。

5. 利用外界助力提高动作速度

例如，快速跑台阶（上、下）。通过限制每步跨越的台阶数量来提高动作频率。

（三）移动速度训练方法和手段

1. 原地不同姿势的起跑（5～30米）

例如，站立式、蹲踞式、侧身站或半蹲、背向、坐地、俯卧、仰卧、原地小步跑、跳跃等，听到信号后突然跑出。

2. 结合球的速度练习

例如，短距离的带球跑、插上追球跑、套边传球跑，以及两人追球后得球者射门等。

3. 结合游戏的速度练习

以游戏性质进行有球或无球的短距离固定方向或不定方向的起动跑。

4.竞赛性速度练习

以个人或小组形式的竞赛跑或接力性竞赛跑进行速度训练。

5.计时性测验跑

一般在 30 米内进行有球或无球、固定方向或无固定方向，绕过障碍或不绕过障碍等的测验跑。

第五节　足球运动员的耐力素质和训练

一　释义

（一）定义

耐力素质是指有机体坚持长时间运动的能力。足球比赛规定比赛时间为 90 分钟，如果按照规程规定必须决出胜负，双方可能还要进行 30 分钟的加时赛，甚至还要进行点球决胜，所以，足球运动员要在比赛的全过程中保持特定的运动强度或动作质量，就必须具有良好的耐力素质，就必须具备能与在持续运动过程中不断积累和加深的疲劳做斗争的能力。足球运动员的耐力素质主要表现为一种无规则间歇的反复短距离快跑或冲刺的速度耐力。

（二）分类

按照人体的生理系统来分，耐力素质可以分为肌肉耐力和心血管耐力。肌肉耐力又称为力量耐力，心血管耐力又分为有氧耐力和无氧耐力。这里主要阐述心血管耐力中的有氧耐力和无氧耐力。

1.有氧耐力

有氧耐力是指机体在氧气供应比较充足的情况下，能坚持长时间工作的能力。从足球运动员全场比赛时间看，是一种典型的有氧耐力活动形式。

2. 无氧耐力

无氧耐力又叫速度耐力，它是指机体以无氧代谢为主要供能形式，坚持较长时间工作的能力。在足球比赛中，运动员反复进行的冲刺、快跑，并伴随着完成过人、传球和射门等技术的活动，都属于无氧耐力供能范畴。

二　影响耐力素质的因素

（一）有氧耐力的影响因素

1. 心肺功能

心肺功能是有氧耐力素质的重要基础。有氧耐力是建立在氧供应充足的基础上的，而心脏的泵血机能和肺的通气与换气机能都是影响吸氧能力的重要因素，因此，良好的心肺功能是运动中供氧充足的保证。

2. 肌纤维类型及其代谢特点

肌组织利用氧的能力与有氧耐力密切相关。肌纤维类型及其代谢特点是决定有氧耐力的重要因素。实验表明，耐力好的运动员慢肌纤维百分比高，同时还伴有肌红蛋白、线粒体及其氧化酶活动和毛细血管数量增加等方面的适应性变化。

3. 中枢神经系统机能

大脑皮质神经细胞对刺激的耐受力和神经过程的稳定性，在很大程度上影响着有氧耐力，同时各中枢间的协调性使运动中枢的兴奋与抑制过程更加集中，各肌肉群之间以及各肌肉群与内脏器官更加协调一致，从而提高肌肉活动的机械效率，节省能量消耗，保证长时间的肌肉活动。

4. 能量供应特点

肌肉有氧氧化过程的效率和各种氧化酶的活性以及机体动用脂肪供能的能力都在一定程度上影响着运动员的有氧耐力。

（二）无氧耐力的影响因素

1. 肌肉内无氧糖酵解供能能力

肌糖原含量及其无氧酵解酶的活性决定着肌肉内无氧糖酵解供能能力，也对

运动员的无氧耐力具有重要的影响。

2. 缓冲乳酸的能力

肌肉无氧酵解过程产生的乳酸进入血液后,将对血液pH值造成影响。但是,由于缓冲系统的缓冲作用,使血液的pH值不至于发生太大的变化,以维持人体内环境的相对稳定性。因此,机体缓冲乳酸的能力在很大程度上影响着运动员的无氧耐力。

3. 脑细胞对酸的耐受力

尽管血液中的缓冲物质能中和一部分进入血液的乳酸,减弱其强度,但由于进入血液的乳酸量大,血液的pH值还会向酸性方向发展,加上因氧供不足而导致代谢产物的堆积,都将会影响脑细胞的工作能力,促进疲劳的发展。因此,脑细胞对这些不利因素的耐受能力,无疑也是影响运动员无氧耐力的重要因素。

三 足球运动员耐力素质的训练原则

(一)有氧耐力训练原则

有氧耐力训练可分为持续训练和轻强度间歇训练,二者的训练原则不同。

1. 持续训练原则

① 运动强度:低/中,一般为 40% ~ 60%。

② 练习时间:25 分钟以上。

③ 间歇时间:无间歇。

④ 练习距离:5000 ~ 10000 米。

2. 轻强度间歇训练原则

① 运动强度:心率为 150 次/分为宜。

② 练习时间:30 ~ 40 秒。

③ 间歇时间:有间歇但不完全恢复,一般脉搏恢复到 120 次/分为宜。

④ 练习次数:8 ~ 40 次。

⑤ 练习组数:1 组即可。

（二）无氧耐力训练原则

无氧耐力一般采用大强度间歇训练。

① 运动强度：80% ～ 90%（次大强度），心率为 180 ～ 200 次 / 分。

② 练习时间：20 ～ 120 秒。

③ 间歇时间：有间歇但不完全恢复，一般脉搏恢复到 120 次 / 分左右。

④ 练习次数：12 ～ 40 次。

⑤ 练习组数：1 ～ 2 组。

四　足球运动员耐力素质的训练方法

（一）持续训练法

持续训练法是指负荷强度较低、负荷时间较长、无间断地连续进行练习的训练方法。持续训练法主要用于发展一般耐力素质，可提高有氧代谢系统供能能力以及该供能状态下有氧运动强度。在足球训练中，常常在准备期的前期运用持续训练来提高运动员的一般耐力素质。

（二）间歇训练法

间歇训练法是指对多次练习间歇时间做出严格规定，使机体处于不完全恢复状态下，反复进行练习的训练方法。通过间歇训练可以使运动员的心脏功能、有氧或无氧代谢供能能力得到有效提高；同时，通过较高负荷心率的刺激，可使机体抗乳酸能力得到提高，确保运动员在保持高强度的情况下具有持续运动的能力。

（三）循环训练法

循环训练法是根据训练的具体任务，将练习手段设置为若干个练习站，运动员按照既定顺序和路线，依次完成每站练习任务的训练方法。例如，在训练中将步法、跑动、运球、传球、接球、射门等练习内容设定为练习站并编排成组合技术（练习段）进行循环持续低强度或循环间歇大强度练习，提高运动员的有氧耐力和无氧耐力。

五　足球运动员耐力素质的训练手段

（一）有氧耐力训练手段

1. 匀速持续跑

心率控制在150次/分钟左右，时间坚持在1小时以上，这种练习节省体力、效果好。

2. 越野跑

练习时间为1.5～2小时，跑的速度可匀可变。在自然环境中练习可提高运动员的兴趣，有利于推迟疲劳的产生。

3. 变速跑

为了提高运动员的有氧耐力水平，可广泛使用变速跑，负荷强度可从较小强度（如心率130～145次/分）提高到较大强度（心率170～180次/分），持续时间在半小时以上，使用变速跑可提高运动员比赛的适应能力。

4. 法特莱克跑

法特莱克跑有利于提高运动员训练的兴奋性，吸进更多的新鲜氧气，推迟疲劳的出现。

5. 间歇跑

不同距离的间歇跑，如100米、200米、400米、600米等，时间最好不要超过2分钟，间歇时间以队员不完全恢复，心率恢复到120次/分钟左右即可进行下一次练习，在间歇期采用积极的休息方式，整个练习时间应在半个小时以上。

6. 有球练习

结合球进行技术、战术训练的同时发展有氧耐力，如分组等人数的定时攻守训练等。

（二）无氧耐力训练手段

1. 变速跑

可以采用走→慢跑→冲刺跑的方式。

2. 多组追逐跑

可以采用在固定场区内队员相互追逐的形式来提高无氧耐力，注意要进行多组练习。

3. 定时定距离跑

如采用 80 秒内完成 400 米距离跑等。

4. 有球练习

如快速的传接球、射门等。

第六节 足球运动员的柔韧素质和训练

一 释义

（一）定义

柔韧素质是指人体关节在不同方向上的运动能力以及肌肉、韧带等软组织的伸展能力。柔韧素质通过关节运动的幅度，也就是按一定的运动轴产生转动的活动范围而表现出来。

（二）分类

柔韧素质分为一般柔韧素质和专门柔韧素质。

一般柔韧素质是指机体中最主要的那些关节活动的幅度，如肩、膝、髋等关节活动的幅度。这对任何运动项目都是必要的。

专门柔韧素质是指专项运动所需要的特殊柔韧性，如足球运动员踝关节柔韧性、大腿后肌群的柔韧性，这些柔韧素质对足球运动员掌握和发挥专项运动技术具有重要的意义。

二　影响柔韧素质的因素

（一）关节的构造及其周围组织的伸展性

关节活动幅度的大小，与关节的解剖结构特点、关节周围组织的体积以及关节周围的韧带、肌腱、肌肉和皮肤的伸展性等生理状况有关。

关节面结构是影响柔韧性的重要因素，主要由遗传因素决定，但训练可以使关节软骨增厚。关节周围体积过大，如皮下脂肪含量或结缔组织过多，都将影响临近关节的活动幅度使柔韧性降低。肌肉及韧带组织的伸展性取决于年龄和性别等因素，并与肌肉温度有关，通过准备活动可使肌肉温度升高，降低肌肉内部的黏滞性，加大伸展性，有利于柔韧性的提高。

（二）神经系统对骨骼肌的调节能力

神经系统对骨骼肌的调节能力，尤其是主动肌与对抗肌之间协调关系的改善，以及肌肉收缩与放松调节能力的提高，可以减少由于对抗肌紧张而产生的阻力，有利于增大运动幅度。此外，肌肉放松能力的提高也是扩大动作幅度、提高柔韧性的重要因素。

三　足球运动员耐力素质的训练原则

① 运动强度：开始以中等强度为宜，最后可达 80% 以上。

② 练习时间：每次控制在 10 ～ 20 秒，时间不宜太长。

③ 间歇时间：完全恢复为宜，期间可做积极性放松活动。

④ 练习次数：5 ～ 10 次。

⑤ 练习组数：3 ～ 5 组为宜。

四　足球运动员柔韧素质的训练方法

柔韧素质训练基本上采用拉伸法，分为动力性拉伸法和静力性拉伸法。

（一）动力性拉伸法

是指有节奏地、通过多次重复同一动作的练习使软组织逐渐地被拉长的练习方法。又可分为主动拉伸和被动拉伸两种。

（二）静力性拉伸法

是指先通过动力性拉伸缓慢的动作将肌肉等软组织拉长，当拉伸到一定程度的时候要暂时静止不动，使这些软组织得到一个持续被拉长的机会的练习方法。也可分为主动拉伸和被动拉伸两种。在训练的时候，常常把两种方法结合起来，即在做拉伸练习时有动有静、动静结合。

五　足球运动员柔韧素质的训练手段

（一）单人或双人的各关节伸展练习

如膝关节、髋关节、肩关节的伸展练习。

（二）采用拉长肌肉、韧带、肌腱等结缔组织的手段

如踢腿、压腿等练习手段。

（三）模仿和结合球的练习

如大幅度振摆，摆踢腿，侧身凌空传、射、倒勾踢球，跳起展腹，头顶球等。

第七节　足球运动员的灵敏素质和训练

一　释义

（一）定义

灵敏素质是指在各种突然变换的条件下，运动员能够迅速、准确、协调地改变身体运动的空间位置和运动方向，以适应变化着的外部环境的能力。

（二）分类

灵敏素质可分为一般灵敏素质和专门灵敏素质两类。一般灵敏素质是指在完成各种复杂动作时所表现出来的适应性变化着的外部环境的能力。专门灵敏素质是指根据各专项所需要的、与专项技术有密切关系的，以及适应变化着的外部环境的能力。

二　影响灵敏素质的因素

（一）大脑皮层神经过程的灵活性及其分析综合能力

大脑皮层神经过程的灵活性及分析综合能力是灵敏素质的重要生理基础。神经过程的灵活性好，兴奋与抑制转换得快，才能使机体在内外环境条件发生变化时迅速地做出判断和反应，并根据当时的情况及时调整和修正动作。在足球比赛中，随着运动形式的变化，运动员的动作性质和强度都将发生变化，机体必须迅速对情况做出判断。

（二）各感觉器官的机能状态

在完成动作过程中，需要运动员具有良好的感觉机能，表现为动作准确，变换迅速，并且在空间和时间上表现出准确的定时定向能力，这就要求各种感觉器官如视觉、听觉、味觉和本体感觉等器官具有极高的敏感性。因此，灵敏素质的发展与各种分析器官机能的改善有密切关系。

（三）掌握的运动技能及其他身体素质水平

灵敏素质是多种运动技能和身体素质在运动中的综合表现。掌握的运动技能数量越多而且越熟练时，灵敏素质才能越充分地表现出来。因为运动技能是在多种感觉机能的参与下在大脑皮层有关中枢间建立的暂时神经联系，这种暂时性联系建立得越多，在环境条件改变需要做出反应时，大脑皮层有关中枢间暂时神经联系的接通就越迅速和准确，并能在原有条件反射的基础上创造出更多新颖动作和做出更完善的协调反应。

灵敏素质还需要其他身体素质作保证。例如，必须有一定的力量、速度、耐力及柔韧性等素质，才能真正地适应复杂的环境变化，做出准确的反应。

此外，灵敏素质还受年龄、性别、体重和疲劳等因素的影响。一般认为，少年时期灵敏素质发展最快；男孩较女孩灵活，尤其在青春期后，男孩的灵敏性更好；体重过重会影响灵敏素质的发展；身体疲劳时，爆发力、动作速度、反应速度及协调性等都下降，灵敏素质也会显著下降。

三　足球运动员灵敏素质训练原则

① 运动强度：中等和中等偏上强度为宜。

② 练习时间：5 ～ 10 秒。

③ 间歇时间：完全恢复或基本完全恢复。

④ 练习次数：5 ～ 10 次为宜。

⑤ 练习组数：3 ～ 5 组为宜。

四　足球运动员灵敏素质训练手段

（一）追逐游戏

如追拍肩部、背部、大腿等部位。

（二）专门设计的各种复杂多变的练习

如立卧撑、"十"字变向跑及各种综合变向跑。

（三）钻爬各种障碍物

如钻爬拦架、同伴两腿分开站立其他队员进行钻爬比赛等。

（四）结合球的练习

如带球越过等距、有序或无序排列的若干障碍等。

第八节　足球运动员的平衡素质和训练

一　释义

（一）定义

平衡素质是指人体维持身体稳定姿势的能力。足球比赛是一项对抗十分激烈的竞技项目，在比赛过程中，队员在对抗的情况下完成各种技术动作时都需要维持自身的平衡，这样才能在与对手的竞争中获得胜利，同时运动员在空中或高速运动中完成技术动作时也需要很好的平衡能力。

（二）分类

平衡素质可分为静态平衡和动态平衡。

静态平衡是指人体在相对静止的状态下保持姿势稳定的能力。动态平衡是指人体在运动过程中维持平衡的能力。对于足球运动员来说，重要的是动态平衡能力。

二　影响平衡素质的因素

（一）遗传因素

研究表明，平衡素质具有一定的遗传性，因此，父辈以及更长的直系的平衡能力对运动员的平衡素质具有一定的影响。

（二）年龄

研究表明，平衡能力在发育到成人之前，随着年龄的增长而不断提高，随后随着年龄的增长而不断下降。

（三）性别

有人认为，女性由于上体窄细、下肢粗短、重心较低，所以平衡能力比男性高，但是通过进一步研究发现，由于男性的肌肉力量较强，提高了肌肉的反馈能力，反而相应地加强了平衡素质。

（四）前庭器官和视觉

运动生理学家的研究表明，前庭分析器的稳定性和视觉的暗示作用对运动员的平衡能力具有重要的影响。

三　足球运动员平衡素质的训练手段

（一）单足站立徒手练习

单足站立徒手做各种练习，如抱膝、牵拉股四头肌、下蹲—站立等，通过摇晃躯干来调整重心，脚跟原地不能动。

（二）单足站立有球练习

单足站立结合球进行练习，如脚内侧、脚背踢空中球、头顶球等，通过摇晃来调整重心，脚跟原地不能动。

（三）双人徒手练习

两人一组，通过推、拉、顶、撞等方式破坏对方平衡，另一方尽量维持身体平衡。

（四）双人有球练习

两人一组，通过合理冲撞、跳起争顶球、贴身对抗等方式提高双方的平衡能力。

（五）结合比赛提高平衡能力

通过比赛来提高运动员的平衡能力是最佳、最有效的途径。

第九节　足球运动的整理活动

一　定义

整理活动是指在运动之后所做的一些加速机体功能恢复的较轻松的身体练习。整理活动又称为"放松练习"。做好充分的整理活动是取得良好的训练效果及预防运动损伤的重要手段之一。

二　整理活动的目的

整理活动能够消除疲劳，是最廉价、最有效的一种恢复手段。对较高水平的足球运动员而言，整理活动与提高肌肉质量、提高肌肉爆发力、防止肌肉劳损、延长运动寿命也有密切关系。整理活动也能加速代谢产物的排除，及时放松肌肉，尽快消除疲劳，促进体力恢复。

三　整理活动方法

整理活动一般包括以下内容：如慢跑或游戏，肌肉放松练习及肌肉的牵拉练习〔整理活动中的牵拉练习应以静力牵拉练习和PNF练习（本体感受神经肌肉促进法）为主，而不宜采用动力牵拉练习〕。

（一）慢跑或游戏

慢跑或游戏是运动后的积极性休息，也称活动性休息。休息有两种方式，一种是静止性休息，一种是活动性休息。为了加速身体在疲劳以后的恢复，应当使两种休息方式很好地结合。

慢跑或游戏可保持较高的组织温度，使肌肉保持较好的伸展性和弹性，在此基础上进行牵拉练习，更有利于肌肉的放松。

慢跑或游戏也可使心血管系统、呼吸系统仍保持在较高水平，有利于乳酸的排除。从能量代谢的角度来看，当运动至疲劳后，如果恢复过程中能进行轻微活动，肌肉和血液中乳酸的消除比运动后静止性休息要快得多。

（二）牵拉肌肉

众所周知，延迟性肌肉酸是痛的起始环节，它导致肌肉张力增加，而肌肉的张力增加，必然压迫肌肉中的小血管，而导致局部的循环障碍，造成局部的血液循环不良，引起疼痛，疼痛反射性地使痉挛加重，痉挛又使局部缺血增加，形成恶性循环。

肌肉的伸展练习可以使肌肉及时得到放松，打断这一恶性循环，从而避免由于局部循环障碍而影响代谢过程，造成恢复过程的延长。因此，肌肉伸展练习可以有效预防延迟性肌肉酸痛（DOMS），缓解运动后延迟性肌肉酸痛的症状，并可加强骨骼肌蛋白质的合成过程，加速骨骼肌疲劳的消除。

就肌肉牵拉练习的长期效果而言，牵拉练习对预防肌肉僵硬、防止肌肉退化、保持肌肉的良好功能、预防肌肉劳损有良好作用。

通过牵拉练习进行整理活动时应注意以下事项。

① 注意区别肌肉的酸痛和肌肉拉伤。如酸痛，在伸展的过程中则会逐渐减

轻，缓解；如在持续牵拉过程中疼痛没有减轻，甚至加重，则可能是肌肉拉伤，应立即停止练习并采取相应的治疗措施。

② 弄清哪些肌肉有反应（酸痛），并弄清楚这些肌肉的起止点。

③ 根据场地条件设计动作，使有反应的肌肉（酸痛的肌肉）逐渐受到最大幅度的持续伸展。

④ 牵拉练习必须在身体微微发热的基础上进行。

⑤ 牵拉练习要以静力牵拉为主，开始进行静力牵拉练习时，伸展的幅度要适当，在持续牵拉的过程中，如已感到肌肉放松，可逐步加大牵拉的幅度，直到可能的最大幅度为止。

⑥ 牵拉持续时间约 1 分钟，间歇 1 分钟，重复 2 ～ 3 次为一组。

⑦ 练习时间的长短、重复组数的多少，以及每天进行牵拉练习的次数，可根据负荷大小而定。

⑧ 静力牵拉练习最好在运动结束后立即进行。

第四章
足球运动员的技能与训练

第一节　现代足球技术发展概况

一　释义

（一）定义

运动技术即是完成体育动作的方法，是运动员竞技能力水平的重要决定因素。在足球运动中，运动员的技术在比赛中更是有着特殊的地位，它是完成战术配合、决定战术效果的前提和保证。前联邦德国著名足球教练绍恩认为："足球运动最重要的决定性的部分是技术。"现代足球运动训练理论也表明，技术能力是足球运动员竞技能力的决定性因素。随着现代足球比赛攻守速度的不断加快、对抗争夺的日趋激烈，足球运动员的技术能力已成为决定比赛成绩的根本性因素之一。

（二）特征

21 世纪的国际足坛，各路群雄为了使足球更富有魅力，也为了久居世界足球强林，不断把足球水平提高至新的阶段，使各类技术在比赛中的使用次数和成功率有明显提高。例如，第 17 届与第 16 届世界杯部分统计数据表明，反映每场比赛进攻质量的进攻次数（145/132）、攻入前场次数（93/76）、射门次数（15/13）、进球数（1.47/1.38），以及防守技术的运用次数（125/113）和成功率（63/45）等

在短短 4 年中均有了明显提高。

尽管足球比赛目的就是取胜，但它的"唯独"性从未像今日这样鲜明，并且在"取胜共识"更为统一的基础上，理性足球越来越成为实现"目的"的支柱。为了做到少失球、多进球，什么传统风格、固有观念、打法特点、观众喜恶等皆可让步。例如，第 17 届世界杯冠军巴西队改变了传统的"艺术与洒脱"、重攻轻守的一贯比赛方式，第 5 次举起了大力神杯；又如，百余年死守长传冲吊"英式打法"的英格兰队，近些年也在打法中糅入了浓厚的技巧色彩。

取胜目的决定着攻守矛盾永恒的斗争和世界足球的发展方向，也从根本上解释了足球历史长河中各种流派、风格、攻守打法的变化；理性足球则评判足球训练与比赛过程是否紧扣取胜目的、符合取胜规律并严谨科学。

因此，为了更有利于争夺时空利益和更好地服务于攻守战术目的，取得比赛的胜利，世界各国的足球教练员、足球理论家对现代足球的攻守技术进行了深入研究，形成了当代技术的典型特征和未来走向。当代技术的特征体现在：

1. 技术与速度结合

足球比赛日趋朝着高速度、强对抗的方向发展，赛场上给予运动员完成技术动作的时间越来越短、空间越来越小。要想真正适应高速度激烈争夺中的快速攻守，最重要的因素是速度。如果缺乏速度，特别是在快速运动中运用技术的能力和完成技术动作的速度，那么再漂亮的技术在比赛中也难有用武之地。

从第 17 届世界杯赛的统计中，我们可以看到，81.6% 的进球是在 6 次以下的传球中完成的，47.5% 的进球是通过直接射门得分的。

我们还可以从运球过人技术的运用上透视足球技术的发展。众所周知，足球比赛中运球过人技术是突破对方防线的一种十分锐利的武器。它不仅可以直接获得射门或得分的机会，而且还可以为同伴创造突破和射门的条件，可起到事半功倍的作用。从第 11 届及第 15 届世界杯赛运球过人技术的运用情况对比中可以看到：

（1）运球过人技术的运用数量、质量、区域的变化

①比赛中运球过人技术的运用次数减少，成功率降低。

统计表明，每队每场平均运用运球过人技术的次数：第 11 届世界杯赛为 29.6±9.6 次，第 15 届世界杯赛为 21.8±6.4 次；成功率：第 11 届世界杯赛为 63.4%，第 15 届世界杯赛为 59.8%。因为快速攻防要求队员不断提高进攻的推进速度，所以，快速简练的传球配合必然要取代某些运球过人技术的运用。此外，随着个人逼抢能力的提高与局部围抢战术的运用，比赛场上提供给运球过人者的时间与空间的难度将越来越大，这必然造成运球过人成功率的下降。

②前场运用运球过人技术的比例增加

统计表明，现代足球比赛中，前场运用运球过人的比例增加（第 11 届世界杯赛为 55.6%，第 15 届世界杯赛为 67.9%），中、后场则明显减少（中场第 11 届世界杯赛为 42%，第 15 届世界杯赛为 30.2%；后场第 11 届世界杯赛为 2.4%，第 15 届世界杯赛为 1.9%）。

统计数字表明，中、后场过多地运用运球过人技术，必然影响进攻速度，应尽量少用或不用，而前场运用运球过人技术，可以迅速突破防线或获得射门得分机会，比例增加是合理的。

③前场、后场运用运球过人技术成功率降低

统计表明，现代足球比赛中，前、后场运用运球过人技术成功率降低（前场第 11 届世界杯赛为 60.5%，第 15 届世界杯赛为 55.5%；后场第 11 届世界杯赛为 88.9%，第 15 届世界杯赛为 72.7%），中场略有增加（第 11 届世界杯赛为 65.9%，第 15 届世界杯赛为 68.7%）。

从统计数字中可以看出，前场是对手防范的重点区域，人员密集、逼抢凶狠、围抢严密，运球过人不易得手；而中场则相对松动。由于现代前锋队员防守意识加强、防守技术提高，丢球后积极拼抢、封堵，所以后场运球过人如同玩火。

（2）运球越过 1 名防守者的比例增加，而越过 2 名以上防守者的比例降低

统计数字表明，运球越过 1 名防守者的比例增加（第 11 届世界杯赛为 84.6%，第 15 届世界杯赛为 93.5%），而越过 2 名以上防守者的比例降低（第 11 届世界杯赛为 88.9%，第 15 届世界杯赛为 72.7%），且成功率明显下降（第 11 届世界杯赛为 57%，第 15 届世界杯赛为 33.8%）。

速战速决和防守者的制约，不允许持球者随心所欲地运控球和过人，越过的防守者人数越多，失败的可能性越大。

（3）过人前移动速度越快，过人的成功率越高

快速过人的成功率提高（第11届世界杯赛为66%，第15届世界杯赛为72.8%），中速，特别是慢速过人的成功率明显下降（中速：第11届世界杯赛为63.3%，第15届世界杯赛为57%；慢速：第11届世界杯赛为51.7%，第15届世界杯赛为21.5%）。

（4）过人时简练的技术动作比例增加

统计数字表明，几乎所有的运球过人，仅用一个技术动作即可完成（占92%）。复杂、烦琐的技术动作不仅影响进攻速度，贻误战机，而且成功率偏低。运用一个技术动作完成过人的成功率，第11届世界杯赛为64.3%，第15届世界杯赛为60.1%；运用两个以上技术动作完成过人的成功率，第11届世界杯赛为60.1%，第15届世界杯赛为51.6%。

运球技术的变化，是其他技术发展变化的缩影，其关键取决于时间与空间的利用和争夺，谁掌握了时间与空间，谁就将掌握主动权。

2. 技术与意识结合

技术必须赋予意识才有火力、威力和生命力。所谓意识，就是运动员对足球比赛规律的认识，并根据临场变化而适时地采取正确、合理、有效行动的一种敏捷的思维能力。足球场上运动员的一举一动，包括在有球和无球的情况下，无不包含着意识的反应。

从单一的技术动作到局部的战术配合，直至全队的整体打法，无不受到意识的支配。例如，接球时，队员首先面临的就是，这个球该不该接？接到什么方向和位置？用身体的哪个部位接？接球后的下一步行动是什么？如传球时，是直接传还是接控后再传？传向何处？用什么脚法？什么力量？什么弧度与落点？在跑动时，是快跑还是慢跑？是摆脱接应还是扯动？是抢站位还是补位？是跑直线还是跑弧线？上述各种行动都受运动员的意识支配，反映出意识的强弱。

队员意识是在局部与全队整体的战术配合中表现出来的。队员的每个技术动

作的运用，必须与局部及整体的战术行动相吻合，而且需要在众多的行动方案中做出最佳选择。因此，技术与意识的结合是一项高难度的艰巨工程，这不仅要求运动员具备坚实的技术基础和娴熟的运用能力，还要精通足球比赛的规律及各种打法的要求，熟悉同伴与对手的球路和习惯，并能在瞬息万变的复杂形势中迅速做出抉择和行动。

意识的培养与技战术的训练是一对孪生兄弟。从儿时初学足球开始，就应把意识的培养贯穿在技战术训练中，寓意识于一切技术行动之中。它们应是同步存在与发展。待到成年发现意识满足不了技战术的需要则为时已晚。

意识基本上属于人的思维范畴，意识的发展受多方面因素的影响，如文化素质、理论水平、思维逻辑、外界条件等。其中不可忽视的现实是个体差异，即人的天赋不同，所以训练过程中，除加强意识的培养与训练外，应尽量发掘那些意识天赋好的运动员，这样更有利于做到技术与意识结合。

3. 技术与意志结合

意志素质是足球运动员不可缺少的重要素质之一。从某种意义上讲，意志是比赛获胜的基本保证，特别是在那些具有特殊意义的比赛中，其作用往往令人意想不到。

意志素质基本包括三方面含义：果敢顽强的拼搏作风；自我控制情绪的能力；敢于冒险的无畏精神。

由于足球运动本身的特点及规则要求，足球可称得上是勇敢者的运动。随着足球运动水平的全面提高，比赛中激烈的争夺日趋白热化，因此对运动员的意志素质提出了更全面、更突出、更明确的要求。以往的比赛还可依靠优异的技战术弥补体能和作风的某些不足，或依靠坚忍不拔的精神和出色的体能弥补技战术上的缺陷，从而获得比赛的胜利，但在当今的足球运动中这种机会与可能性变得越来越小，甚至十分渺茫。

现代足球比赛是在快速和激烈的对抗中进行的。一切攻防的技战术动作均要在上述的环境中完成，没有良好的意志品质，再好的技战术能力也难以发挥；反之，没有出色的技战术能力，良好的意志品质也无表现之处。因此，技术必须赋

予意志才能产生威力；意志也必须通过技术才能得以发挥和表现。只有两者完美地结合才能如虎添翼，收到事半功倍的效果。

4. 技术与即兴结合

足球比赛经常出现一些令人难以预测的变化和结果，一时又不能找出正确的答案。人们曾幽默地说"球是圆的"，以此作为没有答案的答案。的确，由于足球运动的特点，比赛战况错综复杂，形势瞬息万变，结果令人难测。特别是随着技战术水平的全面提高与发展，争夺日趋白热化，赛场上给运动员留下的时间越来越少，空间也越来越小，这样就需要某些超常的技术才能满足比赛的要求，因此即兴表演就应运而生。

所谓即兴表演和超常技术，是指根据赛场上瞬息万变的环境及突发的情况，随机采取应急手段，打破原有技术结构的动作，达到所需的技战术目的。

随着足球运动的发展，运动员的即兴表演会运用得越来越广泛，水平越来越高，魅力越来越大，但这也是一种十分难以获得的能力。这首先要求运动员必须掌握全面而娴熟的技术、突出的意识、敢于冒险的精神，同时还要具备机敏、冷静的头脑，迅捷的应急反应和应变能力，而且这些能力均要在一刹那的时间内表现出来。

技术与即兴的结合是现代足球的技术特点之一，运动员应朝着这个方向努力，在赛场上发挥其出色的作用。

5. 技术与目的结合

各项技术的运用都离不开其目的性，初学者与低水平的运动员运用足球技术的盲目性较大，而随着能力与水平的逐步提高，盲目性则越来越小，目的性越来越强。因此可以说，运动技术与比赛技巧的提高过程，也就是减少盲目性、提高目的性的过程。

足球比赛的目标是不让对方将球攻入自己的球门，要千方百计地将球攻入对方的球门，这是我们完成各项技术动作的总纲。要实现这一总纲，必须牢牢地掌握住控球权，各项技术的运用也将围绕这一中心目的而展开。因此，控球并获胜是足球比赛的根本目的。

教练员在上述总目的的指导下，根据比赛性质、本方实力、赛程安排等情况，制订全部比赛的战略目标。根据比赛进程、对手实力、客观条件等因素，进一步制订战略战术及具体实施方案。为了落实各项方案，还需有局部与个人的战术行动。总之，运动员的每一个技术行为都必须服从比赛的根本目的，服从于全局的、局部的及个人的战术目的与要求，任何偏离上述目的的行为，不仅事倍功半、徒劳无功，而且还会给某一战术配合及全队、全局带来不可弥补的损失。

要做到技术与目的更好地结合，运动员除具备全面、坚实的技术基础外，还需娴熟自如地运用各项技术，特别要在技术的实用性上狠下功夫。既要熟练、实用，还要有一定的提前量；既要解决当前问题，又要解决下一步甚至下几步的问题。

6. 技术与位置结合

翻开足球发展史，我们不难发现，足球技战术的发展及各种比赛阵型的演变都对足球运动员提出了不同的新要求，但技术总的趋势是朝着全面、快速、娴熟、简练、强对抗的方向发展。特别是1974年第10届世界杯赛，荷兰人在克鲁伊夫的率领下，以全攻全守、潮涨潮落似的攻防，令世人耳目一新。此后，足球运动的发展对运动员的全面性提出了更高的要求。每个运动员都身负攻守的双重任务，因此也必须掌握进攻和防守的技术才能适应战术的变化和比赛的需要。30多年来，运动员在提高全面性方面做出了努力，全面型的整体和全面型的个人均在不断发展和提高。

比赛场上仍有位置分工，从运动员的身体条件到技战术特点，不同位置均有不同要求。足球运动中，不同位置的分工与特点必然将会在今后的发展中继续存在。这就要求运动员在掌握全面技术的基础上，根据个人的特长和位置需要发展专长技术，既是足球场上的多面手，又要成为具有个人特点和某个位置上的专家，这就是对现代运动员的要求。尽管当今足球比赛中刻板的位置分工与职责在逐渐消失，某些邻近位置对运动员的体能和技战术的需求日趋接近，但某些位置如中锋、中卫等仍有其特殊的要求，即使邻近的位置，某些技战术的运用也存在一定侧重与差异。所以，在重视技术全面发展的同时，必须根据各位置的需要，同步提高个人特长和位置技术。

7. 一对一技术

攻讲简效、守求稳准。为了争取时间，现代足球比赛中一对一的情况下，进攻要讲求简单有效，防守要讲求沉稳准确。

一些国外足球专家对世界杯比赛中的技术运用趋向进行了详细的分析，得出了现代足球比赛中运动员技能落实和体现的具体特点。

（1）进攻技术

第 17 届世界杯赛中，优秀队进攻技术的成功率在 55% 左右。运用趋势主要表现在：

① 能射不传、能传不运、能运不控；"能"表示适时适地；

② 能直接射不间接射、能空中射不落地射、宁射低不射高；

③ 两只脚都能准确完成 50 米以上长传和直接传、能低平传不高传的技巧；

④ 传球第一选择是防守队员身后，依次为向前传同伴脚下、转移传球，最后选择是横传、回传；

⑤ 具备快速带球跑以利用前方空间的技术；

⑥ 具备简练地变向变速、掩护和抬头观察的运球技术；

⑦ 防守三区尽量不运球，进攻三区敢于冒险渗透，能直线不迂回，运突在于创造射、传机会或人数优势；

⑧ 不在原地接控球，移动迎球接控并迅速衔接射、传、运、突等动作；

⑨ 具备对手贴身逼抢下迅速扩大视野角度的控球转身技术；

⑩ 尽可能掌握快速争顶射技巧及鱼跃顶射、远射和补射技术；

⑪ 根据角度、距离和守门员位置，明智地处理射门力量与准确之间矛盾的技术；

⑫ 接控球于可利用的空间，并能运用身体掩护球；

⑬ 根据球、对手和同伴的位置及攻守局势，合理地选择迂回跑或突然性地套边跑、身后跑或斜线跑（由内向外、由外向内或分离斜线跑）。

（2）防守技术

第 10 届世界杯中，优秀队防守技术的成功率在 65% 左右，第 16 届为 45%，运用趋向主要表现如下。

①　不能"断"时采用"抢"，不能"抢"时采用"铲"；

②　抢球时上抱的角度对着持球队员，开始时快速、接近时减速；

③　正面抢球时侧向站立、盯着球并运用伴抢虚晃等方式对持球者施压，选准时机快速出击；

④　抢背身球时，抓住可清楚地看见球、持球者短时无身体护球，重心不稳定的半转身刹那间；

⑤　尽量采用站立式抢球，在持球者直线威胁进球或位于球门附近的边线或底线时可考虑倒地铲球；

⑥　破坏球时，应力求击球远、高和两侧方向；

⑦　断球时隐蔽意图，以恰当的角度果断迅猛上前；

⑧　不能断或抢时运用堵，堵的角度有迫使持球队员在中场时向内或横向活动、在后场时向外的明确目的；

⑨　堵防守的后撤步避免运用交叉步，离持球者近时，迫其侧传，远则给对手前传角度；

⑩　堵防守既有耐心又适当施压，迫使对手无法从容抬头观察，有抢夺时机，就快速出击；

⑪　铲球用于迫不得已场合，要具备快速中打破动作结构完成铲球的能力；

⑫　盯人要依据球的位置选择与对手的距离，既要注意追盯和换位呼应，又要掌握好位置职责与队形；

⑬　无论在一对一、保护或回撤时，始终站在对手内侧且与球门中点连线上（一般原则）。

二　足球运动技术原理

足球运动技术种类多，动作结构复杂，完成难度大，但是足球技术需全部或部分服从以下科学原理。

（一）生物学原理

1. 生理学

目前一般认为，运动技术形成的生理机制，是运动条件反射暂时性神经联系，是以大脑皮质运动为基础的。因此，学习、掌握和运用运动技术的生理学本质就是建立运动条件反射。足球运动技术特别是运动员对技术的应用能力更是建立在熟练的运动条件反射基础上的。

2. 生物力学

运动生物力学认为，运动技术的生物力学原理就是以下基本要素合理适宜匹配的结果，即身体姿势、关节角度；身体及肢体的位移、运动时间、速度及加速度；用力大小及方向，用力的稳定性及动态力的变化速率；人体各关节的相互配合形式与方式；增大动力的利用率及减少阻力的技巧。足球运动技术全部或部分以这些运动生物力学原理为基础。

（二）心理学原理

运动技术的心理学机制，目前已经受到人们广泛关注。如运动技术学习与形成所需要的心理能力等，认知心理的形成与发展、表象的形成与运用都对学习和掌握运动技术有着重要的影响。

（三）社会学原理

运动技术服从的社会学原理主要是美学原理。"运动美"从某种意义上讲，就是技术美、动作美，如运球技术表现出的动作幅度小，但协调放松的姿态就是一种技术美。

三　足球技术动作要素与技术结构

动作要素包括身体姿势、动作轨迹、动作时间、动作速度、动作力量和动作节奏等。

（一）动作要素

1. 身体姿势

指在动作过程中，身体或身体各部分所处的状态及身体各部位在空间所处的位置关系。可分为开始姿势、动作进行过程中的姿势和结束姿势，如足球运动员踢球技术过程的身体姿势等。

2. 动作轨迹

是指在做动作时，身体或身体某部分所移动的路线。包括轨迹形状（直线、曲线、弧线等）、轨迹方向（前后、左右、上下六个基本方向及各种旋转与环绕等）和轨迹幅度（长度、角度），如运动员鱼跃头顶球射门动作轨迹。

3. 动作时间

指完成动作所需要的时间。包括完成动作的总时间（完成动作所需要的全部时间）和各个部分的操作时间（完成动作的某一个环节所需要的时间），如足球运动员完成接球射门所需要的时间。

4. 动作速度

指在单位时间内身体或身体某部分移动的距离。包括平均速度、瞬间速度、初速度等，如足球运动员的起动速度、奔跑速度。

5. 动作力量

指在完成动作时，身体或身体某部分克服阻力所用力的大小，是人体内力和外力相互作用的结果，如射门力量的大小。

6. 动作频率

指在单位时间内同一动作的动作重复次数，如运动员运球时的动作频率。

7. 动作节奏

指在完成动作过程中的时间特征，包括用力的大小、时间间隔的长短、动作幅度的大小和动作快慢等要素，如运动员在罚点球时先慢后快的动作节奏。

（二）技术结构

技术结构包括动作基本结构和技术组合两层含义。

1. 动作基本结构

由动作基本环节和环节之间的顺序构成，也可称为技术的微观结构。每一项足球技术的基本结构都包括若干个基本环节，如踢球技术动作由助跑、支撑脚的选位、踢球腿的摆动、脚触球和踢球的随前动作5个基本环节组成。这些基本环节是按特定的、一般不能改变的顺序形成动作基本结构。因而，动作基本结构可称为"技术链"，而动作基本环节则可视做"技术链"上的各个点，"顺序"则成为连接各个点的连线。

2. 技术组合

由若干独立的技术动作连接组成的集合，如运球—传球，接球—运球—射门等技术组合。

四　影响技术的因素

（一）主体因素

1. 人体结构力学特征

运动技术必须以身体动作为表现形式，而身体动作表现则以人体解剖结构作为基础。例如，足球运动员的动作很大程度上取决于肌肉的结构（肌纤维构成比例）。

2. 中枢神经系统的控制与协调

运动技术的合理性依赖于参与动作的肌肉群的协调程度，而这种协调程度又依赖于神经系统对肌肉的合理而精细的支配，即协调能力。因此，中枢神经的控制作用表现为对肌肉的协调支配。运动技术的完成，从神经系统来说主要取决于相关神经元的连续冲动、冲动的频率及冲动到达肌纤维的准确时间；而无关神经元则抑制不需参加活动的肌纤维，使之不发生收缩。在骨骼肌的协调活动中，起主要作用的是神经机能的调节。

协调能力是指运动员机体不同系统、不同部位和不同器官协同配合完成技术动作的能力，协调能力是形成运动技术的重要基础。从生理学角度讲，运动技术的形成是条件反射的建立与巩固，协调能力好，就能合理运用已经掌握的各种机能储备，使大脑皮层的暂时联系很快建立起来，加快对新技术的掌握。从运动学角度讲，运动技术的形成是运动员按照动作的空间、时间和节奏等要求进行练习的结果。协调能力好，就能在练习中把握上述时空及节奏特征，从而较快地提高运动技术学习和训练水平。

3. 感知觉能力

运动员在完成技术动作时，需要各种感知觉参加，其中肌肉运动感觉起着重要的作用。经过反复学习，运动员各种分析器的感受性得到高度发展。为了适应专项运动的要求，专门化知觉（如球感）也得以形成和发展。运动员能够清晰地知觉自己的动作，因而动作具有高度的准确性和协调性。

从运动训练实践中可以发现，运动员感知觉能力的高低，在很多情况下同其技术水平存在极为密切的关系。例如，运动员肌肉对球的感知觉能力，直接影响着运动员能否熟练地掌握技术动作。

4. 动作技能的储存数量

运动员动作技能储存的数量越多，越能顺利地建立新的条件反射，掌握新的技术动作。

5. 运动素质的发展水平

动作速度、力量、柔韧性等运动素质对技术动作的完成和运动技术的质量有着重要的影响。这些素质的发展水平直接影响技术完成过程中时空、节奏特征及各部分肌肉用力的协调配合。运动员技能的发展在很大程度上依赖于有关运动素质的发展水平。例如，倒勾射门动作的练习就跟运动员的灵敏、柔韧有极大的关系。

6. 运动员的个体心理特征

运动员学习掌握技术和完成技术的质量，和注意力、思维、信心、意志等心理品质有着直接关系，特别是高难技术动作（如倒勾射门、鱼跃头顶球、铲球）的掌握更受到这些心理品质很大的影响。

（二）客体因素

1. 竞赛规则

竞赛规则直接制约着运动技术的发展方向和发展速度。任何运动技术，只有

在竞赛规则允许的范围内才能存在和发展。足球竞赛规则的不断变化，对足球技术的发展起着重要的推动作用。例如，规则对背后铲球的严厉处罚，导致了防守技术特别是铲球技术的不断发展。

2. 技术环境

技术环境是指运动员（队）周边相关群体（国家、地区或运动队）的整体技术水平。实践证明，良好的技术环境对于运动员学习、掌握和运用运动技术有着重要的作用，例如，日本职业足球联赛在 20 世纪 90 年代开始大量聘用巴西的著名运动员和教练员，极大地促进了本国运动员学习巴西技术风格的热潮，也促成了日本现在的技术风格。

3. 器材设备与场地

从某种意义上讲，运动技术的发展离不开器材设备与场地的进步。在某些特定的情况下，器材设备和场地的先进与否甚至决定着比赛成绩的好坏。例如，比赛用球制作的不断改进，使队员踢弧线球的技术发生了变化，同时球速和旋转的变化，又不断促进守门员技术水平的发展和提高。

第二节　足球运动员技术训练常用方法

技能是足球运动员竞技能力的决定性因素之一，因此，在足球运动训练中，提高运动员的技能是教练员和运动员的首要任务。在足球运动员技能训练中，必须采用有效的训练方法。足球运动员技术训练是否成功，训练效果是否显著，在很大程度上取决于技术训练方法的先进性和运用的正确程度。

在足球运动员技术训练过程中，选择技术训练方法应遵循下列要求。

第一，明确的目的性和针对性。

技术训练的不同阶段要达到的目的和所要解决的任务是不同的，选择技术训练方法应具有较强的针对性，即要"有的放矢"。

第二，多层面的综合性。

为了完成某一项技术训练任务，可采用多种训练方法进行综合训练；或采用一种技术训练方法同时解决几项训练任务，以提高训练效益。

第三，常用方法与特殊方法相结合。

运动训练中各个项目都可采用的训练方法称为常用方法，而足球训练专用的方法以及针对足球技术训练中需要解决的特殊问题而专门设计或采用的方法称为特殊方法。

我们主要介绍足球技术训练中采用的常用方法：

一　直观法与语言法

（一）直观法

指在足球技术训练中，借助运动员的各种感觉器官，使运动员建立起对练习的表象获得感性认识，帮助运动员正确思维、掌握和提高运动技术水平的一种常用的训练方法，如教练员的示范、图像分析等。

运用直观法时应注意：

第一，根据具体条件和可能，广泛利用各种直观手段。

（1）提高多感官的综合分析能力。运动员综合利用感觉器官的能力越强，就越能较快地感知和掌握技术动作。

（2）各种感觉器官的作用往往具有阶段性。例如，开始学习技术动作时，视觉作用较大；但在提高过程中，就应更多地通过肌肉本体感觉改进和完善技术。

第二，把运用直观法和启发运动员的积极思维结合起来。感性认识必须通过积极的思维向理性认识过渡，才能形成正确的动作概念，从而掌握动作。

第三，对于运动水平较低、年龄较小的运动员应更多地使用示范、录像等直观手段。

（二）语言法

指在足球技术训练中运用各种形式的语言，指导运动员学习和掌握技术动作

的训练方法。其主要作用在于，帮助运动员借助语词明确技术动作概念，纠正错误动作，提高技术水平，例如，在练习过程中，教练员通过讲解指出队员技术方面的不足。

语言法以"讲解"为主要手段。讲解时，应力求目的明确、通俗易懂、精简扼要、富于启发性，并要注意讲解的时机。对高水平足球运动员可适当多使用语言法。

二　完整法与分解法

（一）完整法

是指运动员从技术动作的开始姿势到结束姿势完整地进行练习，从而掌握技术的训练方法。其优点在于，一开始就使运动员建立完整的技术动作概念，不致影响动作的结构和各部分之间的联系。此方法多用于学习简单的技术动作或不能分解练习的较复杂的技术动作。

（二）分解法

是指把完整技术动作按其基本环节分成若干个相对独立的部分，使运动员分别进行练习的训练方法。其优点在于能减少运动员开始学习的困难，在掌握了完整技术动作中相对独立的几个部分后，再进行完整练习，从而提高学习的效率，增强掌握动作的信心。此方法主要用于较复杂的技术动作练习中，在改进动作、提高动作质量时亦可使用。例如，接球—运球—射门组合技术练习，可以先分解成三个部分进行分解练习。

由于分解练习是部分地掌握技术，所以，一般将分解练习看成是完整练习的补充。

运用完整法与分解法时应注意：

① 对于比较复杂的技术动作，可采用先分解后完整的练习。但在这种情况下，必须注意不要破坏动作的完整性，即动作阶段的划分应以不影响技术动作的结构特点和不破坏动作各部分的有机联系为准则。

② 少儿初学者善于模仿，对于一些不很复杂的动作，可先完整练习后再分解练习。

③ 一般来讲，运动技术水平越高，分解练习的比例相应越大一些（此时，运动员具有高度的分化抑制，技术动作各个环节的概念也十分清楚，一般不会因分解练习而影响技术动作的完整性）。

④ "先分解后完整"或"先完整后分解"都不是固定的学习、训练程序。教练员应根据技术动作的难度、结构（组成环节的多少）及运动员年龄及心理特征等来确定采用什么方法。

三　重复训练法

重复训练法是指多次重复同一练习，两次（组）练习之间安排相对充分休息的练习方法。

通过同一技术动作的多次练习，经过不断强化运动条件反射的过程，有利于运动员掌握和巩固技术动作。构成重复训练法的主要因素有：单次（组）练习的负荷量、负荷强度及每两次（组）练习之间的休息时间。

根据单次练习时间的长短，可将重复训练法分为短时间重复训练法、中时间重复训练法和长时间重复训练法三种。

（一）短时间重复训练法

短时间重复训练法的时间一般在 30 秒以内。在足球运动技术训练中一般应用于单个技术动作或简单组合技术动作的练习，如射门练习、传接球练习，可以有效地提高单个技术动作和组合技术动作运用的熟练性、规范性和技巧性。

（二）中时间重复训练法

中时间重复训练法的时间一般为 30 秒～ 2 分钟。在足球运动技术训练中一般应用于组合技术动作重复练习，如接球—运球—传球（射门）等，可以有效提高组合技术动作中各种技术衔接与串联的熟练性、规范性和稳定性。

（三）长时间重复训练法

长时间重复训练法的时间一般为 2 ～ 5 分钟。在足球运动技术训练中一般应用于多种技术的串联练习和组合技术的重复练习。采用长时间重复训练法进行技术训练时，技术练习种类较多、参与练习的人数较多，训练的实战气氛较浓，能很好地提高运动员的技术应用能力。

四　间歇训练法

间歇训练法是指对多次练习时的间歇时间做出严格规定，使机体处于不完全恢复状态下反复进行练习的训练方法。

在足球运动员技术训练过程中，通过严格控制间歇时间，有利于运动员在激烈对抗和复杂困难的比赛环境中稳定、巩固技术动作。

间歇训练法基本类型主要分为三种，即：高强性间歇训练法、强化性间歇训练法和发展性间歇训练法。

（一）高强性间歇训练法

高强性间歇训练法的时间一般在 40 秒以内。可以应用于足球运动员的攻防技术练习。如一对一技术练习，各种变向、变速跑动的技术练习。可以提高比赛状态下运动员技术运用的规范性、稳定性和熟练性。

（二）强化性间歇训练法

强化性间歇训练法的时间一般为 40 ～ 90 秒或 90 ～ 180 秒两种。可以应用于足球运动员单一结构的动作练习，或是各种负荷强度不同的技术动作的组合练习。采用强化性间歇训练法时，技术动作较多，动作练习多为组合技术，技术动作的负荷强度较高。可以提高负荷强度较高或适中条件下技术运用的熟练性。

（三）发展性间歇训练法

发展性间歇训练法的时间一般在 5 分钟以上，多于单一结构的动作练习或是各种负荷强度不同的技术动作的组合练习。采用强化性间歇训练法时，技术动作可以是单一动作也可以是组合技术。可以提高负荷强度较低条件下技术运用的熟练性。

五　持续训练法

持续训练法是指负荷强度较低、负荷时间较长、无间断地连续进行练习的训练方法。

在足球运动员技术训练中，通过持续训练法有助于完善负荷强度不高但过程细腻的技术动作。

根据持续时间的长短，持续训练法可分为三种基本类型，即短时间持续训练法、中时间持续训练法和长时间持续训练法。但是，长时间持续训练法一般不用于足球运动员的技术训练。

（一）短时间持续训练法

短时间持续训练法的时间一般为 5 ～ 10 分钟，可以应用于单一动作或组合技术动作的练习。可以有效提高激烈对抗条件下攻防技术运用的转换性、衔接性、熟练性以及疲劳状态下技术效果的稳定性。

（二）中时间持续训练法

中时间持续训练法的时间一般为 10 ～ 30 分钟。主要应用于多种足球技术的串联、攻防技术的局部对抗的训练。这种技术训练法可以有效提高技术应用的稳定性和抵御疲劳的耐久性。

第三节　足球运动员技术训练的基本要求

一　处理好基本技术与高难度技术的关系

实践证明，凡是能够攀登上世界体育高峰的运动员，一般都具备扎实的基本技术。因此，对于任何足球运动员来说，都必须长期、系统、坚持不懈地狠抓基本技术的训练。即使是在高水平足球运动员的训练中，基本技术训练也应占相当的比重。

足球运动员要长期保持高峰状态，延长运动寿命，以基本技术为核心的"基本功"和"基本实力"是否雄厚是一个必备条件。我国著名足球运动员郝海东30多岁时，无论在国家队还是职业队都保持了良好的竞技状态。他的启蒙教练刘国江指出，郝海东运动寿命得以延长的因素之一是其基本功扎实、技术全面。训练实践证明，没有扎实的基本功而想求得长远的发展是不大可能的。高峰年限较长的足球运动员大部分都是被称为"实力派"的人物，如罗马里奥、齐达内等。

然而，我们还必须注意到，足球运动员除必须抓好基本技术训练外，还应努力掌握高难技术。在现代足球比赛中，这类技术本身的难度价值和完成的质量情况，是决定运动成绩的重要因素，因而必须认真对待。

二　处理好特长技术与全面技术的关系

在足球运动员技术中，有特长技术和全面技术之分。在训练中，这两种技术应当有机地结合起来。

特长技术是指运动员所掌握的技术"群"中那些对其获取优异运动成绩有决定意义的、能够展现个人特点或优势、使用概率相对较高的技术。在训练中，对这类技术应精雕细琢、精益求精，力求使其成为运动员在竞赛中克"敌"制胜的主要手段。

一名运动员（队）是否有"绝招"，是其能否跻身于高水平行列的重要条件。而特长技术就是"绝招"的核心构成部分，如罗纳尔多快速的突破能力，贝克汉姆速度快、旋转强烈的任意球都是其特长技术。这些运动员的共同之处是，都有自己的"得意技"，并由此衍生出其他技术，成为制胜法宝。此外，特长技术还是决定技术风格是否鲜明的重要因素之一。

至于使足球运动技术群中哪些技术成为运动员（队）的特长技术，教练员、运动员可从下列四个因素考虑：第一，运动员（队）整体打法及场上位置的特定要求。第二，足球运动技术群中，运动员（队）完成得最为出色的技术动作或技术类别。第三，足球运动技术群中带有关键性作用的技术。第四，足球运动员的个人特点。

在狠抓特长技术训练的同时，还应当力求全面地掌握足球运动中的各项技术，这是因为：

其一，足球运动技术动作群中的各种技术之间往往存在着一定的内在联系，起着相互促进、相互影响的作用，这种作用，我们称之为运动技术的"转移"。受这类"转移"的影响，有时一个似乎不太重要的辅助性技术的掌握，也往往可能影响特长技术水平的提高。

其二，在足球比赛中运动员技术是否全面，是保证特长技术正常发挥的重要条件。在竞赛实践中常可观察到这样的现象：一名运动员尽管特长很突出，但因技术不全面，在某方面留下缺陷，因而在比赛中给对手以可乘之机，没等自己的特长发挥出来之时，已告失利。这种情况说明，运动员技术系统（技术群）在竞赛中所能发挥出的整体效应有时服从"木桶原理"，即往往不取决于水平最高的技术（特长技术）而取决于其他水平相对较低的技术。这说明，现代足球运动训练实践的发展，不但要求运动员有精绝的特长技术，而且还要具备较高水平的全面技术。为此，在平时训练中必须把两者有机结合起来。

其三，还需着重指出，"技术是战术的基础"这句足球训练公理性语言尚包括这样一层含义：足球运动员技术的全面性决定了球队战术的多样性。在比赛中，既要给对手造成最大限度的不适应，又要使自己最大限度地适应对手，往往看起

来只是战术问题，但实际上还包括技术问题。

三　处理好规范化与个体差异的关系

技术规范又称技术规格。在训练学中，特指依据科学原理而确立的、人们在进行技术训练时所必须遵从的模式化要求。技术训练必须符合技术规范提供的标准，必须沿着技术规范指出的方向进行。因而在训练中必须强调技术的规范化。在技术训练的初级阶段或少儿训练中，强调技术的规范化也是非常必要的。与此同时，我们还应重视技术的个体差异，使两者完美地结合起来。

技术规范是一种理想的动作模式，是将许多优秀运动员的共同特征集中起来进行的最有代表性的描述。在一个特定的时间中，某个运动员是不太可能同时具备所有这些特征的，一名运动员的技术动作很难完全符合技术规范的要求。因此，技术规范作为一种理论抽象，只能为技术训练提供一些准则，为训练指明一个基本方向，而不可能深入到每名运动员的技术细节中去。德国运动训练学家曼·葛欧瑟曾指出："每个人与理想的动作模式都有偏差，这是正常的，因为每个人都有自己的个性和特点。技术训练的目的在于，使运动员近似地达到理想动作模式的要求，即每名运动员都应掌握技术当中的重要环节，同时还要保持个人的风格和特点。"[1]

我国学者也曾指出，在技术训练中除必须要求运动员按技术规范进行练习外，还应注意运动员的个人特点。由于运动员之间存在着差异，在掌握技术过程中往往在某些方面看起来不符合技术规范，但对其本人来说是合理并有效的。了解这一点，对于在技术训练中充分发挥运动员个人特点及更好地完成技术训练任务都有重要意义[2]。

教练员必须明了：对运动员技术特点的重视、保护乃至有目的地加以发展，是使这些特点发展为特长，从而攀登上世界体育竞技高峰的重要环节。在足球运动中，技术的"实用性"是最为关键的因素，如果过分拘泥于技术的规范化，而

---

① 《运动训练学》，田麦久译，北京体院教务处编印，1983 年版。

② 过家兴等：《运动训练学》，北京体院出版社 1986 年版。

对实用性有所忽视，比赛效果往往受到影响。而"实用性"在很多情况下，不仅由技术的规范化所决定，而且还由运动员的个人技术特点所决定。因而在技术训练中，对运动员进行区别对待是极其重要的，从而在技术规范化指出的方向上，让运动员表现出不同的技术特征来。

四　处理好循序渐进与难点先行的关系

足球运动技术的各个组成部分之间都有其内在的联系，进行技术训练时，应当认识和利用技术活动内部存在的固有联系，即应当沿着由低到高、由易到难、由浅入深、由分到合、由主到次的顺序进行联系。无论是训练内容的安排还是训练方法的选择，都要服从"学习、提高、巩固，再学习、再提高、再巩固"的一般性程序，按照这种方式进行技术训练，有利于运动员打牢基础，稳步前进。

然而，现代运动技术训练实践的发展也告诉我们，先易后难、先浅后深等教学顺序也并不是绝对不能改变的唯一模式。在特定条件下，"难点先行"，即所谓"先难后易""先深后浅"，亦可望收到良好的效果。

例如，只要技术动作要领清楚，方法合理，儿童掌握技术就很快。徐福生改变了以往传统的足球技术训练教材排列顺序（传统的排列顺序是：踢球、停球、顶球、运球、假动作、抢截球、掷界外球、守门员技术8项），而从相对较难的运球技术入手，并以过人突破技术为核心。实践证明，这种方法能使一个不会踢球但对足球有兴趣的六七岁儿童在经过15课时的训练后，基本掌握动作。[1]

当然，"难点先行"绝不等于不要基本技术，它只是一种很有发展前途的技术训练程序，而这种程序必须同常用程序有机结合，才能相得益彰。归根结底，"难点先行"仍是"循序渐进"的一种特例，不同的只是它是按照新的"序"来进行训练的。

---

[1] 参见徐福生《关于"从娃娃抓起"的战略思考与实践》，《中国体育科技》1989年第5期。

五　处理好合理的内部机制与正确的外部形态的关系

合理的内部机制指运动技术必须符合运动解剖学、运动生理学所指明的神经肌肉工作原理。例如，中枢神经系统对肌肉系统中主动肌、协同肌和对抗肌的正确支配，等等。另外，运动技术还应符合运动技能形成的心理学原理。

与此同时，运动技术还应具备正确的外部形态，其意义从以下几个方面表现出来。

第一，外部形态和内部机制往往交互影响。苏联运动生理学家曾指出：技术动作一开始就具有正确的外部形态，对技术进一步完善、技能进一步形成具有很大意义。其原因是，具有正确外部形态的技术，可向中枢神经系统发出有效的神经冲动，以及由中枢神经系统发出的对完成联系比较适宜的神经冲动，都能顺利到达有关的神经和肌肉部位（包括神经肌肉接点）。而这种神经冲动本身，也是作为技术的神经生理基础的暂时性神经联系的重要组成部分。此外，技术具有正确的外部形态，会加快肌肉协调能力及动作力量、速度、耐力等方面的发展。相反，如果形成不正确的外部形态（尤其是成为习惯）后，就会因神经间暂时联系的稳固性而给纠正这些习惯带来极大困难[1]。

第二，对于技术的外部形态，我们常用运动生物力学的方法进行描述，如运动的轨迹、幅度、速度、力量等等，通过这些指标来表述技术动作在经济性和实效性等方面的特征。

第三，"技术美"在很大程度上是通过外部形态来体现的，如倒勾射门、凌空射门、鱼跃头顶球以及鱼跃扑救。这些技术之所以有较高的审美价值，其外部形态是很关键的因素。

第四，体育院校的学生在进行训练时，更应注意正确的外部形态。因为他们毕业后将担任教练员或体育教师，自身的技术动作如何，对其在今后能否正确地进行示范，以及能否在所教学生中享有较高威信，都有一定影响。

---

① 恩·雅可甫列夫等:《运动训练的生理学和生物化学基础》，蒋琳等译，人民体育出版社1960年版。

六 抓好技术风格的培养

（一）技术风格的意义

在足球运动训练实践中，教练员、运动员极其重视"技术风格"的培养，有人甚至称技术风格是运动技术的"灵魂"。一名运动员有个人的技术风格，一个运动队也有集体的技术风格。因此，今天我们在理解技术风格时，不应局限在个人技术上。

进一步探讨这个问题，就可引申出所谓"技术流派"的概念。所谓技术流派，指不止一个运动队，而是若干运动队都具有相似的技术风格。例如，国内外专家所划分的欧洲技术流派和南美技术流派，前者技术风格粗犷简捷，后者技术风格细腻华美。因此，可以这么讲，技术流派是技术风格在空间上的放大。

（二）技术风格释义

所谓技术风格，是指某运动员或运动队的技术系统，区别于其他运动员或运动队的技术系统，具有较为成熟和定型化了的、经常表现出来的特征。

上述定义强调了如下几方面的含义。

① 强调了运动员（队）的主体因素。技术系统、技术风格的物质载体是运动员，即任何技术系统都要由运动员掌握，任何技术风格都要由运动员表现。

② 每名运动员都有自己独特的个性特征和行为特征，一个球队也有区别于另一球队的个性特征和行为特征，建立在此基础上的运动技术系统必然呈现出丰富多彩的姿态。独特的技术风格，来源于独特的技术系统。

③ 运动员（队）技术系统的独特性，是经过长期的运动训练实践而培养起来的，是较为成熟和定型化了的，即这种独特性是一种结果，从而强调了技术风格培养过程的长期性。

④ 运动员（队）技术系统的独特性需要表现出来才能被人认识、检验和承认。这种表现的主要场合是比赛。而且，正因为独特性是较为成熟和定型化了的，因此，在比赛中总会经常地表现出来。

技术系统是技术风格的内核，技术风格是技术系统特征的集中表现。运动员

技术风格的不同，实质上是源于技术系统的不同，不同的技术系统必然表现出不同的技术风格。

某一技术系统区别于另一技术系统的特征可以从以下两个方面表现出来。

第一，系统构成元素不同。主要表现在各具体技术的水平（质和量）不同，例如，"技术全面"与"技术单调"的不同，"技术熟练"和"技术粗糙"的不同。

足球运动技术是一个复杂系统。各项具体技术在这个复杂系统中所占的地位是不同的。有些技术处于主导地位，有些技术则处于辅助地位，技术全面并不等于技术均等。在实践中，我们常常根据占主导地位的技术所表现出来的特征，来评价运动员的技术风格。

第二，技术结构不同。运动员或运动队之所以形成自己独特的技术风格，除了在具体技术上有自己的特点之外，还存在另外一种情况，即各具体技术的组合方式与其他运动员或运动队不同。认识到这一点的实践意义在于，当不同运动员的单个技术水平都相近似时，技术系统的区别就主要表现在单个技术的勾连形式上，即技术的结构上。

上述分析给我们如下启示：如果要培养运动员或运动队独特的技术风格，除在系统元素上要有特点外，用特殊组合形式将各元素构联起来，也可达到这一目的。

（三）影响技术风格的因素

1. 特长技术

特长越显著，风格就越突出。技术风格的培养从一定意义上讲，也就是特长技术的训练。某项特长技术的掌握，往往使运动员或运动队的风格变得更加突出。

在训练中，如何选择几项技术反复精练，使其成为运动员的特长，并结合好其他技术进行练习，这是培养运动员鲜明技术风格的一个关键问题。

2. 运动员的神经类型（气质类型）

运动心理学研究表明，一定的气质类型适合于一定的技术风格。苏联著名运动心理学家罗季奥诺夫主编的《高级运动员的运动心理学》一书指出："对个人活动的风格，可理解为受神经系统的类型特征所制约的、能取得胜利的活动方法、手段以及反应形式的总和。"不言而喻，神经类型是气质类型的生理基础，气质类型是神经类型的外在形式，例如，在技术风格中强调"变化的运动员"，要求其自身的神经活动具有高度的灵活性和平衡性，这种风格运动员的气质类型，大多为典型的多血质，这就提示我们：在我国足球运动员技术风格的形成过程中，一定要注意分析运动员的气质类型。

3．种族特征

从人类学的角度看，种族特征对技术风格的影响也是较为明显的。种族形态与心理特征制约着运动技术的发展方向。例如，欧洲足球运动员凭借自己的身材优势，在技术上形成了大刀阔斧的欧洲风格，而南美运动员身材虽不及欧洲运动员高大，但在技术上精雕细刻，从而也形成了以细腻见长的南美风格。

七　处理好"学习"因素与"训练"因素的关系

现代训练理论认为，训练过程中既有"学习"因素，又有"训练"因素。就运动员而言，"学习"和"训练"两大因素构成了完整、统一、不可分割的技术训练过程。运动员从"学习"开始步入这个过程，但由于"学习"必须以"身体练习"为基本手段，所以即便在此时，"训练"因素也夹杂在其中。

1．技术学习是技术训练过程的起点和基础

它将对整个技术训练过程产生重大影响，因而，教练员和运动员有必要掌握技术学习的有关理论。

20世纪60年代初，在美国和加拿大等国形成了一门新兴学科——运动技能学（MOTOR-LEARNING）。这门学科具有较高的学术性和很强的实用性。它既不同于运动生物力学的技术分析，也不同于专项运动技术教法研究，其研究重点是技术学习的一般规律。其主要内容包括：

（1）运动技能形成模式分析；

（2）运动技能学习的一般能力及专项素质；

（3）练习前的各种准备：良好的心理状态、定向于学习目标、能力准备、环境安排及心理辅助手段的使用；

（4）练习进行的具体措施和教法安排：方案设计、质量与数量的关系和要求、

动机作用的分析、教学与训练的交替使用、课时长短、练习与休息的间隔、系列学习、程序学习、练习法等；

（5）练习后的教学措施：强化原则的应用、反馈原理的应用、分析与归因问题、技术迁移的规律、技术的保持和巩固；

（6）社会及练习中所产生的各种因素对学习的影响[①]。

2. 技术训练过程的实质就是运动学习的过程

在这个过程中，包括接受信息，形成动作表象，建立动作程序；发出指令，完成动作；反馈和调整动作三个环节。

（1）接受信息，形成动作表象，建立动作程序

学习技术时，运动员总是通过感觉器官从多种信息源摄取有关所学动作技术的种种信息，并将信息传到大脑皮层进行加工处理，形成动作表象，在此基础上组成动作方案在脑中留下知觉痕迹。

大脑皮质接受了来自各方面的信息后便要进行选择加工。由于人的信息加工能力是有限的，神经中枢只能同时处理一组信息，如果后面的信息接踵而至，机体对它的反应就会推迟或根本不做反应。因而，运动员能否抓住有关动作的主要信息是运动学习中十分重要的问题。这取决于运动员掌握技能的多少、认知能力及学习时机、情绪等方面的特征。

（2）发出指令，完成动作

大脑皮质按照形成的动作方案，向有关运动器官发出指令。运动器官按此进行活动，完成动作。由于种种原因，开始完成的动作不可能与预定方案完全相符，这就要通过下面的反馈、调节过程进行修正。

（3）反馈和调整动作

在运动技能形成中，信息的反馈有着重要的作用。其内容包括有关动作的参数（方向、速度、节奏等），以及动作学习的进展情况。

反馈信息来自两个方面：一是运动员本身的各种感觉、知觉；二是外部他人

---

① 参见《体育科学》1984年第1期。

给予的信息，如教练员、同伴的评价、指示以及通过各种测试仪器所测得的数据。

反馈信息传到中枢神经系统与原来的动作方案对照，据此调整动作方案，再次发出指令，实施动作。经过多次循环往复才能形成技能。

综上所述，在足球运动员技术训练中，教练员要有选择、有重点地向运动员提供有关动作的信息。教练员应详细研究技术的实质及要领，围绕关键技术，结合运动员个人特点和所练技术的掌握情况，确定给予信息的内容、顺序及频率，以使运动员对技术较易形成清晰的认识。其次，还要注意给予信息的时间。按在运动中给予运动员信息的时间特征，可将它们分为同步信息、快速信息和滞后信息。同步信息应在动作完成过程中给予（如教练员的呼喊）；快速信息应在动作后 25 ～ 30 秒内给予（如实拍录像、教练员的即刻指示等）；滞后信息则是在练习或比赛后给予。

从某种意义上讲，"学习"效果将直接决定技术训练效果。为此，教练员应力求明确技术学习的生理和心理机制，熟练掌握教学技巧。

八　改善动作基本结构，提高技术组合水平

运动技术训练实践证明，改善动作基本结构和提高技术组合水平，是提高运动技术整体水平的重要途径。

在足球比赛过程中，根据对手的情况，技术的运用除有一定的固定形式外，主要存在着变异组合形式，由于比赛中的情况千变万化，这种组合带有很强的应变及创造性质，即在比赛中往往可能出现平时训练中没有出现过的技术组合。运动员这种"创造"能力的高低，往往成为决定成绩的关键因素，也是技术训练中需要解决的一个重要问题。

第五章

足球运动员战术能力与训练

第一节 现代足球战术概述

一 足球战术概述

（一）足球战术的定义

足球战术指在比赛中为了战胜对手，根据主客观的实际所采用的个人和集体配合手段的综合表现。

（二）足球战术的构成

足球战术由战术观念、战术指导思想、战术意识、战术知识、战术形式和战术行动等构成。

1. 战术观念

指对比赛战术概念、战术价值功效及运用条件等进行认识和思维后产生的观念。战术观念的形成同运动员、教练员所具有的竞赛经验、知识结构、认知特点和思维方式等有密切关系。教练员、运动员的战术观念对其进行战术思考、制订战术计划、实施战术训练等一切战术活动有着重要的导向意义。

2. 战术指导思想

指在战术观念影响下，根据比赛具体情况提出的战术运用的活动准则。它是基于对战术规律认识基础之上，指导战术行动的规范或模式，明显地体现出战术运用者的战术观念。

战术指导思想是战术活动的核心。采用的战术是否具有很强的针对性和实效性，关键取决于战术指导思想正确与否。

3. 战术意识

又称战术素养，指运动员在比赛中为了达到特定战术目的而决定自己战术行为的思维活动过程。战术意识强的运动员，能在复杂多变的竞赛环境中及时准确地观察场上的情况，随机应变，迅速而正确地决定自己的行动方案（包括个人行动及与同伴的协同配合行动）。

4. 战术知识

指关于比赛战术理论及实践运用的知识，有经验性知识和理论性知识两种形态，包括对足球战术运用原则与战术形式、战术的发展趋势、比赛规则对战术运用的制约等方面的了解与把握程度。

战术知识是掌握和运用具体战术的基础。教练员、运动员制订的战术方案是否合理，运用得是否灵活、机动和有效，往往取决于他们掌握战术知识的广度和深度。

5. 战术形式

指战术活动中具有相对稳定的形态和结构的行动方式，如比赛中采用的人盯人防守或区域盯人防守。

6. 战术行动

指为了达到特定战术目的而采用的动作、动作系列或动作组合。

（三）足球战术的分类

1. 按战术的表现特点分类

可将其分为阵型战术、体力分配战术、参赛目的战术和心理战术等。

（1）阵型战术

指在足球比赛中以一定的阵型，使每名运动员有一个相对的位置分工，并按一定的要求相互配合，从而构成一个相对完整的阵营形式去战胜对手的战术行动，

如足球比赛中进攻或防守的阵型。

（2）体力分配战术

指通过体力的合理分配而谋取胜利的战术行动，如根据敌我双方的实力情况，在一场比赛中合理分配队员的体力；或根据比赛日程的实际情况，通过对队员的调整来合理分配队员体力的战术。

（3）参赛目的战术

根据本队参赛目的的不同，比赛时分别采用不同的比赛战术，例如，在联赛中根据主客场的情况采用不同的战术，争取取得理想的分数。

（4）心理战术

指通过一些特定的方式和措施给对手心理上施加影响，使对手不能顺利完成其预定的战术决策和战术行动。随着运动员训练水平的接近，在比赛前和比赛中，运动员个人或集体任何微小的变化都会给对方以心理影响，扰乱其战术部署，破坏其正常技术发挥。心理战术的主要目的是确立自己的心理优势，使对手在心理上处于劣势。

心理战术的核心是心理干扰。具体手段包括对对手进行威慑、麻痹、迷惑等，以使对手产生心理压力过重、烦躁不安、心理过程紊乱、盲目自信或丧失信心等消极情绪，诱惑对手在错误的心理活动支配下进行错误的战术行动。

制造假象、形成错觉是心理干扰常用的手段，可使对手摸不清本方战术意图，从而导致其采用错误的战术行动。

2. 按参加战术行动的人数分类

可将其分为个人、小组和集体（全队）战术。

（1）个人战术

指个人所完成的战术行动。在足球比赛中，个人战术是整体战术的组成部分。

（2）小组（局部）战术

指足球比赛中两三名运动员共同完成的战术行动，如边路的传切配合、中路的"二过一"配合等。

（3）整体（全队）战术

指赛场上同一运动队中所有运动员按统一的战术方案所进行的战术行动。在足球比赛中，合理有效的整体战术往往是获得胜利的关键。

在足球比赛中，个人、小组、整体战术是紧密联系在一起的。个人战术是小组战术和全队战术的基础。只有当一个队伍是团结的集体，分工既符合全队的任务，又符合每名运动员的个人能力特点时，集体战术才行之有效。

3. 按战术的攻防性质分类

可分为进攻战术、防守战术和相持战术。

（1）进攻战术

指利用掌握主动权的机会，通过个人的努力和集体的配合，向对手发动主动进攻所组成的战术行动。

（2）防守战术

由个人、小组或集体协同配合采取的阻碍对手进攻的战术行动。

（3）相持战术

指比赛中双方攻守态势相对均衡时，为了争得主动、力求场上形势向有利于己的方向转化而采取的战术行动。

在势均力敌的比赛中，大量存在着"相持现象"。相持阶段是介于主动与被动的过渡环节。在这一环节中，战术运用是否得当，是争得主动、避免被动的主要因素，这在高水平的比赛中显得尤为突出。

4. 按战术的普适性分类

可分为常用战术和特殊战术。

（1）常用战术

又称基本战术、常规战术。是人们在长期竞赛实践中总结出来的、具有较大普适性的战术，如意大利的"链式"防守战术等。

（2）特殊战术

指比赛中针对特殊对手而专门制订的战术。"一次性效应"是这种战术的显著特征。在争夺名次、出线权等关键性比赛中，特殊战术的有效性是极为重要的。

常用战术能力是衡量一支球队实力的重要指标，而能否制订出行之有效的特殊战术，并使之与常用战术能力融为一体，则是衡量教练员水平的重要标志。

上述分类体系只是相对而言。在实践中可能出现交叉，例如，个人战术又可分为个人进攻战术和个人防守战术等。

二　运动员战术能力

战术能力指运动员（队）掌握和运用战术的能力，是运动员（队）整体竞技能力水平的重要构成部分。

运动员（队）战术能力的强弱反映在其战术观念的先进性、个人战术意识及集体配合意识的强弱、战术理论知识的多少、所掌握的战术行动的质量和数量、运用战术的针对性和有效性等方面。

三　足球战术与战术能力的影响因素

（一）军事学与谋略学因素

"战术"一词原本就是军事术语。足球竞赛就其对抗性本质而言，就是一种"对局"、一种"博弈"。因此，足球战术的发源、形成以及发展，都和军事学、谋略学的影响密不可分。从这个意义上讲，教练员、运动员力求掌握更多军事学、谋略学的知识，对于认识足球战术规律和提高知识能力水平，都是十分必要的。

军事学、谋略学主要在以下几个方面对于比赛战术及战术能力产生影响。

1. 知己知彼，百战不殆

《孙子·谋攻》篇中说："知彼知己者，百战不殆；不知彼而知己，一胜一负；不知彼不知己，每战必殆。"

足球比赛中，透彻地了解对手及本方的各种情况，是制胜的先决条件。

2. 奇与正

《孙子·势》篇中说："凡战者，以正合，以奇胜。故善出奇兵者，无穷如天地，不竭如江河……战势不过奇正，奇正之变，不可胜穷也。"

在足球竞赛中，主要攻击方向（攻击点）为正，牵制方向（牵制点）为奇；老队员、老阵容为正，新队员、新阵容为奇；常用战术为正，特殊战术为奇；整体实力为正，机巧手段为奇。教练员、运动员应根据双方实力及场上情况，处理好上述奇、正关系。

例如，当本方实力明显高于对手时，应以"正"为主，即"拼实力"，以"堂堂之阵"同对手对抗。相反，就要考虑采用机巧手段，出奇制胜。

于"堂堂之阵"中突出奇兵，是奇正结合的最高境界。在世界大赛中有很多世界强队都通过巧布奇阵取胜，是运用奇正策略的经典之作。

3. 攻与守

进攻与防守是足球比赛中的一对基本矛盾。因此，攻守问题历来是足球训练中需要解决的重要问题。《孙子·虚实》篇中说："攻而必取者，攻其所不守也；守而必固者，守其所不攻也。故善攻者，敌不知其所守；善守者，敌不知其所攻。"意即善于进攻的，可使对手不知道防守哪里；善于防守的，可使对手不知道进攻哪里。

在足球比赛中，进攻时如水银泻地，无孔不入；防守时则固若金汤，密不透风，这是教练员、运动员在攻守训练中应追求的理想境界。

4. 虚与实

兵不厌诈、避实击虚、出其不意、攻其不备、虚虚实实、真真假假，等等，这都是足球战术中常用的计谋，战术的灵活性也通过这些方面表现出来。《孙子·虚实》篇中说："兵无常势，水无常形；能因敌变化而取胜者，谓之神。"

5. 得与失

一个成熟的运动员、一支成熟的运动队，在考虑战术运用时，往往首先是创造条件，不给对手任何战胜自己的机会，在使自己立于不败之地的基础上，想方设法捕捉任何可能战胜对手的机会。

由于足球比赛过程千变万化，很有可能出现不利于本方的情况，甚至有时会遇到似乎是"山穷水尽"的局面，此时，成熟的运动员（队）不会轻言失败，而会耐心地等待对手犯错误，进而抓住战机，反败为胜。

另外，故意"示强"或"示弱"，为了大"得"（最终胜利）而小"失"（如采用通过平或负而挑选对手的战术）等，都是军事学、谋略学中得失问题在竞技战术中的具体表现形式。

（二）心理学与思维科学因素

心理学与思维科学因素对足球战术的影响极大。心理能力和思维能力是运动员学习、掌握和运用战术的保证。

1. 神经过程

不同神经类型的足球运动员在学习尤其是运用战术方面有着不同的特点。具有灵活性神经过程的运动员，在比赛中往往能准确地预见比赛形势的变化，灵活机动地选择和运用不同的战术手段。虽然可以通过后天性训练来对运动员的神经过程进行一定程度的改造，但为了提高训练的效率和经济性，在足球谓之"战术组织者""战术发起人"的前卫线运动员的选材中，适当考虑其神经过程的特点是完全必要的。

2. 注意力

足球运动员注意力同其观察能力密切相连。扩大注意视野、注意的高度集中及迅速转移等都是培养和加强足球战术意识的重要因素。

3. 智能

足球运动员智能与其技术学习能力，战术理解和运用能力有着密切的关系。足球战术的敏捷性、灵活性、预见性和创造性，均同运动员的智能息息相关。

4. 学习能力

现代心理学认为，学习能力也是一种心理能力。学习、掌握足球战术同运动员的学习能力有很大关系。

5. 思维能力

战术意识是一种思维过程。相对于人类其他思维活动，运动员在战术活动中的思维有如下非常明显的特征。

（1）快速性。现代足球竞赛是在激烈的对抗中进行的。这种对抗一个很明显的特点就是对时间的严格要求，"时间就是机会、时间就是胜利"这句话在足球比赛中得到最为充分的体现。为此，要求运动员在极短的时间内对一些至关胜负的紧迫问题做出决断，否则就会贻误战机。

（2）逻辑性和直觉性相结合。在某些情况下，足球运动员的战术思维是一种缜密的逻辑思考，但在另外一些情况下，则完全是一种直觉思维。正是因为战术是逻辑思维和直觉思维的混合体，而目前人类对直觉思维因种种原因还未能进行较为深入的、建立在实验基础上的理论研究，所以，足球运动员战术思维及战术意识的培养一直是教练员在训练实践中感到棘手的问题。

（3）操作性。足球比赛中，运动员战术思维总是伴随着操作（操作自身、同伴、对手的身体或球）行动进行的。"思维运动"与"身体运动"联系在一起。

（4）情绪性。足球运动员的战术思维总是与强烈的情绪体验相联系，包括增力情绪和减力情绪等。

（三）形态学与体能、技能因素

1. 形态学因素

在足球比赛中，运动员形态特点对战术的采用具有很大的影响，如"高举高打"战术，"小、快、灵"战术等，无一不是以运动员的身体形态为前提。因此，教练员在制订战术计划及进行战术训练时，充分考虑双方特别是本队队员的形态学特征是非常必要的。

2. 体能与技能因素

体能包括身体能力和技术能力。在足球比赛中，体能是采用战术或实施战术配合的重要先决条件，如"快"在足球比赛战术中起着非常突出的作用，而运动员的"速度"能力则决定着能否"快"及"快"到什么程度。

从某种意义上讲，战术就是技术的有目的的运用。技术风格往往决定着战术风格。战术的多样性决定于技术的全面性，意即灵活多变的战术必须以运动员（队）全面的技术为坚实的基础。

在比赛实践中人们已观察到，明知某种战术对对手具有威胁，但因为本方不具备相应的技术能力，无法实现良好的战术意图。这就是说，战术的采用，应充分考虑本方的技术条件。

第二节　比赛战术运用中的几个因素

一　攻守平衡

攻、守是足球比赛的两个方面。攻、守既是矛盾的，又是相辅相成的、相互促进的统一体。一个队要求攻守战术运用的不断发展、成绩的不断提高，必须始终保持攻守力量的平衡。

足球运动发展和提高的实践证明，攻守平衡有着极为重要的作用。20 世纪 30 年代，英国队创造了攻守平衡的 "WM" 阵势，称雄世界足坛 20 余年。到了 50 年代，巴西队成功地采用了 "4-2-4" "4-3-3" 阵势，又一次使攻守得到平衡，连续荣获了第 6、7、9 届三届世界杯赛冠军。尽管巴西队的技术超群，并以其攻势足球闻名足坛，但因其攻强守弱，在以后 20 余年里未能圆其冠军梦。第 15 届世界杯赛中，巴西队在解决了防守问题后，使其达到了新的攻守平衡，才第四次登上冠军的宝座。

攻守平衡是足球比赛战术运用中每个队、每个教练员致力追求的基本准则。在攻守平衡战术思想指导下，必然欲求队员技能、体能的全面发展，承担攻守的双重职责，去适应整体全攻全守战术的需要；训练和比赛中，无论在攻守的布阵或战术打法上，都能形成有机地协调，以及始终保持攻守力量达到运动中的平衡。

如果一个队的战术力量重点放在某一方面时，不排除它有短时期成功的可能性。但是，片面强调进攻而忽视防守的队，就会缺乏严密合理的布防，不注意盯防自己的对手和同伴的互相保护，它总会在比赛中受到对方有效快攻的反击。同样，过分偏重防守的队，不仅会限制创造性的攻势足球，失去足球精彩、激烈的魅力，而且由于违背了进攻有助于防守的辩证原理，使其防守也达不到预期的目的。

攻守平衡既不是简单地指前锋与后卫间的协调平衡，也不是局限阵型表面上的协调平衡，而是在每个队员、每个局部、每条线之间，前后左右两侧等都能形成攻守的协调平衡。

例一，现代足球普遍采用后四卫制的大多数情况是，四个后卫中的两个中卫侧重防守任务，两边后卫攻守兼顾，只要边路有空当，边后卫就利用宽度插上，起到一个边锋的作用；但也可以在边后卫的协助下，由一个中卫来担任进攻的突击手。在判罚任意球、角球时，可利用中后卫的头球技能参与进攻。

例二，中场有三个前卫时，可以明确两人侧重防守，一人以攻为主，根据情况也可以一人盯防对方的重点进攻队员，两人侧重进攻或攻守兼备的职责，如安排四个中场队员，则可以明确两人以攻为主，两人以防守为主。也可以一人严防对方的进攻，组织核心人物或具威胁性的进攻队员，其他3人担任以攻为主和攻守兼备的任务。

例三，锋线队员可由2人或3人打进攻性足球。每个队员的职责，可根据队员所具备的技、战术和素质特点，以及本队战术要求，分别充当组织进攻者、攻击手和射手，主要目标是对方球门。组织渗透，突破进攻三区，创造射门机会，以达到进球的目的。

二　人数优势

足球攻守战术运用中，在任何场区利用人数上的优势，都是奏效的。

现代足球比赛中，自从在防守上起用一个清道夫或自由人以后，普遍运用确保后防人数上的优势。有些队也采用双中卫，根据情况明确轮换进行盯人和保护的协同配合防守，大多数情况是4个后卫防守对方两个或三个前锋，保持以多防少的优势。

在中场，为了创造人数上的优势，争取控球的主动权，当今足球比赛的中场布阵，已从3人、4人甚至增至行动中的5人，如依靠边后卫的插上，后卫和中卫的出击以及前锋的回撤接应，以使中场形成点多面广的接球点，以利于持球队员更容易处理球。

由于现代足球比赛进攻布局，前锋只有2人或3人，在人数上很难超过防守队员。但是，通过积极的跑动、快速的行动，利用边后卫及时的插上、前卫的套

边，或中后场队员突然向对方中、边卫之间的二肋插入，或采用快速的接趟、运球、假动作等技巧突破对方的行动，在进攻的局部场区，在人数上可超过对方，取得以多打少的优势。假如在进攻三区内能即兴采取个人的强行突破，或带冒险性却具威胁性的传切配合，那么守方将会防不胜防。

利用人数上的优势力争主动，已成为当今世界优秀队攻守战术运用的鲜明特点。但是，作为一名教练员必须认识到，要贯彻这一要素，要求队员应具备多位置打法的技能和整体配合的意识。如果进攻能力不够或者进攻不适当，就会出现错漏，使对方快攻有机可乘。防守时，如盯人和保护的分工职责不明确，虽然形式上人数占优势，但同样会造成失球。因此，一个队要有效地利用人数上的优势，首先教练员必须具有足球理论知识，掌握攻守规律，并结合队员特点合理地运用战术变化。

三　比赛节奏

现代足球运动的显著特点之一，是比赛的速度越来越快。但是，追求比赛的速度与掌握快慢节奏是相辅相成的。

合理掌握比赛速度与快慢节奏是一个极为复杂并富有艺术性的问题。兵贵神速，这是进攻中最重要的因素；而在防守中最主要的是尽可能快地回防，延缓对方的进攻速度。由于速度越快越容易失误，所以速度与冒险又是密切相关的。真正有效的进攻，既要快速行动又要讲究节奏。特别是在创造射门和突破对方防线的最后一传，极需把握好传球的时机、恰到好处的分量和落点，掌握快慢节奏就显得尤为重要。

一支优秀足球队的重要标志是，他们能够驾驭比赛，具有根据比赛攻守需要控制比赛的能力。要使对方不能适应你的节奏，而你却能掌握适当的时机加快或减慢攻守节奏，这不仅需要队员具备高超的技巧、宽广的视野、极强的战术意识，也与球队在长期训练和比赛中形成的整体默契、比赛经验、应变能力、洞察战机等技能和意识有着密切的关系。只有这样，才能在由攻转守的瞬间，抓住对方匆忙回撤、阵脚不稳、出现错漏的战机发动快攻反击；在中场阵地战中，运用中长传转移，或突然加快速度单刀直入、出其不意地突破对方防线，达到射门得分的目的。防守中的比赛节奏问题，主要是延缓和阻止对方的进攻。前锋要丢球即抢，及时移动位置封堵对方传球；中场队员应快速到位，对号盯人或控制各自的区域，迅速形成在近球区围抢夹击的局面；远球区防备对手转移中长传，要求前卫、后卫全速回防选好位，创造以多防少的优势，紧逼各自的对手，形成逼中有补、补中有逼、相互保护、步步为营的"垒形"布防。

四 声东击西

声东击西法运用于现代足球比赛中，就是故意蒙蔽对方在左（右）侧展开进攻的态势，实际上攻击的方向是对方的右（左）侧两肋的空当。在进攻过程中通过中长传、短传、横传、回传和斜直传，不断转移进攻的方向，改变进攻的速度，扰乱对方的防守体系，造成对方在上下左右移位中出现错漏，出其不意地突破防线，创造射门得分的机会。

（一）采取声东击西打法应具备的条件

① 具有充分利用场地的宽度和深度，拉开对方防线，扩大对方防守纵深面的能力；

② 掌握和运用传球接控运和无球跑动（摆脱、接应、策动、牵引等）的技能和意识；

③ 能够整体控制球，形成点多面广打身后的局势，具有通过传控球倒脚转移控制比赛节奏以及变换进攻速度的能力；

④ 持球队员要善于观察，把握中长传转移进攻方向和运用斜直传攻击对方身后的时机。异侧队员要有伏击的意识，占据有利空间，抓准传切配合的时间，伺机攻击、出奇制胜。

（二）防御对方声东击西打法应做到以下几点

① 由攻转守能够整体快速回防，整体队形要压缩在中线至罚球弧前沿的 30 米内纵深地带，形成多层次相互保护、协同配合、严密防守的体系。

2. 当对方边路进攻时，① 近球区域队员以紧逼盯人为主，要尽量将持球队员逼到边上，封堵其向中路要害地区传球的路线。近球区的前卫、前锋要积极围抢夹击，中卫要注重加强对前锋重点人物的盯逼，严密控制对方队员进入两肋的要害地带。② 异侧远球区队员，以区域结合盯人，注意选好位，善于预见对方转移传球的意图，着重保护中卫身后两肋的空当，能够及时抢断，争顶对方转移的来球。

3. 当对方中路进攻时，中卫要重点盯逼对方的突前中锋，严密控制两肋要害地区，越接近禁区越要紧逼；两边卫要收缩保护控制中卫身后的区域。当对方将球转移到边线时，则要及时逼近持球者，防守原则与对方边路进攻相同。

五　安全与冒险

现代足球比赛经验证明，一个队始终保持对比赛的控制，安全打法是战术运用成功的重要保证。但是，成功战术的经验还证明：在特定场合敢于冒险也是必不可少的，它常常是决定成功和取胜的关键。安全与冒险在不同的场区有着明显不同的作用。

在防守三区，任何情况下都不能采取冒险行动，首先应是安全第一，保护球门，严密顶住对方的前锋，同伴之间要互相配合，互相保护，阻截对方的进攻。一旦抓住时机夺得控球权，切忌运球过人、从边线向中央做任何形式的横传球或低球速的短传球。但是，在近门一对一的危急情况下，有时防守者不得不根据自己的判断，孤注一掷地抢断球，或奋不顾身地抢救险球。

在中场，安全和冒险这两种打法有一定的平衡性。在这个区域里，仍有盯防对手的必要，但防守的主要任务是防止对手突然加速向前突破。获球后组织进攻时，不能轻易丢球，要保持安全控制球，要积极跑动、策动接应、快传少带，配合动作要简练、合理、准确，当出现突破对方防线的空当时，应毫不犹豫地采取中长传、斜直传向前、向对方身后传的方法，以突破对方 30 米防区，创造射门的机会。

当攻到对方罚球区附近时，突然性的冒险行动有着重要的作用。在势均力敌、对方严密防范的比赛中，采取突然性的果断行动，如个人的强行突破，以及带冒险性的斜传直插的传切配合，这些都是进球最有效的手段。据第 15 届世界杯赛统计：控球（包括接趟、运球过人）突破进球共 22 个，占总进球数的 15.6%。此比例比第 12 ～ 14 届世界杯赛平均每届 11% 的进球率有所增加，呈发展趋势；传切配合进球，第 15 届 73 个，占总进球数的 51.8%；其中斜传直插进球 56 个，占传切配合的 76.7%；向前、向对方身后传的进球 53 个，占传切配合的 72.6%；第 12 ～ 14 届世界杯赛传切配合进球共 229 个，占总进球数 393 个的 58.2%，斜传直插进球 159 个，占传切配合的 69.4%；向前、向对方身后传进球 130 个，占传切配合的 56.8%。第 15 届与第 12 ～ 14 届世界杯赛相比，除传切配合总进球的比例有所下降外，斜传直插和向前、向对方身后传的进攻、进球比例均大幅度增长。这与采取冒险性地向对方中后卫身后和向对方中卫与边后卫之间的两肋传，并有速度较快、插入能力较强的边卫和前卫，以及具有高超技能，能做威胁性传切配合的前锋有着密切关系。

总之，高水平比赛的战例证明，只有体能全面提高并掌握高超而全面的技能，根据不同的场区合理地运用安全与冒险的打法，才有可能充分展示足球的美丽，创造精彩夺目、扣人心弦的比赛场面。

六　计划与应变

现代足球比赛成功的经验证明：只有善于精心制订攻守计划，同时注意发挥队员即兴应变的能力，才有希望在竞赛中击败对手。

足球战术的运用是复杂多变的，在赛前必须根据主客观条件，双方实力分析，不同的天时、地利、人和等情况，有计划地制订本队的战术打法，使平时有目的、有步骤的训练得以有效地贯彻和发挥。

赛前精心布置攻守战术计划是绝不可少的，但是，足球比赛的特点是场地大、人数多、双方攻守转换频繁、对抗激烈、场上情况瞬息万变。比赛的情况不可能同预先估计的完全一致，即使是预料中的部署，也会因场上的各种复杂的竞争变化影响原计划的贯彻执行。因此，依靠队员个人技能、战术意识、比赛经验和应

变能力，允许队员创造性、随机应变地贯彻执行赛前的部署计划。当然，教练员在平时战术训练中，要注意培养队员的应变能力，赛前部署战术计划中应预先提出应变的方案，在临场要抓住实质性的关键问题，运用预定的指挥方式，及时提出应变的对策。

比赛的经验证明：只有赛前善于精心制订战术计划，注意平时培养队员的应变能力，并能灵活贯彻执行计划的球队，才有望在千变万化的竞争中更好地运用战术，战胜对手。

第三节　比赛阵型、队形以及队的人员组合

一　战术阵型的演变和发展

半个多世纪来，战术阵型有了很大的发展变化，这是足球特有的攻防矛盾激烈斗争和技能、体能全面提高的必然结果。1925 年英国首先采用 WM 式阵型，此阵型风靡全球 20 多年。50 年代初匈牙利运用中锋后撤，两内锋突前的四前锋制，依靠锋线队员灵活机动的交叉换位、快速短传渗透的打法，彻底摧毁了三后卫制。匈牙利队 1952 年获赫尔辛基奥运会冠军。1953 年在英国温布尔登球场匈牙利队以 6 比 3 的比分击败英国队，打破了英国队在本土从未失败过的神话。1954 年在瑞士举行的第 5 届世界杯上，匈牙利队锋芒毕露，小组赛以 8 比 3 胜前联邦德国队，1/4 和半决赛中又连胜南美两强乌拉圭和巴西，但在决赛中由于过分自信，匈牙利队以 2 比 3 败于意志坚强的前联邦德国队。匈牙利新型的中锋后撤的四前锋制，以及机动多变的进攻型打法，引起了世界足坛攻防战术的变革。

匈牙利队四前锋制的主要特点是：避开了中卫紧盯射门的中锋，同时充分利用中卫和左右两边后卫之间的空当，使中卫难以在同一时间内看守两名突前的内

锋，致使在关键的射门进球区（即禁区）出现致命的空间。这就是威震一时的匈牙利队的进攻关键所在，也是匈牙利利用快速多变短传和前锋线机动换位取得成功的精髓。

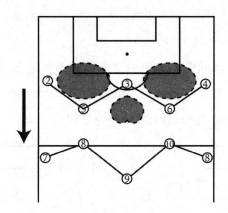

图 5-1 传统的 WM 阵型

图 5-1 是传统的 WM 式，图 5-2 是匈牙利四前锋式。进攻抓住了中卫两侧空当，即进攻时前场（禁区前）中路要害地区。

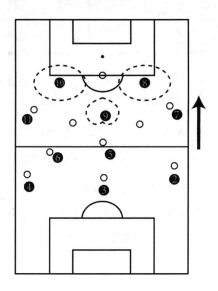

图 5-2 匈牙利四前锋阵型

1958 年巴西队在第 6 届瑞典世界杯赛上，吸取了匈牙利四前锋制的精髓，采用了崭新的 4-2-4 阵型。进攻时运用两突前中锋的四锋制，在防守时设置左右两中卫封堵要害的禁区，中场由全能技术大师迪迪控制，发动进攻。左右两边后卫压上助攻，由攻转守时由左右两名边锋回撤助守和策应，变化中中场人数增加为 4 名。

1. 4—2—4 阵型最大的特点

（1）抓住了攻防进球的两个主要关键地区（即禁区）。

（2）由原来 WM 式攻防四条线，变为攻防三条线，使攻防衔接更为紧密，缩短了攻防相互配合组织的距离。如图 5-3 为 WM 式、图 5-4 为 4-2-4 阵型。

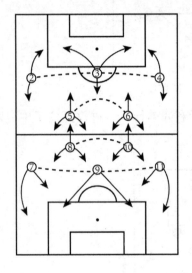
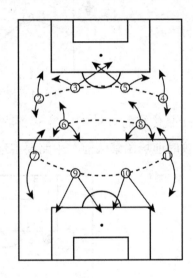

图 5-3　传统的 WM 阵型　　　　图 5-4　巴西 4-2-4 阵型

1938 年在法国举行第 3 届世界杯赛后，即爆发了第二次世界大战，此后世界杯赛停赛达 12 年之久，直到 1950 年在巴西举行了第 4 届世界杯赛。20 世纪 50 年代初，重新恢复国际比赛交流之际，匈牙利以其巧妙的新型进攻战术，以及巴西 4-2-4 攻守战术阵型，促进了全球战术革新。50 年代攻势足球在足坛占据了主导地位，见表 5-1。

表 5-1　　　　　　　　第 4、5、6 届世界杯进球统计表　　　　　单位：次，个

时　间	届　次	地　点	总场次	总进球数	每场平均进球数
1950	4	巴　西	22	88	4.00
1954	5	瑞　士	26	140	5.38
1958	6	瑞　典	35	126	3.60

　　1954 年世界杯赛的进球率创历届进球数最高纪录。为了限制进攻，防守战术相继不断改革，如意大利的"锁链式"区域防守，前联邦德国的强硬盯人防守加自由人居后保护。1962 年在智利第 7 届世界杯赛上，各队都采取前联邦德国的防守打法，参赛队普遍放弃了三后卫制而运用四后卫，巴西有意加强中场力量改用 4-3-3。该届比赛巴西队仍荣获冠军，实力并不突出，而善于防守的捷克队取得了亚军，该届杯赛进球数明显下降。

　　1962 年第 7 届世界杯赛 32 场比赛总进球数 89 个，平均每场进球为 2.78 个。1966 年第 8 届世界杯赛，英国队在本土勇获冠军，总进球数和上届相等，32 场比赛共进 89 球。可以说 60 年代是防守革新的时期。为了摆脱防守趋势的困境，70 年代初，荷兰队著名教练米歇尔斯在战术思想上创造了整体全攻全守的打法。他摆脱了刻板战术阵型的约束，创造性地使攻防更机动、更富有攻击性。其攻防指导思想来源于 50 年代前联邦德国国家队教练赫伯格所提出的至理名言"追求最有效地进行防守和进攻"。米歇尔斯要求每一队员都具有攻防双重任务和能力，同时又不失其位置的特点和个性，在防守上采取主动性逼迫式打法，即不给对方空间和时间做即兴技能表现。1974 年在前联邦德国举行的世界杯赛上，技能出众、连获两次世界杯赛冠军的巴西队，以 2 比 4 的大比分败于荷兰队的脚下。赛后巴西队自曝在荷兰队严密的逼迫下，根本没有时间和空间施展自己的技能。攻防全面发展的荷兰队大大加快了攻防转换速度，这就促使队员在技能和体能上大大地跃进了一步。70 年代全能性球星的代表是荷兰的克鲁伊夫和前联邦德国的贝肯鲍尔。

　　80 年代至 90 年代战术阵型排列上，最鲜明的特点是逐步减少锋线人数，增

加中场或后场人数。例如，1990 年世界杯赛 24 个队中，18 个队采用 5-3-2 阵型，其中 7 个队进入前 8 名。1994 年世界杯赛的前 4 名球队，不约而同地运用了 4-4-2 阵型。1996 年欧洲杯，不少队又运用了 3-4-3 阵型。

同时，世界不少强队依据其自身特点采用各种不同类型的阵型，如俄罗斯的 4-5-1、西班牙的 4-6-0 无固定攻击手、荷兰的 3-4-3、巴西的 4-4-2、意大利的 4-4-2。

而到了 21 世纪，各队更加重视中场的争夺和攻守的平衡，特别是在 2006 年的第 18 届世界杯上，很多世界强队在 4-4-2 和 4-5-1 阵型的基础上，创造性地采用了 4-2-3-1 或 4-4-1-1，使得整个球队的攻守更为均衡。

2. 深入研究其共同的特点

研究战术阵型，必须认清现代足球攻防的基本规律和特点。

（1）采用区域性逼迫式的整体防守（压缩前卫和后卫线之间空当）。

（2）大力争取主动控制中场。

（3）加快反击速度。

当今足球已进入全球性高度职业化的时代，职业队员、职业教练已无国界。一场比赛的胜负决定千百万美元的得失，故比赛的胜负主宰着一切。所谓浪漫的艺术性足球已逐步让位于理智实效的足球。攻防战术目的是在追求不输的前提下争取胜利，故在战术阵型排列上首先要考虑的问题是，不给对方在要害的有效射门区取得射门的机会。

近 5 届世界杯赛进球区域的统计充分说明：尽管技能体能提高了，战术变革发展了，但进球区域相对不变，如图 5-5。

① 在球门区进球率为 20% ～ 25%；

② 球门区线至点球线进球最多，为 35% ～ 40%（包括点球在内），约 60% 的进球是在点球和球门区内；

③ 点球至禁区线内占 25% ～ 30%，禁区内进球占 80% ～ 90%；

④ 禁区外远射进球占 10% ～ 15%。就是足球最鲜明的特点，射门进球受一定距离和角度的限制。

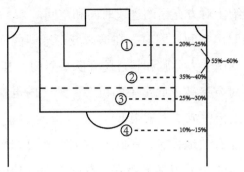

图 5-5 近 5 届世界杯进球区域分布

3. 有效的进攻手段

（1）边路进攻传中包抄射门（尤其是下底传中包抄射门进球率更高）占 30%～40%。

（2）中路传切和个人突破（包括居后插上）射门进球率占 30%。

（3）定位球进球占 25%～30%（点球、任意球、角球和界外球）。

4. 在防守上应采取的对策

（1）固守禁区（罚球区），不给对方突入射门的机会，故设置双中卫来封堵禁区。如今一般有两名攻击手突前，两名防守队员分别严密紧逼，并由一名中卫居后保护（从 20 世纪 30 年代起至今 80 多年来，始终有一名居后的中卫进行保护），有了保护，才能更好地紧逼。

（2）力争不让对方从边上突破，下底传中。

在严密整体的防守下，单一地从中路突破难度极大，因中路防守层次十分严密，一般都前有阻截，后有保护，基本没有空隙，很难渗透。进攻必然要拉开对方防线，寻找突破空间，故发动进攻也要充分利用边路，因边路的布防相对不如中路严密，边路突破虽不能直接射门，但能迫使中路防守队员回身补位而漏出空隙，故突破边路底线传中进球率较高，两侧进攻也必然会扩大对方防区，有利于中路突破。如不给对方突入禁区取得射门机会，必先考虑控制图 5-6 所标的三个区域，不让对方

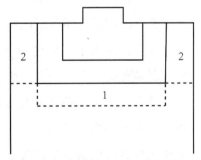

图 5-6 足球比赛中的 3 个重点区域

111

攻入这三个区域，不给予对方充裕的进攻时间和空间。

在禁区前绝不能漏出空间，因对方在这区域得球即能面对球门传出致命威胁球取得射门机会。或利用个人摆脱和越过防守队员射门，甚至可以强行远射。

两侧尽可能不给对方突破下底传中的机会，禁区内也就不会出现混乱。中卫的位置不易出错，外围传中成功率就很低。

如以上三个区域能有效地控制，不让对方突入并自如地控球，则防守基本达到稳固。故防守上设置4个后卫加强防守。双中卫固守禁区，左右两后卫力求两边不准突破。或运用5个后卫，使中路防守更为严密稳固。

5. 现代足球中、前场队员的特点

（1）中场（前卫）

要使后场稳固，不出错误，同时又要获得主动权，取得进攻机会，就必然要加强中场控制。这是当今世界优秀球队十分重视的问题。

①中场不让对方有效组织发动进攻。

②中场抢获球后，立即展开快速有效反击。

总之，为了稳固地防守，争取中场主动权，采取逼迫式的打法，以利于快速反击，这是形成当今4-4-2、4-5-1、5-3-2、3-5-2、3-4-3阵型的根本原因。

（2）前锋（锋线）

①在阵型排列上，锋线队员只有两名或一名攻击手，但在进攻时中场和后场队员都能随机应变及时迅速插上（实际是潜伏的伏击手），这是当今进攻战术上的最大特点，使对方防守队员无法寻找固定的看守对象（打破了刻板的盯人防守）。

②两名突前攻击手必须灵活机动频繁地跑位，以摆脱对方的紧盯，策应中场发动进攻。同时也要有意识地牵引对方，寻找空隙突破。

③依据攻击手不同的特点和进攻要求，两名前锋中一名突前，一名稍拖后，或一名是突前中锋，一名是快速边锋；或两名中锋，排列各异，打法多变。

总之，进攻时必然要有潜伏的攻击手，如边前卫和边后卫能成为快速插上的边锋，成为边线突破的主角，这就迫使对方扩大防线，无法形成密集防守，同时中场队员又能根据赛场情势，突然插上成为第三名中锋。当今的足球比赛对攻击手要求很高，他们应意识强、技能高、速度快，善于个人突破，具有强烈射门欲望，是把握射门时机（包括头球）的高手，他们已成为取胜进球的关键性人物。

二　不同阵型的特点及其位置职能

（一）5-3-2 阵型及其职能

如图 5-7，5 名后卫，3 名中卫固守中路，其中居后的中卫起自由人的作用。左右两侧中卫既主守中路，同时也兼顾两侧的边路防守，以保证支持左右两边后卫大胆、长距离的出击。

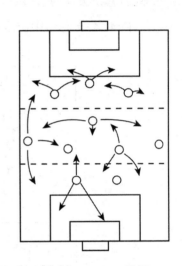

图 5-7　5-3-2 阵型

左右两边后卫既主防边路，同时要兼顾中场的控制和组织边线进攻。故对边后卫的技能、体能要求极高。在发动进攻时形成 3-5-2 阵型，攻至对方半场形成 3-4-3 阵型。

中场 3 名队员都是攻防全才，要求他们善于上下奔跑。其中应有一名起前场自由人的作用，善于穿针引线，制造射门机会，同时具有射门进球的能力。

两名攻击手的主要任务是穿插牵引，寻找突破射门的机会。

（二）3-5-2 阵型及其职能

如图 5-8，3 名后卫的职能范围相当大。居后的自由中卫要有很强的意识，其控制面是整个禁区，左右两名中卫应主盯对方两名攻击手，但又不能受牵引而脱离自己的主要防区。

5 名中场队员能更有效地控制中场，但两名边前卫必须控制对方边线进攻，防止边线被其突破。其他 3 名队员，一名后卫作为前沿屏障、中场自由人。前面两名是潜伏的攻击手，可机动插上进攻。

（三）4-4-2 阵型及其职能

如图 5-9，要求 4 名后卫具有高度的默契，能同时压上退守。避免自由中卫落后过深而出现空当。采取区域联防，双中卫主防对方两名攻击手，但不受其牵引，中锋拉边由边后卫看守，中锋回撤中场接应由前卫看管，两中卫按其特点可由一名居后保护，一名盯抢。但必须同时随时轮换上下，互相交替保护，而绝不能各行其是，缺乏默契。左右两边卫，固守两侧，并能压上协助控制中场，同时见机插上积极参与边线进攻，下底传中。

在4-4-2阵型中前卫的安排有两种类型的设置。

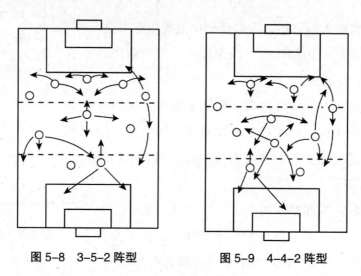

图5-8　3-5-2阵型　　　　　图5-9　4-4-2阵型

1. 拖后前卫，突前前卫和左右两边前卫

拖后前卫作为两中卫前面的一道屏障，是中场自由人和组织者，进攻的发动机。突前的前卫是前场的自由人，穿针引线，是潜伏的第三名攻击手。

左右两边前卫除控制中场外，主防侧路。如果同侧边卫插上，则由他补位。进攻时充分利用边线成为边锋或在中路直接插上射门。

2. 两名拖后前卫，两名突前前卫

两名拖后前卫侧重防守，相应积极地进攻，并和边后卫轮换交替插上出击。如果边后卫出击过大，不能及时回位时则由同侧边前卫及时补位，以免中卫放弃中路要害地区去补边。同时，保证两名突前前卫大胆投入进攻，在转守时能保证有6名队员。

两名攻击手可采用一左一右、一前一后或一中一边站位，依据各自的特点和中后场队员进攻能力，整体攻防配合的要求而确定。

（四）3-4-3 阵型及其职能

如图 5-10、5-11，3-4-3 阵型是荷兰队善于运用的一种阵型。1996 年欧洲杯赛上，不少队运用近似 3-4-3 的阵型打法。该阵型在队员人力的安排上似乎又回到 30 年代的"WM"式（即后场 3 名后卫，中场 4 名即两前卫、两内锋），锋线 3 名攻击手。在攻防平衡上又如五六十年代的 4-2-4 阵型。但其战术思想和队员攻防职能绝非昔日所能相比。此阵型更能促使加快攻防转换的速度，同时有利于扩大进攻面，使进攻更为快速多变（这必须建立在高度全面技能、体能和战术意识的基础上）。

防守：3 名后卫，防守控制面很大，既要主盯两名攻击手，同时又要兼顾两侧边路的防范。如果对方是 3 名前锋，则形成各自一对一的局面，故在防守时和中场队员必须保持严密的距离，相互及时补位，两侧由边前卫协助补位，中路要害地区由拖后前卫共同防御。

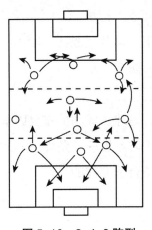 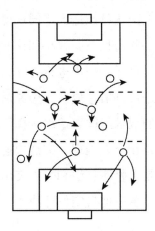

图 5-10　3-4-3 阵型　　　　图 5-11　3-4-3 阵型

中场的排列按队员特点和整体攻防战术要求，可由拖后前卫、突前前卫、左右两边前卫或由两名后卫、两名前卫组成。

前锋的 3 名攻击手，一名中锋和左右边前锋，其位置不固定，随机左右前后上下不断地频繁换位。充分利用场地的宽度，扩大进攻面，发挥快速多变的进攻

威力。

（五）4-2-3-1阵型及其职能

在近几年，特别是2006年第18届世界杯赛上，冠亚军意大利队和法国队就是使用这种阵型的成功典范。这种阵型最突出的特点就是：在两个中后卫前面设置两个拖后前卫，在防守时是一道稳固的屏障，而在进攻时又是中场自由人和组织者进攻的发动机；而两个边前卫除协助控制中场外，主防边路，在进攻时成为边锋或内切中路形成射门，而突前前卫成为前场的自由人，起到穿针引线的作用，同时能利用对方防守的松懈而直接突破或射门。

三　足球战术发展趋势

国外足球专家和教练员认为，足球战术有如下发展趋势。

① 基本的进攻阵型是有效和具有吸引力的。

② 以速度为对象的足球，在场上的每一个位置都强调速度。

③ 在场上的队员能适应不同环境下的不同战术打法。

④ 在对手紧逼且空间狭小和快速的情况下，出色完成技术动作。

⑤ 以球为目标，积极进行防守，创造紧密防守阵型。

⑥ 组织进攻自信，战术使用灵活。

⑦ 良好的战术纪律、始终发挥团队精神，是球队成功的重要因素。

⑧ 战术是在个人表现、突然快速和令对手防不胜防的条件下完成的。

⑨ 战术是在整体打法和个人突出表现相结合下完成的。

⑩ 进球更多来地自定位球战术。

四　队形

（一）队形的作用

队形是阵型在不同比赛场合下更具体、更严谨、更灵活的运用，如果说阵型只是位置的大体排列，那么，队形便是需要周密组织、随机变化的人员组合。队形是一个队攻守战术效力的重要基础，是一个队实力充分发挥的基本保证。一个不能在不同比赛情况下保持良好攻守队形的队，进攻必然乏力，防守必存漏洞。

队形可划分为整体和局部队形两大类。其总体原则是前后层次、左右策应和四面衔接，核心点在于：有利于创造和利用时空间、控制和封锁时空间。国际足坛对队形的研究与训练，历来作为战术的重要组成部分。

（二）进攻时的整体队形

① 后场 1-8-1，如图 5-12。

1-8-1 队形示例"↓"意指"3-4-3"阵型；

② 中后场 1-6-3；

③ 中场线 1-5-4；

④ 中前场 1-4-5；

⑤ 前场 1-3-6。

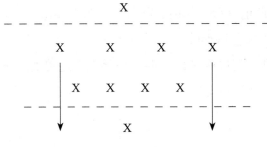

图 5-12　进攻时的整体队形

（三）进攻时的局部队形

① 形成瞬时人数优势，创造各种传切配合的 2～4 人组合队形。

② 作为对斜传直插进攻效果的追求，创造这类渗透配合的队形。

③ 持球人在任何场区至少有一个接应者的"基础"队形，如图 5-13。图中"#"符号所夹区域为接应队员场上视野。

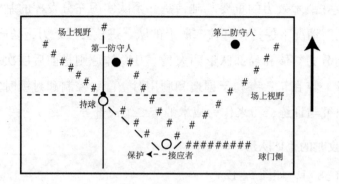

图 5-13

① 离球门越近，压力越大，接应距离越近；后场为 10 ～ 30 米；中场为 6 ～ 15 米；前场为 3 ～ 5 米；

② 在持球人身后球门侧约 45° 角；

③ 保持 180° 视野，以便快速采取下一步进攻行动。

④ 3 人一组、"两前一后"的层次队形，如图 5-14。

⑤ 角球时"冲击波"队形等。

进攻队形要有利用场区的考虑，要有局部人数优势的追求，要有助于保持控球权和创造进攻的机动性和突然性。

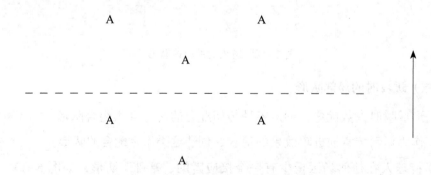

图 5-14 进攻时"两前一后"的层次队形

（四）防守时的整体队形

① 前场 1-3-6；

② 中前场 1-4-5；

③ 中场 1-5-4；

④ 中后场 1-6-3；

⑤ 后场 1-8-1（一前锋在中场附近牵制对手两卫，其余全部投入积极防守）。

（五）防守时的局部队形

① 边路场区保持金三角队形，如图 5-15。

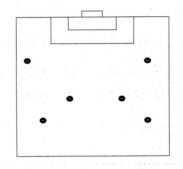

右、左边后卫

右、左前卫

右、左边锋

图 5-15　防守时边路的三角队形

② 中路场区保持菱形队形，如图 5-16。

③ 3 人一组、两后一前的层次队形，如图 5-17。

④ 盯抢者至少有一人保护的"基础"队形。

（1）距离：一般为 3～5 米，限制对手活动的时空间，同伴被击败后及时补上。

（2）角度：取决于盯抢防守者的站位和意图。

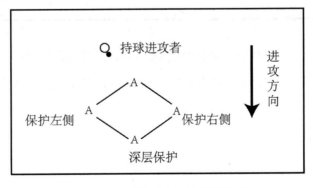

图 5-16　防守时中场的菱形队形

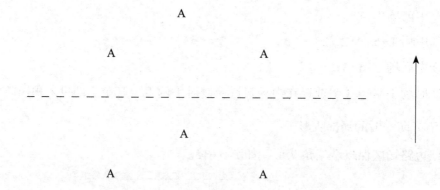

图 5-17 防守时"两后一前"的层次队形

如果盯抢防守者离持球队员太远，不能控制持球者活动方向，保护防守者应呈 45° 角站位，以保护任一方向，保护队员应始终站于盯抢防守者球门侧，如图 5-18。

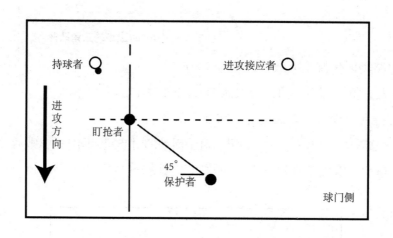

图 5-18 防守时保护队员的正确位置示意图

如果盯抢防守者迫使持球者走边路，保护防守者应纵向站位保护，配合实现此意图，如图 5-19。

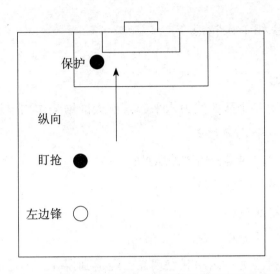

图 5-19　让持球者从边路进攻时保护队员的正确位置示意

如果盯抢防守者迫使持球者横向移动，保护防守者也应横向站位保护，确保实现此目的，如图 5-20。

呼应：与盯抢防守者保持呼应联系，增援同伴阻抢的信心。

防守队形必须竭力保持人数优势，形成适宜的纵横衔接，阻或抢的目的明确。

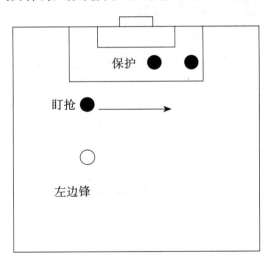

图 5-20　让持球者横向移动时保护队员的正确位置示意

比赛中球不停地在动，队员和队形也不得不频频调整，为此，一个队要始终保持好的队形，体能、意识水平、注意力和队形知识等是必不可少的。

五 队的组合和个人特点

（一）组队重点

队的合理组合对一个队的实力水平起着巨大的增强作用，从近年来国际上组队强调的重点看，一个队应力求：

① 3～5 名超出同伴得分倍数的队员；

② 2～3 名卓越的运球队员；

③ 1～3 名球星队员；

④ 1～4 名充满活力和天赋的年轻队员。

将最优秀队员拼凑为一队的观点现在已经遭到摒弃；不是每个队员都能适应环境的变迁；群雄争"王"，自以为是，并不有利于足球比赛中集体水平的发挥。

（二）球员的基本素质

一个球员要想驰骋于当代足球赛场，他必须拥有下列基本素质。

① 速度、爆发力、协调性，特别是维持 90 分钟奔跑的身体能力前提；

② 自信、果敢、意志力和注意力的心理特征；

③ 快速、对抗中熟练、准确完成攻守技术，特别是位置技术的技术基础；

④ 有球和无球状态下预测比赛环境和态势，适时适地合理抉择行动的战术意识与能力。

第四节　常见的进攻战术打法

进攻战术打法是一个极为复杂而又高度灵活的动态系统，教练员既要考虑攻守双方的实力对比，又要考虑比赛环境的变异及比分等战局变化，随时调整。现对当今足坛常见的几种打法作一简述。

一　快速反击进攻打法

（一）快速反击的概念

所谓快速反击是一个队在获得控球权后，趁对方重新组织严密防守之前，以迅雷不及掩耳之势，快速将球传递给中、前场有利位置的队员，或个人在中、前场抢、断球后，快速运球直捣球门，创造有利的射门机会。

（二）快速反击的最佳时机

发动快速反击的最佳时机有下列几种。

1. 抢、断对方球后即可发动快速反击

由于对方全队处于有组织的进攻状态，一旦突然失球，一时难以形成有序的布防，此刻反击最佳。尤其是在中、前场夺得控球权时，更使对手猝不及防。

2. 有效利用对手传球失误发动快速反击

由于我方队员的积极干扰，贴身逼抢、封堵其传球路线，迫使对手盲目传球，甚至将球误传于我方同伴脚下。抓住此时得球机会，发动快速反击，攻其不备，出奇制胜。

3. 利用定位球尽快发动快速反击

聪明的队员能充分利用比赛规则创造机会。如遇球门球、掷界外球、任意球之时，趁对手退守不及之机（尤其是前场任意球不待对方排墙防守之前）即可予以攻击，会收到事半功倍之效。

4. 守门员截获对方射门、传中球时发动快速反击

当对方压着我方打时，对方频频射门或边路传中球，一旦球被守门员截获，此时应趁对手未及时退回半场的一刹那，立即长传对方半场，给对手以致命的打击。

（三）快速反击成功的要素

众所周知，快速反击的前提是"快速"，而实质则是"击"，两者缺一不可。成功的快速反击一般有两种形式。

1. "三固定"式

即在不同场区反动快速反击时，后场、中场、前场均有固定的配合路线、固定的攻击区域、固定的突击手。

2. 即兴反击式

在快速反击的实践中，除有"三固定"式的反击形式外，还有即兴发挥进行反击。即依据获得球的瞬间赛势，无须按照本队快速反击的既定方案行之，而是随机应变，即兴反击。

3. 快速反击的几个示例

比赛中，快速反击进攻的方式很多，这里列举常出现的几例。

（1）当一支队在比赛中比分落后时，尤其是赛时所剩无几的情况下，为了挽回败局，常会倾巢出动，大举进攻，而程度不同地忽视防守，这就为对方控球后快速反击创造了条件。

（2）当今足球比赛中，对方边后卫或自由人常常投入中前场进攻，因回防不及又无同伴及时、安全的保护，他们后面会留下较大的空间，一旦球被守方夺得后，则可充分利用快速反击这一有效战法，予以攻击。

（3）一旦进攻一方全队压至前半场，后半场呈空虚之势，对方守门员截获球后，应当抓住这一良机，立即长传给前场同伴，使其得球后直捣龙门。

二　层次进攻打法

（一）层次进攻的概念

无论何地对方已经组织好较严密的防守时，一个队采取有队形的层次进攻更为可取有效。如果说快速反击是以速度和冒险为基础，那么，层次进攻的主要因素则是准确和安全。当进攻到前场门前区域时，为了创造射门得分机会，力争突然加速以使对手防不胜防。

（二）层次进攻的特点及要求

① 层次进攻能使一个队获得领土利益，享受最大的行动自由和进行机智的有

球配合。局部紧密的短传三角配合，随之突然的方向变化，再辅以频繁地寻找空间和难以预测的位置变化，将给对手防守带来极大的难度。

② 层次进攻有利于减少比赛中球的失误率，当然这仅适合具有高水平技巧的队所采用，并且是在一个队能准确地变化节奏时才奏效。

③ 比赛中队员需要时间恢复自信心时，或当他们需要时间捕捉战机，以及在本队一段时间内遭受对手严重压力后，开始重新组织进攻时，都需要队伍保持控球权。

④ 层次进攻通常应用于中场居多，且要求队员传球准确、接应及时和始终准备好相互间的层次保护，使其打法更具成效。

（三）层次进攻的几种常见战术打法

1. 边路进攻

边路进攻，顾名思义是指在对方半场两边侧路区域展开的进攻。

边路进攻的特点：拉开防区利于进攻，边路区域有天然的空隙，此区域防守力量一般比较薄弱，利于进攻，能为中路创造良好的射门机会。

（1）边锋进攻结束阶段的几种形式

①边路传中

指在平行于端线的罚球区延长线到端线之间的区域，将球传向门前，如图 5-21。

②下底回扣

指在罚球区的边线垂直于端线至同侧球门柱一带区域内，向门前回扣的传球，如图 5-22。

③斜线传中

指平行端线的罚球区延长线，至边线以后的中线边路区域传向门前中路的球。也称外围吊中，如图 5-23。

④切入内线射门

持球队员在边路时除视情况传中为同伴创造射门外，自己应审时度势内切射门。一种情况是接同伴斜、直传球，切入射门，如图 5-24。另一种情况是个人持球突破对手后走内线射门，如图 5-25。

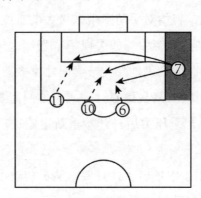

图 5-21 边路传中示意

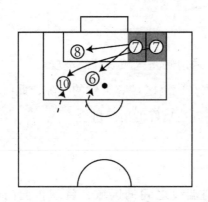

图 5-22 下底回扣示意

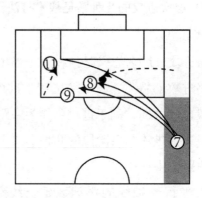

图 5-23 斜线传中示意

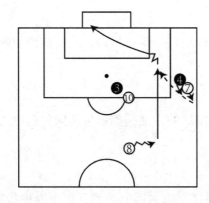

图 5-24 切入内线射门示意图（1）

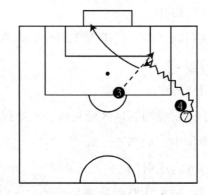

图 5-25 切入内线射门示意图（2）

（2）传中时机

边锋的传中时机是至关重要的，传球过早或过晚均不能达到预期目的。最佳时机应是：

①对手回身跑与同伴同步冲向门前的一刹那间。当然还要考虑的是，传中球的球速比人跑动速度快 2.5-3 倍。

②对方后场防线空间较开阔，或守门员与其他防守队员间纵深空间相对较大时，边路队员应及时利用此空间。

③当守门员失掉有利于守门位置时，如弃门外出回防不及，或相对远于近侧或异侧门柱以外的位置。

④传中一刹那，必须保证门前有同伴存在，否则会白白将球传给对手。

（3）传中最佳目标区

据对几届世界杯赛研究表明，传中的最佳目标区为离球门线 4 米，离禁区线 8 米之间乘以 21 米的目标区，大约 82% 的入球是从此目标区破门得分的，如图 5-26。

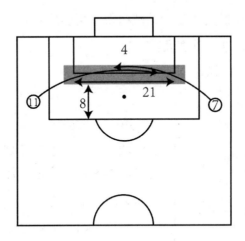

图 5-26　边路传中的最佳目标区域示意

（4）传中球的性质

传中时传出的球依据对手和同伴情况，可传出内弧线球或外弧线球。除落至主要目标区外，有时可能飞往远侧门柱或近侧门柱。

（5）传中人员

传中人员除边锋外，还有：

①中场队员插上，即边锋走内线，一前卫队员插上边路传中；或边锋回撤，前卫插入边路传中。

②边后卫插上传中，即边锋切入内线，边后卫插上传中；或边锋回撤，边后卫插上传中。

插上路线：一种是从中路插上，即可采用套边形式或斜插形式；另一种是从边路插上，即可采用空切插上或反切插上等形式。

插上的作用：由于当今足球更强调全面攻守和大范围换位进攻，所以，位于二三线的队员插上进攻能使战术变化更具有隐蔽性和突然性，因此，插上进攻不但运用较多，而且效果也十分显著。

2. 中路进攻

中路进攻，顾名思义，在对方半场内中路地带展开的进攻，即指罚球区的两条平行于边线的延长线之间的区域。

中路进攻的特点：射门角度大，破门得分机会多；进攻人数多且兵力强；中路是对手的防守重地，进攻难度大。

（1）中路进攻重点应抓好下列几个问题

①射门

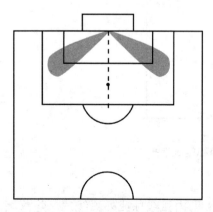

图 5-27 足球比赛中的主要射门区

第一，射门区。应当说，点球点至球门间的区域是射门的主要区域，它比远射和两侧路射区机会多得多。但也应当指出，在罚球区内正面射门机会不多，一则是防守队员多位于正面，封堵射门角度；二则守门员一般情况下也处于正面防守。所以，主要射门区是在罚球区内 25° 角区域内。如图 5-27 阴影部分。

第二，主要的得分区。根据国外专家、学者对世界杯入球研究表明：远侧门柱向球门中心 3 米处，并向中线延伸 4 米处区域内，如图 5-28，是射门得分区域。此外，此区域也是补射得分最主要区域。此区域补射占入球总数的 22.4%。所以，必须加强对此区域的射门训练，比赛中此区域必须有人占领。

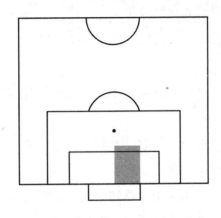

图 5-28 足球比赛中的主要射门区

第三，直接射门效果极佳。直接射门因速度快且突然，使防守队员猝不及防，效果最佳。国外学者对世界杯赛研究表明：直接射门（含头顶球射门）得分，占进球总数的 71.5%。

②节奏

当代足球比赛效果在于变化，其中进攻节奏至关重要。进攻节奏主要有两种形式，一是先慢后快；二是先快后慢，再突然加快速度。

③加强前场反抢后的进攻

实践证明，前场抢、断下球后立即进攻，能收到事半功倍的效果，其原因一是距对手球门近；二是对手由于处在进攻状态，一旦失球难以组织起新的稳固防线。统计数字表明：在后场抢得球后进攻，235 次中只射入 1 球；在中场抢得球后进攻，147 次中射入 1 球；而在前场抢断球后进攻，每 33.5 次就可射入 1 球。所以，训练和比赛中，教练员和运动员都应重视这一区域的显著效果。

④利用边路拉开防守的转移

比赛中防守队员的活动是以球为中心。球在哪一侧运动，防守队员就会被吸

引而来。此时，无疑拉开了防线，异侧防守空虚。若能抓住这一防守薄弱的区域予以及时攻击，威胁和效果很大。

⑤时空差的意念和争夺

⑥二三线队员的突然插上配合

⑦快速反击、攻击身后或攻打两肋

⑧反越位的默契配合或个人机敏地带球直捣球门

（3）转移进攻

转移进攻，主要是指在中场区域内中路进攻或边路进攻受阻时，由中路转移边路或由边路转移中路的进攻。

转移进攻的特点：能充分利用时、空间，声东击西，迫使对手被动奔跑并乘虚而入，获得明显的进攻主动权。

应当指出，由中路转边路或由边路转中路时，既可运用长传球，也可运用短传球转移。而对于两个边路互转移时，只能运用长传球。

三　破密集防守的进攻打法

当两队实力相差悬殊，或两队实力相差无几，一方已处领先地位，临近结局时为了保住胜果，常采用重兵密集于罚球区附近，以"老虎不出洞"的方式死守门前要地。

（一）破除密集防守的主要进攻手段

国内外进攻密集防守的方法主要有：

① 拉开防区进攻。由于对手密防中路，使罚球区附近密集得"针插不进，水泼不出"，这样可采用拉开两边，从边路进行突破，展开锐利的进攻，以引出防守兵力，使中路防线松动，出现破绽，为中路进攻创造条件。

② 墙式二过一配合进攻。二过一配合的特点是快速、突然、准确、威胁性大。如有良好的传、跑意识和过硬的脚功，常能给对手以致命的打击。

③ 传切配合突破。进攻队员可在密集区内不停地左右交叉跑动、前后换位跑

动、频繁地回拉前插，迫使防守队员跟随进攻队员跑动时，常能出现空当或漏洞。进攻队员采用一传一切，深入到"敌后"会使防线瓦解。

④ 个人带球突破。持球队员以超群的过人突破技术，在人群中左晃右拨，突破防线或闪开空隙的一刹那起脚射门。

⑤ 空中袭击。由于防守人员堆积门前，形成层层封锁、障碍林立的局面，地面进攻几乎无懈可击时，常采用长传高打，利用高大中锋或擅长头功的队员，在罚球区附近争夺制空权，直接攻门或头传给前侧同伴或向后过渡给同伴射门。

⑥ 远射。如果对手死守阵地不出洞，进攻队员可采用远射手段，频频击打球门。一则同伴可跟进二次进攻或补射；二则"引蛇出洞"，利用暂时出现的空隙立即改变进攻手段，会收到事半功倍的效果。

（二）进攻密集防守应注意的几个问题

① 贯彻快速进攻指导思想。攻方一旦获得控球权，首先想的是快攻，趁对方密防体系未形成之前予以攻击。

② 队员要勤于、善于跑动。进攻队员切忌站死门前。应前后不停地插或撤，左右穿梭，吸引对手，制造空当，持球队员及时予以利用。

③ 多让球变换方向。防守队员是以球的移动和方向变化而随之变换位置、相互保护、补位的。所以，进攻队员在球左右移动、声东击西的过程中，及时而果断地利用防线上出现的漏洞。

④ 充分利用罚球区。提倡和鼓励持球队员大胆而果断地带球直奔罚球区。对方队员一旦在罚球区内犯规，就会酿成恶果。

⑤ 在后、中场一旦抢断到球，特别是在中场，则要快速、果断地发起快速反击，不要东张西望、左盼右顾而贻误战机。

第五节　常见的防守战术打法

一　防守战术打法概论

当今防守方法基本上可分为三种类型，即人盯人防守、区域盯人防守和混合盯人防守。

（一）人盯人防守

人盯人防守起源于欧洲，盛行于20世纪六七十年代。由于欧洲运动员身材高大，身体素质好，特别是有力量，善奔跑，加之顽强的意志和严明的比赛纪律等因素，促成他们采用严格的人盯人防守，以凶猛的抢断压制对方的技术优势。

人盯人防守通常是除自由人或清道夫之外，各自都有明确的防守对象，基本是每个人都盯住一个指定的对手。原则上对手跑到哪，就盯到哪。例如，对方左边锋大幅度地斜插右路，而右后卫紧跟盯防，不与其他队员交换看守，只有自由人或清道夫进行区域防守，执行保护、补位等任务。

人盯人防守的运用，通常根据对方的实力采用不同的形式。例如，有的队从前场开始，或从中场开始，也有的从后场开始。1978年世界杯赛中，荷兰队对意大利队的比赛，上半时荷兰队先失一球，下半时荷兰队在前场即展开了人盯人紧逼防守，迫使意大利队频频失误。结果荷兰队反败为胜，这就是经典的主动盯人防守的战例（但一般多采用半场盯人防守）。

人盯人防守的优势在于：分工明确，限制对方进攻的力度较大。这种人盯人防守对运动员的体能、意志和个人防守能力都提出了较高的要求。因为人盯人防守使队员间相互保护和补位比较困难，漏洞一出不易补，容易造成一点突破、全线瓦解的局面。

（二）区域盯人防守

1986年第13届世界杯赛中，各国都采用了综合的整体性区域盯人防守。防守层次紧密，形成层层盯人加保护的整体性防守。每个队员在自己的防守区域内进行盯人防守，不管是哪个对手，只要他进入本防区就盯住他，原则上不越区盯人。当被盯防的对手换位时则与同伴交换盯防，不受对手的牵引，由居后的防守同伴进行保护、支援。若对手带球强行突破或无球切入接球时，则必须追盯不舍。

区域盯人较人盯人防守有更多机动性和保护性，因此，运动员除具备人盯人防守的能力外，还应有良好的判断和协同配合意识。因区域盯人有相对固定的位置和区域，在交换防守时，也常由于默契不够、配合欠佳而出现漏洞，尤其是在各区域的交界处更容易被对手突破。

（三）混合盯人防守

混合盯人防守，是人盯人防守与区域盯人防守的结合，这既是一种常用的防守打法，又是一种具有特定条件的防守打法。当对方队中具有突出人物或前锋队员的攻击力很强时，采用此种防守方法可收到较好的效果。最常见的方法是，两名中卫采用人盯人防守，盯死对方两名突前的前锋，而其他队员则采用区域盯人防守。20世纪80年代韩国队用此法曾在亚洲的重大赛事中取得了良好成绩，受益匪浅。

他们在进攻时呈3-5-2阵型，防守时呈5-3-2阵型。其中两名中卫专门盯住对方两名前锋，而其他位置则采用区域盯人防守。这种防守方法要求两名中卫的身材、体能、意志及个人防守能力必须具备人盯人防守的条件；要求自由人除具备必要的防守能力外，还要有突出的保护和补位意识，冷静的头脑和丰富的比赛经验，要求两名边后卫（或称边前卫）要具备良好的速度和体能，攻守兼备的全面技术和强烈的责任心。这5名防守队员如果不具备上述条件，混合盯人防守亦难收到预期的效果。

此外，根据对手的情况，对其重点人物可派专人采用人盯人防守，冻结他的一切行动，力求两人一起"退出比赛"，而其他队员则仍采用区域盯人防守。这就是根据特殊情况采用的特定方法。

总之，防守中最根本的原则是盯人和保护。只有盯人才能有效地主动抢断限制对方技术的优势而获取主动权，保护是为了更好地盯人和控制空间，这就是防

守过程中的必然规律。

具体的防守打法是多种多样的，在比赛中究竟采用何种打法，应视对方的全面实力及身体、技术、战术、风格、心理等多方面的具体情况和本队的特长及不足而定。

二　常见的防守战术打法

逼压式打法源于英国。许多优秀的俱乐部队都采用这种积极性很强的逼压式打法。他们的观点是：当我们失去控球权后，就设法立刻把它夺回来；如果我们有人数上的优势，在进攻三区（前场）就采取积极性的反抢，在中场肯定是积极争抢的白热化地带，仅在必要时，才在防守三区（后场）抢夺。

1986年第13届世界杯赛中，许多队开始接受并采用了此种打法。紧逼的方法越来越多地集中于球上，通过对持球队员有组织的围抢，一个人对其实施压力，迫使其采取仓促的行动，毫无威胁地回传或局部横传短传。持球队员本身虽没有遭到直接的抢截，但对仓促和不准确传球的断抢变得极为重要。这种打法需要极好的防守组织，同时，对防守者的身体和意识也有极高的要求，他们必须能频繁地适应新的形势。

1. 目的

局部或整体封闭时间和空间，决不给对手利用时间和空间的机会组织进攻。

2. 必备的条件

（1）卓越的身体素质和训练水平。特别是速度、力量、耐力等素质更为重要，只有具备这些基本条件才可采用此打法。

（2）强烈的竞争欲望和责任感。喜欢主动性的攻击和对抗，适应强烈的竞争环境与气氛；勇于承担和完成自己的职责，无论进攻和防守都乐于奔跑，积极拼搏；愿为全队的利益而放弃个人的习惯，能严格接受并执行"打法"所提出的各项要求。

（3）心理上有能力对新形势做出积极、迅速的反应，同时拥有灵活的思维和丰富的足球知识及比赛经验。

（4）服从统一指挥。服从指挥在任何成功的打法中都是必要的因素。场上的核心队员必须担负起发动和指挥该打法的责任，每一个队员也必须准备好担负其他同伴的职责，要有相互协调的意识，以避免防守结构上可能出现的缺口从而造成全队的努力付诸东流。

3.抓住时机对较理想的场区施压

（1）场区

①在对方的防守三区（后场）或中场，即本方的进攻三区（前场）或中场施压。

②在对手无机会传球的场角，如边线附近或边线和端线夹角区施压。

（2）时机

① 守门员将球发出后，迅速压上，进行人盯人防守。

② 当对手在场上缺员，出现以多防少时，注意运用此打法。

③ 当对手进攻能力不强时。

④ 当对手接、控球困难时。

⑤ 当对手面对自己球门、背身接、控球或回传球时，注意运用此打法。

⑥ 在任何场区有下列优势，如二对一时；局部已形成紧逼围抢时，则应迅速施加压力。

4.逼压式打法主要技巧

（1）实施压力

① 逼抢持球人

靠近球的防守队员要逼抢持球者，紧逼迫使对手低头控球、短传或运球。若运球，则迫使其运向防守密集区域。逼上的速度要快，靠近时应稍慢，并注意站位的角度。如果丢球后的前锋有同伴的积极支持，在进攻三区就可采取这种逼抢方式。

② 盯住接应者

对离持球队员附近的对手必须盯紧，可与之保持适当的距离，诱使持球队员将球传给他，以便迅速冲上断截。中场队员应根据球的位置横向移动，形成人数优势。一名前锋应时刻准备封断对方自由人或守门员的传球通道。远离球的防守

者要争取做到一人兼顾两名对手。

③ 压缩空间

后卫队员要及时压上，不允许在中场出现较大的空间。若中场与后场脱节，将会削弱防守中相互保护的作用。当球在一侧边路时，异侧边后卫不应比邻近的中卫拖得更后。守门员应准备好担负清道夫的角色，造成对手越位是这一打法的产物。

（2）保持控球权

采用逼压式打法，一个队不可避免地会在密集的局面中把对手圈入他们自己的半场内。所以，每个队员必须有处理这一密集形势下紧急情况的技巧能力。要想保持控球权和渗透对方防线，具有良好的控运球和传球能力是特别重要的。中场队员必须提供机动多变的接应角度，为集体控球创造条件。

当运用逼压式防守打法失败时，中场队员应起到延缓作用，其他队员迅速回撤、内收和保护争夺球的同伴。

三　逐步回撤打法

逼压式防守虽然是一种积极、有效的防守打法。但在当今各队整体实力接近，进攻能力不断提高，攻守趋于平衡，特别是逼压式打法对队员全面能力和全队协同作战的能力要求极高的情况下，逐步回撤的防守打法逐渐受到青睐。

（一）逐步回撤的打法

一旦失去控球权，全队不是即刻回撤，而是积极堵抢持球人，其他队员视场上情况有组织地回撤，同时寻找截断对方传球的机会，最后形成在中、后场的纵深防守。总之，在局势不利的情况下要逐步回撤，步步为营，有步骤、慢慢地放弃空间。

如果队员们的选位、站位和相互保护很好，一方面可以阻止对手在长传反击中企图占据的空间；另一方面也可迫使对手减慢推进速度，诱使其横传或回传；重要的是防守者有较充裕的时间组织多层次的纵深防守。

（二）逐步回撤防守打法的三个阶段

1. 开始阶段

（1）快速由攻转守，意识与行动要同步。

（2）积极堵抢持球者，由近球者完成堵抢任务，在进行个人争夺时必须很好地判断，以确保不被对手突破为准。

（3）其他队员迅速回位、选位、盯人。

2. 组织阶段

（1）形成有层次的纵深防守，层次间要保持好适合前后夹击和保护的距离，严格限制进攻者活动的空间。

（2）缩小防区，适当内收，严守中路要害区域。

（3）加强中场防守力度，力争以多防少，盯住持球者邻近的同伴，严防对手切入防守者的身后空当。

（4）严阵以待，密切注视场上情况，随时准备一对一争抢。

3. 结束阶段

（1）选择最佳防守位置。

（2）紧逼盯人，控制对手的活动空间与行动。

（3）迫使对手离开威胁区。

（4）一对一争抢。

（5）随时准备夺回控球权后的反击行动。

四　快速回收打法（密集防守）

（一）当本队整体实力明显低于对方；或比赛中根据比分变化、战术打法需要，以及出现某种特殊情况造成场上的劣势时，通常采用快速回收的防守打法。

（二）为了对机动灵活、善于利用场地区域、快速渗透的高水平进攻加以有效扼制，当代比赛中防守者任何时刻都对造成人数优势与多层次的布防加倍注意。防守中广为人们认可的名言是：可以不全攻，但绝不能不全守。为了保证人数上

的优势和组织的队形存在于防守的始终，由攻转守后的瞬间，全体队员均要投入有目的、有组织的防守行动中。

（三）一旦失去控球权，邻近持球者的防守队员要进行协调封堵，延缓对手进攻，特别是封堵组织快速反应的传球。其他队员在兼顾自己对手的同时迅速回撤本方半场，最后在中场形成 9～10 人的重兵防守，但不是人数上的堆积，而应组成多层次的纵深防线，组织更严谨，盯人更明确。这种防守更需要运动员具备高度的防守意识、认真负责的态度，不能有任何依赖思想，同时要有在相互支援保护下的机敏反应与果断行动。

（四）这种防守打法意味着将对手置于压缩的空间内，使其难以施展速度与技巧而造成失误。这就是说防守者要合理地缩小队员间的距离和封住进攻者的角度，等待他们失误，重新夺回控球权，发动快速反击。一般在有限的空间内长传进攻容易失效，短传配合在人群中也难连贯畅通。

（五）通常前锋形成第一道防线封堵对手，防区基本在中线附近；中场队员在中后场区域内盯住已压上的对手，或监视试图前插的进攻者；而后卫线的队员在禁区前沿，特别是最危险的区域，严密盯住自己的对手。同时注意支援和保护前卫线和邻近同伴造成的漏洞；守门员要充当最后一名后卫，适当扩大防区，随时准备出击。

（六）这种防守打法应用于某些比赛的某一时段中是有效的。但它主要的不利因素在于，对手可以在中场甚至在防守者的腹地发动和展开进攻，有时可以连续不断地进攻，这样必然造成防守者的被动，在大量的进攻中破门的机会随之增加，很可能因某一局部或环节的疏漏而导致失分。

五　1/4 场区围逼打法

这是一种局部防守打法，近年来在我国较为盛行。这种打法，作为一个队的比赛风格，其实质可以用几个字高度、生动地概括出来，这就是在场地的局部地区施行抢、逼、围。

较容易进行围逼防守的区域一半在两边附近，大致范围在中线与端线之间靠边线一侧，即本方的 1/4 场区。

首先应诱使进攻者把球传向两侧边线；靠近持球者的防守队员开始进行封堵并逐步向其接近；邻近的防守者，在盯住自己对手的同时也逐渐靠近持球者；其他防守者注意支援和保护并逐渐压缩防守空间。这样，在持球者的四周就形成了一个局部的包围圈。一旦有防守层次的包围圈形成后，靠近持球者的 2～3 名防守队员即可向其发动猛烈的攻击或夹击。此时持球者极易出现失误，是夺回控球权的极好时机。

运用此法，要求运动员必须具备充沛的体力，善于奔跑，有良好的围抢意识和相互支援保护的能力，行动必须协调一致，一旦时机成熟，抢、断必须果断，而且要万无一失。否则，一点疏漏而被对手突破，都会同时摆脱 2～3 名防守者，造成整体防守的被动。

上述防守战术打法是相辅相成的，互相关联的。各队在选择主要防守打法的同时，审时度势，随机应变地辅以其他防守打法，力争形成整体的严密防守体系。

第六节 定位球进攻战术

一 定位球进攻的重要性

现代足球比赛最本质的特点是高速度、强对抗。体现在防守时，特别是在防守三区内盯逼更积极，抢断更为凶狠，队员之间的保护也迅速而及时，这些防守措施最大限度地遏制进攻队员无球和有球活动。同时，现代足球表现出对防守的高度重视，"稳固的防守是取胜的基础""守好了再攻"等已成为当今足球比赛的基本哲理。当比赛处于防守时，整队的回防速度常快于对方的进攻速度，在防守的关键地区更是采用以多防少的压逼式打法。在这种严密的防守条件下，进攻队员所能创造、利用的时间更少，空间也更狭小，这就给进攻技战术的发挥带来了更大的困难。自 70 年代"全面型"足球问世以来，在近几届的世界杯足球赛中，平均每场进球为 2.58±0.208 个。与此相反，防守人数增加，国际足联规定对防守队员的犯规判罚更加严厉，使得攻方在前场获得并利用定位球创造得分机会也大大增加。通过对近几届世界杯赛决赛阶段的两百余场比赛统计，定位球进球率占总进球的 31.7%，其中进攻三区的任意球占 43.1%。更重要的是，许多关键比赛的胜利，常常通过任意球、角球和掷界外球的巧妙配合或卓越的射门技术破门得分而实现的。因此，定位球进攻战术已被广泛重视，列为重要得分手段，其发展潜力很大。

二　定位球进攻的有利因素

定位球进攻较比赛中正常的进攻具有下列有利因素。

（一）执行定位球时，均在死球状态下进行。除掷界外球外，对手至少距球 9.15 米以外，防守者无法直接紧逼进攻者。故进攻者能从容地组织进攻，一般进攻效率较高。

（二）可在进攻上投入较多的兵力，一般为 6～8 人，还可向最有威胁的区域，并在不招致任何风险的情况下，事先调动、埋伏突击手，如头球好的后卫队员、直接射门得分能力强的队员等，他们都可全身心地投入到这一次进攻中去。

（三）队员可以在预先设计的进攻点站位，不仅可发挥战术的最大效能，也可以最大限度地调动每个队员的主观能动性。

（四）定位球战术由于可变因素相对较少，通过反复训练，就能使全队的协同行动和把握时机的能力，达到很高的水平。

在定位球进攻的有利因素的共同作用下，使得对它的防守极度困难。若经常根据本队特点有针对性地进行训练，在大多数情况下会收到良好的效果。

三 定位球进攻的主要手段

定位球进攻的格言是："打法越直接、越简单，成功的可能性就越大。"当今世界优秀队通过定位球进球的事实也证实了这句格言的正确性。定位球进攻的特点：一是尽可能减少传球次数，以尽可能直接的方法攻门；二是力求快速突然，攻其不备；三是充分制造和占据门前空间，其中头射进球占相当比例。

定位球进攻主要包括前场任意球、掷界外球和角球（点球除外）。

（一）直接射门的任意球

这种射门一般用于在罚球区前沿中路地区罚直接任意球。这地区正对球门，射门角度大；而且距球门一般在 20 米左右，便于直接射门得分。在该地区罚任意球时，防守队员常由 4～5 人组成"人墙"，封堵球门近角，守门员一般站位靠近远角处，其余防守队员均紧盯进攻面上的各进攻队员。

直接射门的任意球主要采用的手段：

（1）劲射。进攻队员在发现"人墙"出现缝隙或未完全封住射门角度，或守门员站位错误时，可运用准确有力的直接射破门。荷兰队著名后卫科曼，经常采用最高时速达 112 公里的任意球为本队取得胜利。若距球门 18 米处踢射任意球，他只需 0.88 秒就可将球飞越球门线，球飞越球门线时的时速仍可达 70 公里。

（2）弧线球射门。当今世界优秀球队均拥有多名优秀射手，特别在主罚任意球时，能用各种弧线球巧妙地越过"人墙"而蹿入网底。例如，被誉为任意球专家的法国球星普拉蒂尼，他踢出的侧弧线球一秒钟能飞行 25 米，每秒旋转 2.61 圈。从出脚到球门 25 米的距离中，球能画出偏直线 5 米的弧线。所以，他踢出的任意球总能绝妙地绕过"人墙"射入球门近角，令守门员很难防守。

近年来由于任意球的威胁越来越大，故防守组成"人墙"的人数，有时增至 5-6 人，所以弧线球从侧门绕过"人墙"已十分困难。当前，不少优秀选手掌握了侧弧线球技术，即踢出的球在越过"人墙"上部空间后，由于球强烈侧前旋，运行轨迹便迅速下降，往往使守门员猝不及防。在第 15 届世界杯 1/4 决赛中，保加利亚的斯托伊奇可夫射入德国的任意球，就是侧前弧线球的佳作。

（3）快速射门。当裁判员鸣哨并出示手势后，进攻队员趁防守队员正在组织回防和"人墙"之际，立即在罚球点施射。这是由于防守队员思想不集中，防线又未完全组成，故快速射门能收到较好的效果。

（4）战术配合。为了达到直接射门最佳效果，经常采用各种战术配合，分散防守队员注意力，迷惑进攻方向和路线，达到出其不意的射门效果。如图5-29，通过⑧号假踢与⑥号扯动，分散了"人墙"的注意力。由于"人墙"中的队员要盯逼⑥号，出现"人墙"松动，在这瞬间⑩号射门，使球通过"人墙"缝隙飞向球门。

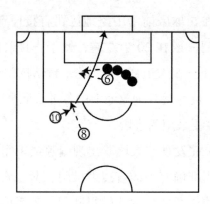

图5-29 一种直接射门任意球战术配合示意

（二）间接射门的任意球

当罚球地点距球门过近、过远、过偏，或防守队员较密集，而且射门角度较小时，多采用间接射门。间接射门采用的战术手段有：

（1）将球快速转移至有利射门点

如图5-30，为了尽可能获得较好的射门角度，经常采用一拨一射，使⑨号射门时错开"人墙"，获得较好的射门角度。

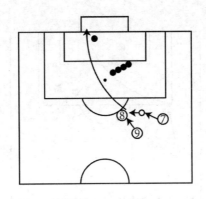

图 5-30　一种间接射门任意球战术配合示意

（2）直接或间接的战术手段占据门前空间

在罚球区侧方罚任意球，除向球门前踢空中球，利用队员抢位和身高，争顶球射门外，还采用：第一，突然占据前点空间，出其不意抢前点用头蹭射，如图5-31；第二，前点掩护，后点顶射，如图5-32。这两种战术手段是当今世界足坛广为运用的方法，效果很好。

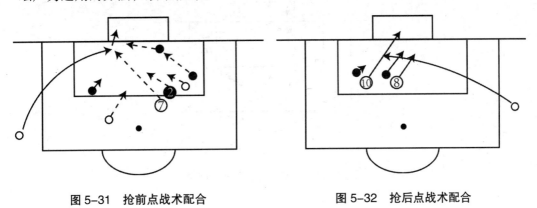

图 5-31　抢前点战术配合　　　　　　　图 5-32　抢后点战术配合

（3）快速罚球

未等防守一方站稳阵脚组织"人墙"，立即将球传向后防空当，由插上队员在快速跑动中完成射门。图5-33是第15届世界杯赛上阿根廷队攻入尼日利亚队一球的战例。

图 5-33　快速罚球战术配合

（4）"声东击西"，占据有利空间

利用进攻面上队员的无球跑动佯攻一方，吸引防守队员，然后突然主攻另一侧，出其不意地利用和占据空间。图 5-34 是第 15 届世界杯 1/4 决赛上，瑞典队攻入罗马尼亚队的一个绝妙的任意球配合。

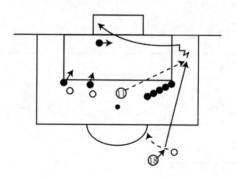

图 5-34　"声东击西"战术配合

四　角球

角球进攻有两大优点：一是可以直接破门得分；二是直接接得角球者不越位。

如图 5-35，踢角球时将踢向两个阴影区效果较好。因为这个区域守门员很少敢于冒险出击，而进攻队员又可直接踢或顶射。在试图直接得分的角球里，多数是以侧弧线球攻击球门的前半部。角球进攻的战术手段如下。

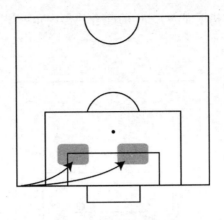

图 5-35 角球威胁区域

（1）直接通过弧线球技术破门得分。不论踢角球在球门左侧或右侧，以弧线球攻击球门前上部。如图 5-36 中的 A、B 区域。

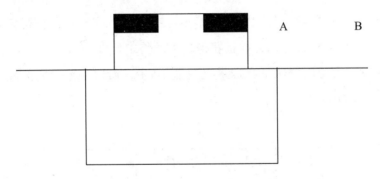

图 5-36 利用角球直接破门练习

（2）直接踢向威胁区。由于门前攻防队员密集，守门员行动常受阻；同时守门员一般不敢远离球门去抢占空间优势，进攻队员可重点部署在如图 5-35 的威胁区内实施争夺空间优势。从近几届世界杯赛情况看，所进角球几乎全部用此方式。所以，利用本队特点和优势，在门前威胁区内，实施掩护、强攻都具有一定威胁。

（3）中距离战术角球。⑧号向前移动接角球后：① 接球后进行传中或其他配合；② 向前跑动中将球蹭向身后，后面队员抢点射门；③ 直接向侧方传给其他队员。如图 5-37，此战术之②和③威胁最大，其中②的球速既快，而且又能突然改变方向，常使守方措手不及；③ 的配合使传中角度增大，成功机会也随之增加。

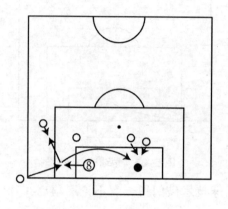

图 5-37　中距离战术角球配合

（4）近距离战术角球。与中距离战术角球中之③一样；为了获得有利的传中位置，以使传中地点接近球门，并且获得较大的传中角度。

如图 5-38，由于防守队员离球最近只能 10 米，所以小范围内的战术配合不会受到防守一方的干扰。

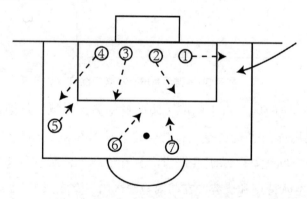

图 5-38　近距离战术角球配合

五　掷界外球

比赛中，掷界外球组织进攻的机会比其他定位球多，重视及合理运用掷界外球的战术配合，必定能增加进攻的成功率，给对手带来更大、更多的压力。

（一）掷界外球进攻应考虑的因素

① 尽快将球掷出，发动快速进攻。防守队员注意力下降是最易突破的时候，应尽快抓住这一时机发动快速进攻。

② 掷给无人盯防的队员。无人盯防的队员得球后，可以更快地向前发起进攻。

③ 向前掷球。掷界外球由于没有越位限制，故最好将球掷向对手身后的空当，同伴便于发挥速度，易于接球；防守者在回防中处理球也较困难。

④ 掷出球应使接球队员易于控制。双方应互相了解对方的意图，所掷出的球在速度、角度和高度上使同伴便于控制；接球者也应通过自己的跑动，指挥掷球队员的掷球。

（二）掷界外球经常采用的战术手段

① 掷长距离界外球。利用长距离掷球，将球掷向球门前门柱威胁区，如图5-39，接球队员接球后传向身后空间，其他队员抢占空间或进攻射门。

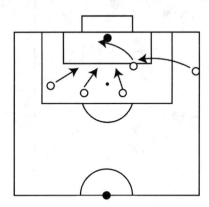

图 5-39　掷长距离界外球战术配合

② 利用交叉换位、突然变向和变速来创造空间，如图 5-40、5-41，通过不同位置队员相互间的交叉换位，或变向变速，使防守队员难以判断掷球点，进攻队员较易占据空间。

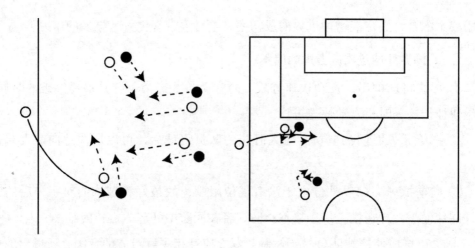

图 5-40 交叉换位接界外球   图 5-41 变速变向接界外球

③ 掷击同队队员背部后控球。由于防守队员紧逼盯人，进攻队员不易抢占有利空间时，掷球队员可掷击同队②号背部，然后立即上步控球，发动进攻，如图 5-42。

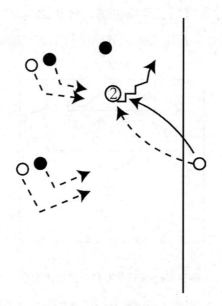

图 5-42 掷击同队队员背部后控球示意

第七节　定位球防守战术

一　定位球防守的重要性

现代足球在总结近几十年国际足球正反两方面的经验与教训后，已稳步地进入以比赛为中心的理智实效的发展阶段。其中广为足球界采纳的"守好了再攻"的战术思想，充分地体现了这种发展的内涵。

世界足球正日益趋向速度更快、对抗更激烈的方向发展。一场高水平的比赛，技战术对抗率已达 52.7%；在全场 300 余次频繁攻守交替中，只有 51% 的进攻才能达到进攻三区；10 次左右的进攻才获得 1 次射门，103 次进攻才能攻进一球，每场进球数一直在 2.58 个上下浮动。这些统计数字说明了稳固防守已取得了理想的效果。

从近几届世界杯比赛的进球率来看，约 1/3 的进球是定位球射进的，其中约 1/2 又是任意球攻入的。这说明了对定位球的防守，特别是对任意球的防守，已成为一个十分重要的问题。

近年来，国际足联为了鼓励队员进攻和多进球，对防守队员犯规动作的判罚作了更加严厉的规定。进攻队员积极利用和创造条件而获得更多的定位球机会，无疑给防守带来巨大的压力。因此，在进攻力量不断加强的条件下，研究和重视定位球的防守，是当今足球防守中的一个重要课题。

二　防守三区中定位球防守的不利因素

（1）进攻队应将最优秀或具有某一特长的队员置于预先设计的进攻位置上，这不仅给防守队员心理上造成了巨大的压力，而且还使防守队员技战术发挥受到极大的限制。

（2）不可能对罚球施加巨大的压力。除掷界外球外，防守队员总是退至离球

9.15 米以外。这使得防守者更趋被动，很难实现对防区内空间的全面控制。

（3）由于平时缺乏必要的专门训练，在被罚定位球时，防守缺少严密的组织，易出现致命的漏洞。

（4）一旦比赛停顿成死球时，许多队员易失去必要的警觉，注意力不够集中，往往在这一瞬间易被对方抓住，快速进攻而得分。

三　定位球防守成功的要素

（1）个人与全队要具有严明的纪律。全队防守的整体效果取决于每名队员无条件地完成自己的任务，全队利益高于一切，个人的一切行动都应服从全队的需要。全队具有这种纪律性，就会显示出极强的战斗力。

（2）严密的组织和详细的计划。对于防守三区的定位球防守，要组织队员了解攻守双方的规律，根据本队实际情况，制订详细的计划，并需到现场反复操练，使其达到高度协调统一，这样才会在比赛关键时刻信心百倍，应付自如。

（3）集中注意力。教育和培养队员在比赛过程中，特别是比赛突然出现死球状况时，必须始终全神贯注，保持高度警戒，注意所发生的一切。在这个过程中，更要重视盯防对手和控制危险的空间。

四　定位球防守的主要手段

（一）任意球

进球最多的定位球是任意球，所以对不同位置、不同距离和不同性质的任意球防守应仔细研究和训练，才能在比赛中收到良好的效果。

1. 任意球防守的基本原则

（1）延缓对手发动快速进攻或快速射门。当本队在防守三区被判罚任意球时，防守队员应迅速移动至球和本方球门之间的连线上，并离球 9.15 米的位置。这样可有效地封堵直接通向球门的地面路线，减少对手快速直接射门和渗透性直传球的可能性；同时，也迫使对手不得不用难度较大的技术（如传过顶球、接球队员快速跑动中控制空中球等）。更为重要的是，为组织防守赢得时间。

（2）设置"人墙"

①组织和指挥"人墙"的任务，一般由自由中卫承担。自由中卫位于防线后方，对全场形势观察和了解得最为清楚；自由中卫又是全队防守的核心人物，在防守方面富有经验，所以由他来组织和指挥"人墙"比较妥当。

②根据罚球地点确定排墙人数。并非排墙人数越多越好，若6名队员排墙，一是墙过宽，守门员为了能看清沿球门横向移动的球而远离了球门中心位置；同时，防守一方机动人员过少，不易盯防进攻队员和控制要害地区的空间。一般排墙原则根据罚球地点而定，图5-43是在不同区域罚任意球时，排墙的参考人数。

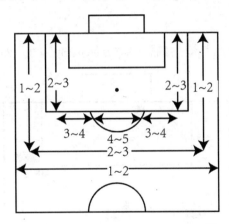

图5-43 不同罚球地点的人墙人数示意

③"人墙"应封堵球门近角一侧，守门员主要防守球门远角一侧。在排墙过程中，应有一名身材最高的队员位于球和同侧门柱之间连线以外1～2米处，以较大的面积防止对手踢侧弧线球绕过"人墙"。其余队员必须紧靠在一起，而且注意相互脚间的距离，以防止球从人缝隙或腿缝间穿过。守门员在整个过程中应密切注视着主罚人和球，使其无机可乘。

④"人墙"应在球踢出后散开，绝不能过早散开。在多数情况下"人墙"散开并不是无序的，而是一起对着球移动，这样无论是对手直接射门或对手在加大射门角度战术配合后的射门，因"墙"与球距离靠近，则防守面积就可以加大，如图5-44。

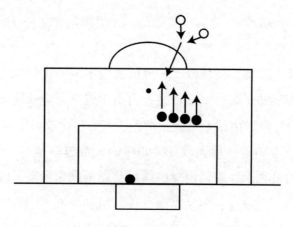

图 5-44　人墙移动示意

2. 全队回防

除"人墙"外，应控制最具威胁的对方队员和空间，如图 5-45 的阴影区。

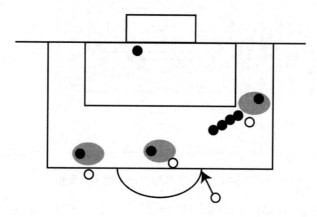

图 5-45　人墙外的重点防守示意

（二）角球

角球防守的基本原则：

（1）守门员站位。最佳位置应在球门中部。若守门员位于远球门柱侧，在沿球门向前移动的路线常会被多名攻守队员阻挡。所以站在球门中部对控制前、后球门柱附近空间都较有利，如图 5-46 中的守门员位置。

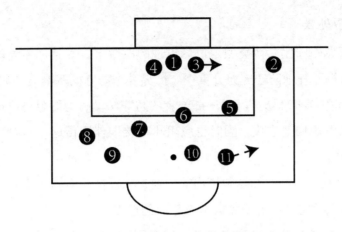

图 5-46 角球防守时防守队员站位示意

（2）防守队员站位。以混合防守为主，对于重点进攻队员实施人盯人。整体防守站位如图 5-46。

（3）整体压上。如图 5-47，踢出的角球一旦被守门员或防守队员踢出、顶出，整个队应迅速压上。一方面可形成以多打少的有利局面，实现对球的控制；另一方面若球仍被对手控制，则整体压上，可形成一股强大的防守力量，不给对手从容处理球的时间和空间，即使传或射出的球，落在防守队员身后，进攻队员也会落入越位陷阱而失去主动权。

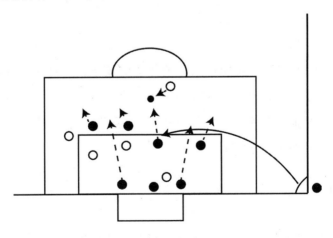

图 5-47 整体压上示意

（三）掷界外球

比赛中掷界外球比其他类型定位球出现的次数多，并且掷界外球者又无越位限制，所以对掷界外球防守应充分重视。掷界外球防守的基本类型如下。

① 干扰和阻挠掷球队员。靠近掷球者的防守队员，力图阻挠掷球队员，以防止他利用掷球发动快速进攻，同时也应阻止他接同伴回传球。一般这一任务由前卫或前锋来执行。

② 占据有利时空间。在球被掷出前，要进入盯防位置占据空间。具体位置应按其球的落地点而定，或者稍靠近本方球门的地方。

③ 通过积极选位和积极防守手段，对接球队员施加强大压力，限制其接控球和传球配合的正常发挥，降低对手进攻成功率。

④ 一旦掷出的球被防守队员破坏，把球踢向前方，其他防守队员应迅速压上，使对手处于越位位置，限制其进攻。

第八节　足球运动员战术能力训练方法

足球战术训练方法的采用应根据足球比赛的要求，有利于发挥运动员的身体和技术特长，充分调动运动员的主动性和积极性。除了常用的一些训练方法外，在足球运动员战术能力训练中常采用一些特殊的训练方法，本节主要介绍足球运动员战术能力训练方法中的特殊方法。

一　方格法

是将队员的训练活动固定在预先设计的方格式场地内的一种训练方法，也是小型分队比赛性练习中常用的基本方法。影响方格法训练目的的因素很多，如方格大小和数量、球门设置的数量、参与练习人数的多少、特定规则或限制条件的运用、练习用球的数量、传接球次数，等等，教练员应根据训练的目的和任务，依情创设。例如，进攻对方球门（设两个球门），有利于培养攻方队员个人突破与射门；防守队员个人封堵、抢截、铲断球以限制射门的能力。

二　区域法

指从实战出发，当球队需要演练某一区域的战术打法时，就把练习控制在某一区域内进行的练习。例如，为了提高三对二突破射门的能力，就可以把练习控制在中路，如图 5-48 所示。为了促进攻方快速突破射门，可对攻方传球次数做出限制，或者规定球入罚球区后只准射门，不能传球。

全队打法的各个环节首先应在相关的那一区域进行训练，然后扩张到邻近的两个区域甚至整个球场。教练员应在训练中对练习的发动者加以控制，为此，可以采用把球传向某一队员或某一区域的方法。

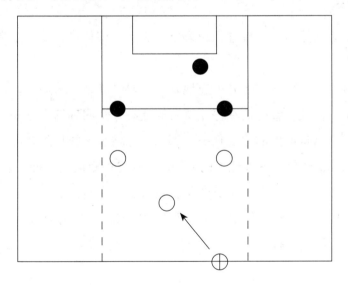

图 5-48　区域法——中路三对二练习示意

三 移植法

将本队在比赛中运用的基本打法，或者在比赛中出现的典型打法战例，客观、准确地编制成一种练习手段，移入到平时训练中去的训练法。这种训练方法具有实战性、针对性、创造性特点，对教练员的观察、思维和练习手段的设计能力提出了更高要求。在设计练习手段时，不仅"外形"要逼真，而且"内涵"更应具体，即对一个练习的各个环节要有明确细致的要求，才有利于取得理想的效果。

四 冻结法

在平时训练比赛中，教练员为了演示队员位置利弊而暂时停止练习的一种训练方法。

运用这种方法时要特别注意两点：

（1）应预先约定信号。如两声短哨，表明队员各自被"冻结"在哨音响起时的位置上。

（2）队员必须停止在原位并保持静立，否则，即使徘徊2～3米，整个场面也将被扭曲。

教练员自己必须特别注意并迅速地发现需要"冻结"的局面，这时的犹豫不决将导致情景的改变。教练员在停止练习时要有一个明确的主题——如果进攻的策应角度和距离是这次课的主要任务，那么，冻结练习的目的就应重点服务于这一主题。如果几次暂停比赛处理不同的问题，便是严重的错误做法。

做冻结练习时，不仅指出队员的位置错误，还应向其演示何处为更好位置以及继续发展的局面。在纠正错误行为而重新演练时，可先用走的方式，再用跑动，然后以比赛的速度重复练习，对一名队员来讲，必须清楚所处不同位置的不同利弊。

五 条件法

根据训练目的和任务，教练员在采用某一训练手段时附加一定的限制条件的训练方法。如果给练习设置一个特殊要求，练习的目的将更突出。例如，队员练习快速传球的能力，就可以提出一次触球的要求；又如，训练队员居后插上跑动，就可以限定队员必须从传球者的身后跑向前接球。

可以给全队任何一方面设置条件。但练习的条件应从比赛的角度加以考虑和控制，并且应当懂得条件是人为设置的，有时会脱离实战，所以明智的做法是限制条件的时间不要太长，10～15分钟较为适宜。

六　计时法

计时法是在训练中采用某一练习手段时，对该练习的时间给予一定限制的一种方法。对练习设置时间限制，有利于控制一堂课的训练时间，有利于控制该练习的密度和强度，有利于保证队员练习的重复次数。

运用计时法的关键在于，教练员准确地确定练习时间（含练习间隙时间）。一般非对抗技术性练习时间相对较长，需要有反复磨炼机会，小型分队比赛性练习应视场地大小、参与人数多少及练习的要求等因素，合理地确定练习的时间，凡练习强度大，则时间短些，否则反之。

有经验的教练员往往能预先准确地确定练习的时间。一旦练习时发生意外情,,也能及时、合理地调整练习时间。

七　对抗法

指在训练中采用某一练习手段时，有攻守两方队员同时参与练习的一种训练方法。这是培养和提高队员战术意识及全队整体战术打法水平的必由之路。

在运用对抗法时一般应遵循以下原则：

（1）由个人—小组—局部—整体，即从1对1到11对11。

（2）由消极对抗—积极对抗—比赛性对抗，即逐步提高对抗程度。在比赛性对抗阶段，不仅对抗程度最高，而且队员应有高度创造性。

（3）必须根据训练的目的、队员实际水平，因情选用或创造具体的练习手段，提出明确的练习要求。

第六章

足球运动员心理能力与运动智能和训练

第一节　足球运动员心理能力及训练

一　足球运动员心理能力释义

足球运动员心理能力即指运动员与训练竞赛有关的个性心理特征，以及依训练竞赛的需要把握和调整心理过程的能力，是足球运动员竞技能力的重要组成部分。

二　足球运动员心理能力的重要作用

足球运动员的个性心理特征，在其从事足球比赛和训练时起着重要的作用。众所周知，多血质、黏液质的人比抑制质、胆汁质的人更适合于参加足球运动训练，并常常在比赛中表现出较高水平。观察力敏锐的选手，善于在比赛中抓住战机；想象力丰富的选手更富于创造性；而能够高度集中注意力的选手则在训练和比赛中表现出坚忍不拔的精神。

足球运动员心理过程的特点同样也对其训练及竞赛行为有着巨大的影响。对祖国、对人民怀有强烈的责任感，会推动运动员坚持刻苦训练和顽强拼搏，而出色的意志品质则保证运动员的竞技能力在比赛中充分甚至超常地发挥出来。

总之，在足球训练与竞赛中，运动员的体能、技能、战术能力以及运动智能，都只有在其心理能力的参与和配合下，才能得到充分的体现。另外，在不同条件和不同状况下，心理能力在运动员竞技能力中的价值也有所不同。

三　足球运动员心理训练

（一）心理训练的概念

从广义上讲，心理训练是有目的、有计划地对受训者的心理过程和个性心理施加影响的过程。从狭义上讲，是采用特殊手段使受训者学会调节和控制自己的心理状态，进而调节和控制自己行为的过程。

（二）实施心理训练应注意的问题

1. 预防为主、调控在先

同人类对待疾病的态度一样，最有效、最经济的方法是采用各种方法防患于未然，不是仅仅等到运动员在训练和比赛中出现了心理问题再去治疗、调控，而是针对可能出现的问题，事先教会运动员心理调控的方法，让他们主动把心理状态调控到最佳水平。

2. 长期坚持、系统训练

任何一项高超的运动技能，如射门、运球，等等，都需要在技术训练中进行亿万次的重复练习和比赛中千百次的重复运用，才能达到炉火纯青的地步，在比赛中发挥其效力。同样，任何一项心理调控的技术，如焦虑水平的控制能力、注意力的控制能力，等等，也必须经过千百次的系统练习，才能在比赛的关键时刻发挥其效力。

因此，心理技能训练一开始就应在专业心理学工作人员的指导和帮助下进行。心理学工作者应同教练员、运动员一道认真分析存在的问题，制订详细的心理技能训练计划，然后严格按照计划实施。教练员应自始至终了解心理技能训练的全过程，以便将来可以独立实施心理技能训练。

3. 积极主动、自觉配合

心理技能训练的效果，首先取决于运动员的自觉积极性，如果他们不相信心理技能训练的作用，不了解心理技能训练的原理，对心理技能训练持怀疑、观望甚至于否定态度，在教练员强迫或命令下接受心理技能训练，不仅不会产生良好的结果，甚至还会起反作用。因为，任何心理技能训练手段的掌握和应用，都不可能脱离人的主观状态而起作用，如果失去了内部动力，产生厌烦和对立情绪，便失去了心理技能训练的意义。

4. 与运动专项相结合

应该努力把心理技能训练同足球专项身体训练、技术训练和战术训练有机地结合起来，把心理技能训练的内容贯穿到运动技能训练和比赛情绪控制等实际问题中，使心理技能训练具有足球运动的特点。但是，也不能片面、机械地要求每次心理技能训练课的实施都带上专项运动的内容。

5. 开始时在心理学工作者的指导下进行，以后可由运动员自主进行

再优秀的教练员，在比赛中对门外汉做战术指导，其作用也是极有限的，不能指望门外汉会取胜。同样，心理技能训练也是如此。因此，在开始的时候，必须由专业心理学工作者对运动员进行全方位、细致、系统的指导，等运动员熟悉以后可以逐步脱离指导，自主进行。

（三）心理训练的分类

1. 依心理训练内容与足球专项需要的关系划分

依训练内容与足球专项需要的关系，可将心理训练划分为一般心理训练和足球专项心理训练两大类。通过一般心理训练发展运动员普遍需要的心理品质，即适应于参加运动训练和竞技比赛的心理特征，以及健康、稳定的心理过程。而通过足球专项心理训练，则集中发展从事艰苦的足球训练和成功地参加足球比赛，特别是高水平竞赛所需要的个性心理特征以及特定的心理过程，诸如足球运动员良好的注意能力、顽强的意志品质，等等。

2. 依心理训练目标与训练及比赛的关系划分

依与训练和比赛的关系，可将心理训练分为比赛期心理训练及日常心理训练

（或称训练期心理训练）两大类。通常，比赛期心理训练集中于调整运动员的心理过程，而日常心理训练则相对偏重于改善运动员的个性心理特征。

依特定比赛的需要，所进行的有针对性的心理训练叫作比赛期心理训练；包括赛前的心理准备、赛中的心理控制以及赛后的心理调整。

一般来说，赛前运动员的体能、技能及战术能力均相对较为稳定，而其心理活动却非常活跃，心理状态的变化常常会对运动员最终参赛的结果产生巨大的影响。因此，在比赛之前，激发运动员强烈的比赛动机，控制其适宜的激活水平，增强运动员的参赛信心，建立稳定而又灵活的参赛思维程序及参赛行为程序，对于成功地参加比赛，都是非常重要而有益的。

在足球比赛过程中，比赛环境不断地变化，会给运动员的情绪以强烈的影响。因此，保持良好的稳定情绪则成为足球运动员充分发挥其体能、技能及战术能力水平的关键。它既直接影响着比赛的结果，也是对运动员心理能力的一种高强度，甚至极限强度的训练。

比赛结束后的心理调节，同样是心理训练的重要组成部分。对于比赛的成功者，应充分肯定他们在比赛中积极的情绪体验，同时也应注意消除由于胜利而掩盖了的比赛中消极的情绪体验，以及由于不能正确对待胜利而产生的自满、松懈等不良的情绪体验。对于比赛失败者，则需力求消除因失败而带来的消极情绪体验，并应寻找和发扬其在比赛过程中局部的、积极的心理体验，以激发其再战求胜的强烈动机。

日常训练过程中的心理训练偏重于改善运动员的个性心理特征。应根据运动员年龄、训练年限以及所处训练阶段的不同，安排不同比例的一般与专项心理训练。基础训练阶段的少年选手，应以改善一般的个性心理特征为主，随着专项训练任务的加重，改善适应于专项特点的训练和竞技需要的个性心理特征的训练安排比重则逐渐加大。

（四）足球运动员心理能力训练的常用方法

足球运动员心理能力训练的方法很多，常用方法可归纳为以下几种。

1. 放松训练

放松训练是以暗示语集中注意，调节呼吸，使肌肉得到充分放松，从而调节中枢神经系统兴奋性的过程。

放松训练不仅能使肌肉得到充分的放松，也能使心绪平静、大脑皮质的兴奋度降低，使紧张或烦躁不安的情绪得到克服。国内外都有一些行之有效的放松方法，如美国的超觉静坐、印度的瑜伽、我国的传统气功等都有着最佳的放松及使心绪平静的效果。

（1）放松训练举例

四川足球队前教练唐兴华曾描述过一个十分生动的实际例子，说明了如何在临赛前进行放松练习。1992年3月中旬，为了备战第15届世界杯足球预选赛，国家足球队到成都训练两周，即赴伊尔比德参赛。出发前与四川队进行了一场公开比赛，观众达4万多。这是四川队20多年来第一次与国家队正式比赛，又在家门口打。那么多的观众，领导又来看望，使运动员既兴奋又紧张，焦虑加重。队伍到休息地点后厕所拥挤，主力队员面无表情，整个空气十分沉闷。看到这种情况，俄罗斯教练拉西莫夫采用了一些有效的方法：

赛前50分钟，他要求11名主力队员安静，放松，闭目，无思维地静坐在椅子上3分钟。接着仍按上述要求，听他讲话（翻译）："我的脚很放松……我的小腿很放松……我的膝关节很放松……"，直到身体的每一部位。8分钟后，又要求运动员看着他，并按照他的呼吸频率进行呼吸。他深吸慢呼，动作夸张，表情生动，充满乐趣。顿时，使大家忘记了即将进行的重大比赛。5分钟后他再要求运动员小声重复他的语言并体验他的话意："我今天特别轻松。我全身很有力量。我今天特别有信心等。"

经20分钟的调节后，他才让运动员到球场做准备活动。比赛一开始，四川队连续三次快速反击很有威胁。整个上半场比赛打得相当成功，与国家队攻守形势呈五五波。上半场0：0战平。比赛结束后，几个队员都对唐兴华说，今天比赛很顺，发挥很好，还有点超水平的味道。拉西莫夫教练那20分钟"坐功"还真灵。

尽管不经过系统的放松训练，也可能在他人暗示的情况下顺利进入放松状态，但是，经过系统的放松训练，运动员的放松技能可以得到明显提高，其标志是：可以经自我暗示，在更短的时间内和更紧张的情景中达到所需要的放松状态。显然，这种能力是比赛需要的。因为运动员常常要独立作战，单独面对应激情景；准备比赛的时间也常常十分短暂；放松的程度也不是越松越好，而是适宜即可。这些都是需要较高的放松能力才能做到的。

另外，不同的比赛情景，不同的运动员，采用的放松方式、放松时间可能会有所不同，具体采用何种放松方式，放松多长时间，需要在实践中不断摸索。

（2）放松训练的种类和时机

①放松训练的种类

关于放松训练的种类，各运动心理学教材和专著基本上都有详细内容，推荐读者参阅马启伟、张力为编著的《体育运动心理学》的相关内容。

②使用放松训练的时机

第一，表象练习之前。

有助于集中注意力，使表象更为清晰、逼真、稳定。

第二，训练结束后或临睡前。

有助于消除疲劳，使身心得到充分休息。

第三，赛前、赛中过于紧张时。

有助于降低能量消耗，使唤醒水平处于最佳状态。

（3）放松练习的一般要求

①将注意高度集中于自我暗示语上。

②需要时，清晰、逼真想象带有情绪色彩的形象。

③能够清晰知觉肌肉不同程度的紧张状态，从极度紧张到极度放松。

④进行深沉而缓慢的腹式呼吸。

⑤放松后应及时重新激发情绪。

2. 表象训练

（1）表象训练概念

表象训练，俗称"过电影"。它是在暗示语的指导下，在头脑中反复想象某种

运动动作或运动情境，从而提高运动技能和情绪控制能力的过程。

（2）表象训练的依据

①念动现象及心理神经肌肉理论

当产生一种动作表象时，总伴随着实现这种动作的神经冲动，大脑皮层的相应中枢就会兴奋，原有的暂时联系会恢复，这种兴奋会引起相应肌肉进行难以觉察的动作。人在进行运动表象时引起的这种运动反应称作念动，即意念诱发运动。实验证明，请赛跑运动员做赛跑的表象和请小提琴家做拉琴的表象时，同时记录他们腿上和手臂上的肌肉电流反应，可看出与安静时不同，有表象活动时，肌肉电流明显增强。

②符号学习理论

解释表象训练机制的另一种理论叫符号学习理论。这种理论认为，表象训练之所以有助于提高运动技能，是因为人在进行运动表象时对某任务各动作序列进行了符号练习。在练习中，可以排除错误动作，熟悉动作的时间空间特征，预见到动作的结果。

③注意—唤醒定向理论

该理论的出发点是将表象练习的认知效应和生理效应结合起来。该理论认为，第一，运动员进行表象练习时，可将自己的生理唤醒调节到适宜水平；第二，运动操作前短暂的表象练习可将注意指向和活动任务有关的事物上，排除可能干扰运动操作水平发挥的不利因素。

④生物信息理论

该理论认为，可将表象训练理解为大脑信息加工（或信息处理）。表象是有限的信息结构，可被缩减成特定的命题单位。表象包括对储存在长时间记忆中的信息进行命题编码的一套网状激活系统。这些命题至少可被组成两类信息：一类是想象情景中的有关刺激特征的信息，另一类则是和生理以及外显行为有关的信息。这种信息网络被认为是外显行为的原型，可由内部产生的原型配对经信息加工而成。

（3）表象训练程序

表象练习一般有三个程序：

首先，进行放松练习，这种放松可以简化些，用较短时间进行；

其次，"活化"动员，使自己处于清醒、积极的工作状态；

再次，表象运动技能和运动情景。

（4）表象训练方法

表象训练的一般方法有卧室练习、木块练习、冰袋练习、比率练习、五角星练习，等等。具体请参阅马启伟、张力为编著的《体育运动心理学》的相关内容。除了这些方法之外，心理学工作者和教练员还必须根据足球运动特点和具体的情况设计具体的表象训练。

（5）表象训练应注意的问题

第一，从视觉表象为主逐步过渡到动觉表象。

第二，利用准确简练的语言提示。

3. 集中注意力训练

集中注意训练是运动员约束、强制自己全神贯注于一个明确目标，不为杂念干扰而分散注意力的训练。注意力集中的能力是由四个方面组成：意愿的强度、意愿的延续性、注意力的集中强度和集中的延续。它是一个心理意愿和身体机能综合努力的结果，集中注意力的能力训练一般分为一般性的注意集中训练和结合专项的注意集中训练。

（1）一般性的注意集中训练

一般性的注意集中训练方法主要有纸板练习、五星练习、记忆练习、实物练习、秒表练习等方法。具体请参阅马启伟、张力为编著的《体育运动心理学》的相关内容。

（2）结合足球训练过程的专门练习

①听技术、战术要领，观看技术、战术过程后进行复述练习，养成在训练中集中注意力的习惯。

②练习中把感觉专注于某一点，训练中达到忘我的情境，有利于培养练习和比赛中专注的能力，例如，练习带球时，感觉脚面与球的接触部位，射门或传球时专注击球时脚的部位的感觉等。

③平常训练时注意排除各种心理干扰因素的影响，避免练习中的情绪波动。

④教练员用警示语、提示语培养队员集中注意力的习惯。

4. 目标设置训练

（1）目标设置训练的概念

是指对动机性活动将要到达的最后结果进行的规划。它直接关系到动机的方向和强度。正确、有效的目标可以集中人的能量，激发、引导和组织人的活动，是行为的重要推动和指导力量。

在目标设置训练中要妥善处理长期的目标与短期的目标、具体的目标和模糊的目标、现实的目标和不现实的目标、任务定向的目标和自我定向的目标的关系。

（2）目标设置中需要注意的问题

① 目标的特殊性

不同的比赛、不同的运动员可能有不同的最佳目标难度。大多数运动员倾向于设置过难的目标而不是过易的目标。因此，在最开始的时候，设置较为保守些的目标较好。具体到足球运动中，可以将训练中以70%的概率完成的操作作为比赛目标，以稍高于70%的概率完成操作作为训练目标。

② 对目标的接受和认同

即使根据以上各项原则制订了极好的目标，也不等于这种目标设置过程就一定可以起到充分的作用。要是所设置的目标起到充分的作用，还必须有对目标的完全接受和认同，即全身心地投入到实现目标的过程中去。投入的程度越高，实现目标的可能性也就越大，从目标设置中的获益也就越大。如果运动员认为所定目标是现实的、有价值的，那么，目标难度和操作表现的关系可能是线性的：目标越难，操作成绩越好。如果运动员认为所定目标不够现实，不能接受，那么，目标难度和操作表现的关系也可能是线性的：目标越难，操作成绩越差。因此，总的来说，目标难度和操作表现的关系可能为倒U形的。

为了提高投入的程度，可以将目标复写一份，随时带在身上提醒自己，同时定时记录目标完成的情况以督促自己，并在必要时修正目标以适应情况的变化。

③ 及时反馈，了解结果

经常将现有成绩与既定的目标相比较，将有利于目标的调整和动机的激发。

它告诉运动员两个方面的信息：一方面，目标设置的是否合适，是否有必要进行修改；另一方面，对个人努力的程度进行评价，看是否达到了实现目标的要求。

④ 目标的公开化

一个人人皆知的目标，有利于社会监督，造成社会推动力，促使目标制订者努力，这是从外部对动机的激发。一般来说，凡公开化的目标，在可比环境中都不会是低目标，因为低目标会让人耻笑，并伤害自己的自尊心。在竞争环境中，大多数人都有强烈的维护自己声誉的需要，这种需要，构成了一种极强的外部动机，促使人加倍努力。

⑤ 目标的多级化

在竞争激烈、变幻莫测的足球比赛中，为了减轻压力，人们常常设立多级目标。所谓"多级"，一般也不会超过如下三级：

第一，最理想的目标：超水平发挥时应达到的目标。

第二，最现实的目标：正常发挥时应达到的目标

第三，最低限的目标：无论出现什么意外情况，也应奋力达到的目标。

这样做就避免了那种"不成功便成仁"式的单一目标所造成的心理负荷，更有利于现实目标的实现。但是目标级数太多，目标本身也就失去了动机作用。

对于那些已经处于高度激活（或压力）状态的运动员，赛前尤其应制订多级目标，以使其成就动机处于适宜水平。

5. 暗示训练

（1）暗示训练的概念

也叫"自我暗示训练"。是利用言语等刺激物对人的心理施加影响，进而控制行为的过程。

（2）暗示训练的依据

暗示训练的依据是通过言语，人能接受暗示和进行自我暗示，通过代表外部环境和体内环境的一切事物和现象的言语来调节认知、情感和意志过程。巴甫洛夫曾把词语称为"包罗万象"的刺激物，并以它为人类行为的最高调节器。

（3）暗示训练的步骤

暗示训练主要有 6 个步骤：

① 使运动员理解认识及其表现方式——语言对情感和行为的决定作用。

② 确定体育活动中经常出现的消极想法，例如，这个动作我算是学不好了。

③ 确定如何认识这种消极想法。

④ 确定取代这种消极想法的积极提示语，例如，世上无难事，只怕有心人。

⑤ 不断重复相应的句子。

⑥ 不断重复和定时检查。

6. 模拟训练

指针对比赛中可能出现的情况或问题进行模拟实战的反复练习过程，目的是适应各种比赛条件。模拟训练的核心思想是适应。所谓适应，是指个体为自身的生存和发展，在生理机能或心理结构上产生改变以便与环境保持平衡的过程。

模拟训练方法主要包括以下几种。

（1）对手特点的模拟

通过对对手特点的模拟训练，能够使运动员提前适应比赛气氛，同时从心理上做好与对手的比赛，特别是情绪、自信心和意志品质方面的准备。

（2）裁判错判误判的模拟

通过对裁判错判和误判的模拟训练，能够很好地提高运动员适应未来比赛的心理能力，特别是情绪控制能力。

（3）观众影响的模拟

通过对现场观众影响的模拟训练，特别是客场观众的影响，能够很好地提高运动员在未来比赛中的注意集中和情绪控制能力。

（4）自然环境的模拟

特殊的自然环境会给运动员造成很大的心理影响，如高原环境、高温环境和高寒环境，通过提前的模拟训练，能够很好地减轻运动员对特殊自然环境的"畏惧心理"。

第二节 足球运动员的几种关键心理品质

一 注意力

（一）注意的概念

威廉·詹姆斯（William James, 1890）认为：注意是思想的占据，它的形式是清晰且生动的。是对同时存在的几个事物或一连串思想之一的集中……它意味着从某些事物中脱离出来，以便有效地处理其他事物。

注意集中是指运动员能够在比赛中注意适宜刺激的能力，包含必要时缩小和扩大注意范围的能力。

（二）足球训练中注意力不集中的现象

我国学者和教练员通过对足球运动员在训练中的表现的观察和研究，归纳和概括出了以下几种注意力不集中的现象。

① 训练前准备不充分（上厕所、包扎）。

② 训练中不时地说话、聊天。

③ 训练中更换项目间歇长。

④ 讲解内容和提出要求时聊天或看别处。

⑤ 无教练提醒时，放松要求。

⑥ 抵触情绪。

⑦ 身体条件不足。

⑧ 心理准备不足。

（三）足球比赛中注意力不易集中的时刻

经过大量的观察和研究，学者和教练员发现在足球比赛中，运动员最容易出现注意力不集中的时刻主要是：

① 比赛开始后。

② 进攻结束后。

③ 自己传球失误后。

④ 自己运球失误后。

⑤ 自己射门后。

⑥ 自己抢到球后。

⑦ 自己抢球失误后。

⑧ 同伴传球失误后。

⑨ 同伴运球失误后。

⑩ 同伴射门后。

⑪ 同伴抢到球后。

⑫ 本方犯规或违例后。

⑬ 对方犯规或违例后。

⑭ 裁判判罚的影响。

⑮ 观众的干扰。

⑯ 对自己的失误过分思考。

⑰ 教练的喊叫或责怪。

⑱ 赛前的心理状态不稳。

⑲ 自己的身体状态不佳。

从研究结果看，在足球比赛过程中，运动员注意力不集中的时间可能是一瞬间，也可能是整场比赛。无论时间长短，在瞬息万变的比赛中，运动员注意力的不集中都可能会给比赛结果带来决定性的影响。

（四）足球运动员注意力不集中产生的影响

① 整体训练质量达不到预期效果。

② 个人能力提高不稳定。

③ 影响他人的训练情绪和质量。

④ 比赛中易失误。

⑤有球进攻技术：传、接球，射门出现失误。

⑥无球接应：发现空当，利用空当不及时。

⑦防守中易出现看球不看人，盯人失误到失球。

⑧比赛失败率提高。

⑨比赛机会逐渐减少。

（五）足球运动员注意力不集中的原因

1. 生理原因

身体不适，如生物钟紊乱、疾病、休息质量不高和疲劳等，都对足球运动员在训练和比赛中注意力的集中有很大的影响。例如，研究结果显示：疲劳增加→注意力下降→失误率增加→失败可能性增加。

2. 心理原因

对当前事务和任务的认识程度、唤醒水平、自我调动能力、关心程度、赛期远近程度和心境状态等心理因素也是影响足球运动员注意力的重要因素。

3. 外界环境干扰原因

自然环境（气候、高原）和特殊环境（场地条件、熟悉程度、观众和媒体的干扰）等外界环境因素也能对足球运动员的注意力造成很大的干扰。

（六）足球运动员所需要的注意能力

1. 注意分配能力——同时注意2个以上目标

对队友、对手、球、位置等的注意。

2. 注意的广度——注意的范围（视野）

比赛场上广阔的视野有助于观察和判断。

3. 注意的适度集中和稳定

始终专注场上局势的变化，不顾及场内外外界因素的干扰。

4. 注意的适时转移能力

及时摆脱不必要的纠纷和困扰。

二 紧张和焦虑情绪

紧张、焦虑是任何运动员在生活、训练和比赛中无法回避的问题，足球运动作为世界第一运动更是毫不例外。紧张、焦虑对运动成绩产生着重要的影响。面对大赛的压力，任何一个有责任心的运动员，只要他（她）还不想放弃，就会出现紧张、焦虑。因此，出现紧张、焦虑是完全正常的。而且，从观众的角度看，它也是运动竞赛魅力的一部分。

情绪的问题十分复杂，科学发展至今，还没有一种彻底消除紧张的绝对有效的办法。因此我们所能做的，就是设法有效地控制它，尽量将它调整到最佳状态，减少它的消极影响，甚至使它能够促进我们水平的发挥。

面对紧张，每个人都有自己的应对策略，但在实践中，不是人人都能解决好这个复杂的问题。情绪问题虽然复杂，但它还是有规律可循的。从本质上看，紧张是我们面对压力所产生的情绪和行为反应。压力反应见图 6-1 ～ 6-4 所示：

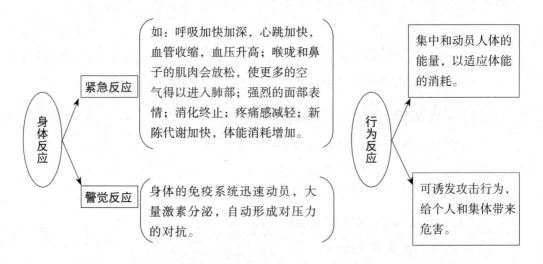

图 6-1　压力下的身体反应示意　　　　图 6-2　压力下的行为反应示意

压力下的身体反应有助于运动员顽强拼搏，果敢行动，创造优异成绩；但长期如此，有损健康。

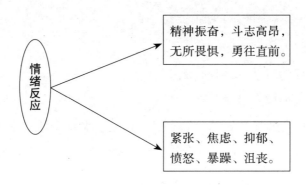

图 6-3　压力下的情绪反应示意

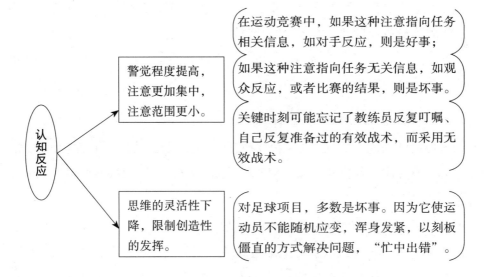

图 6-4　压力下的认知反应示意

（一）紧张和焦虑的概念

紧张是人们面对各种压力所产生的情绪和行为反应。焦虑是指人由于不能达到目标或不能克服障碍的威胁，致使自尊心和自信心受挫，或使失败感和内疚感增加，形成一种紧张不安并带有恐惧的情绪状态。简单地说：焦虑＝紧张＋担忧＋恐惧。

（二）紧张和焦虑产生的原因

运动员紧张的原因主要是将各种压力评价为有威胁的事件。而焦虑产生的原

因，主要是因为"三不知"（事情的不确定性）。

① 不知道即将发生什么；

② 不知道最好的行动方针是什么；

③ 不知道别人期望自己做什么。

适度的紧张和焦虑是必要的，它有助于运动员调动身体和心理的一切积极因素，发挥好自己的水平；但如果赛前、赛中紧张和焦虑程度过高，它往往带来灾难性的后果。

苏联学者汉宁认为，每个运动员都有自己最适宜的紧张程度范围。有人适合在高紧张状态下发挥，有人适合在低紧张状态下发挥，关键是比赛前能否将自己的状态调整到最适合自己发挥水平的紧张程度范围之内。

为此，运动员要通过长期的运动实践，学会记住自己在发挥最佳水平时的紧张程度，作为日后调节比赛情绪的依据。

（三）紧张和焦虑情绪的调节与控制

调节情绪的问题，实质上是如何应对压力的问题。从运动心理学的角度看，方法很多。虽然同一种方法并不是对每个人都有效，但运动员总可以找到其中最适合自己的方法。

足球比赛中调控情绪的方法大体上可以归纳为三类：

1. 针对造成紧张的原因，直接通过调整技战术解决问题

例如，比赛中对方核心队员屡屡突破，造成威胁，如果能通过协防，减少他的控球时间，或者经常将他逼入不常得分的区域，那么自己的紧张就可得到缓解（平时要多研究对手）。又如，比赛剩下时间不多，本队又以一球落后，教练员通过换人，改变策略并在短时间内追平比分，就等于减少了比赛结果的不确定性或者消极的确定性，队员的情绪就容易稳定。因此，当出现紧张焦虑情绪时，首先应立足于采用解决问题的应对策略。

2. 直接调节、控制情绪，减轻不愉快的感受

运动心理学有许多方法可以用来减轻不愉快的感受，从而调节控制情绪。这类方法又可分为三类：

（1）生理调节

控制情绪可以从调节身体反应着手。

① 面部表情调节法

第一种，面部表情。

照镜子，了解自己的当前状态；看自己的微笑照片，诱发愉快心情；自我按摩面部，放松面部肌肉。

第二种，身段表情。

第三种，言语表情。

② 呼吸调节法

第一种，深而慢的腹式呼吸，使兴奋水平下降。

第二种，浅而快的胸式呼吸，使兴奋水平提高。

③ 全身肌肉放松法

具体请参阅马启伟、张力为编著的《体育运动心理学》中放松训练的相关内容。

④ 哭泣宣泄法

遇到极其令人沮丧、令人悲伤的事情时应及时哭泣。控制情绪的第一步或许是在恰当的时间和恰当的地点充分宣泄情绪。

⑤ 剧烈运动法

运动员在遇到使人烦恼、焦虑的事情时，进行相对剧烈的运动，如踢球、短跑、短距离游泳等，可即刻缓解烦恼和焦虑的情绪（注意：半拍、快速动作）。

（2）认识调节

强制自己改变认识，就可以有效控制情绪。

① 表象调节法

上场前，运动员可将自己过去获得成功时的最佳表现"过电影"，体验当时的身体感觉和情绪状态，以增强信心，提高成绩。上场前，运动员表象自己的"得意技"（如左右晃动急停射门、接球转身射门、穿越人丛的传球等），会提高成功的可能。

② 暗示调节法

让运动员用简短、具体、积极的正面语言暗示自己，可以有效控制情绪。

在将要与对方或裁判发生冲突时，默念"冷静1、冷静2、冷静3"，则会起到控制情绪的作用。上场前，默念"镇静，镇静，镇静就是成功"或"放松，放松，放松就是成功"一类的提示语，有助于镇静情绪和提高自信。

在相持阶段，默念"再坚持一下，把对方拖垮"或"对方越来越慢了"一类的提示语，有助于鼓舞士气，提高信心。

③自我意识调节法

第一，自我意识强的人，比赛时可更好地应对压力。

第二，自我意识弱的人，比赛时较难应付压力。

出现这样的状况主要是看平时是否经常处于较高的自我意识状态：

第一种，平时自我意识强的运动员。

面临重大比赛：刺激自我意识；与平时自我意识状态的差距较小；对比赛气氛产生的心理反应较小；容易发挥水平。

第二种，平时自我意识弱的运动员。

面临重大比赛：刺激自我意识；与平时自我意识状态的差距较大；对比赛气氛产生的心理反应较大；不易发挥水平。

从运动心理学的角度来看，运动员的最佳竞技状态（流畅状态）是指：

第一，抛开自我意识，进入"忘我"状态。

第二，让合理的比赛过程自然而然发生。

调节自我意识的原则：

第一，平时加温，提高自我意识；

第二，强调"自我"：强化责任，目标；

第三，赛时降温，降低自我意识；

第四，强调"忘我"，追求过程，强调现在而不是结果，集中技术、战术的发挥。

④ 归因调节法

归因是分析和理解成败原因的过程。归因对运动员行为产生直接的和重要的影响。运动员常常从三个方面分析自己成败的原因。

第一，内部归因与外部归因。

内部因素：努力，能力。

外部因素：任务，运气。

第二，高控归因与低控归因。

高控制性因素：努力，饮食，训练。

低控制性因素：裁判，天气，教练，场地。

第三，稳定归因与不稳定归因。

高稳定性因素：能力，任务。

低稳定性因素：努力，运气。

一般情况下，运动员均应尽量多做内部归因、可控归因以及不稳定归因。但在遇到挫折与困难时，为了调节情绪，需要调整归因，例如，已知对手打法风格不变，即使对手使用风格之外的打法令你失分，你也要坚信这是偶然事件，即进行外部、不可控、不稳定的归因。

⑤ 认知宣泄法

第一，倾诉宣泄：找亲朋好友倾诉。

第二，日记宣泄：养成写日记的习惯，遇到困难、挫折和失败时，将自己对这些境遇的真实想法详细写下来，有助于清理思绪，面对现实，平静心情，重新开始。

第三，作业宣泄：每周 1 次、每次 15 分钟，在纸上将最不愉快和最不满意的事情写下来，然后撕掉。

⑥ 转移注意法

有意识地培养运动员的业余爱好，组织队内"博览会"；情绪不好时，有意识地强迫自己把注意从应激刺激转移到其他事物上，例如，进行有浓厚兴趣的娱乐活动（如看演出、逛商店、游公园、打扑克、下象棋等）。

（3）环境调节

① 颜色调节法

过分紧张时，注视周围绿、蓝、紫等冷色背景，例如，富士胶卷广告，可产生镇静效果；用淡蓝色毛巾擦汗，饮用绿色包装的饮料，也可产生一定的镇静效果。精神不振时，注视周围黄、红等暖色背景，例如，红旗，可产生兴奋效果。

② 音乐调节法

可寻找自己喜爱的音乐，作为调节自己情绪的手段。

3. 从教练、朋友、观众那里获得社会支持

心理学的研究表明：人在遇到应激情况下，或遇到困难、挫折、挑战时，寻求社会支持的倾向提高。家庭支持每提高一个百分点，死亡率下降13%。因此，运动员如果从教练员、家人、朋友和观众那里得到支持，就能很好地消除紧张和焦虑的情绪。所以，教练员要充分利用这一点，给予运动员关心和帮助，如在生日给队员送贺卡、比赛失利后给队员以鼓励，等等。

三　自信心

（一）自信心（self-confidence）的概念

自信心是个体对自己的能力和所能达到的目标的一种认识和确信。在顺利时如此，在逆境中也是如此；不仅表现在参加比赛的过程中，而且表现在整个运动生涯里。

自信心已深植在成功者的个性特征中。在他们的自我意象中，我就是个成功者，我就应该是这样。"自强者胜"就是这个意思。

足球运动是一项高竞争、高成就和高应激的活动，无论是对优秀运动员所进行的调查，还是有成就的运动员对自己成功历程所做的回顾总结，都可以看出自信心是他们共有的特征。"自强者胜"一贯的信念就是：自信心是运动员走向成功的起点，是自己送给自己的礼物。正如一名运动员所言："如果别人认为你不会成功，这并不可怕。如果你自己也认为你不可能成功，那可就真是没有成功的希望了。"

（二）自信心的三种表现形式

1. 缺乏自信心

缺乏自信心的运动员特别害怕失败，他们同样重视比赛条件及挑战，同样很认真地做赛前准备和参加比赛，但容易充斥消极的自我想象和自我怀疑，也容易被局部失败吓倒，成了消极想象的俘虏，把自己看成失败者，并导致其最终成为一个现实的失败者。

缺乏自信心的人很容易陷入一个恶性循环之中：自我怀疑—焦虑心态—缺乏士气—不敢大胆表现技术—动作不流畅协调—比赛不顺利—更加怀疑……

缺乏自信心的诊断标准：

（1）自我怀疑。

（2）过度焦虑。

（3）怕出问题。

（4）思维消极。

2. 虚假自信心

虚假自信心是自信心过高，超过了其能力的保证。虚假自信心有两种表现形式：一种是确实坚信自己比实际的要好，是由自我知觉和自我评价不准确导致的。有的运动员期望自己超水平发挥，在足球比赛中不乏运动员超水平发挥的实例，但只是小概率事件，对某一个体来说可能性更是微乎其微。

运动员在任何时候都应树立正确的心理定向，寄希望于高概率事件，这是我们对待事物正确的思维方法。特别是重大比赛前，对比赛结果的高期望值和侥幸心理的共同作用，促使运动员形成虚假自信心，这种虚假自信心最终带来更多的失望。另一种是表面上看去有自信心，但内心却缺乏自信心和害怕失败，表面的自信心仅仅是一种自我掩饰行为的表现。如果一个运动员在赛前为自己订立了过高的目标，则首先应考虑这是一种虚假自信的表现。

3. 适宜的自信心

适宜自信心是与运动员自身能力相适应的自信心。适宜自信心是以能力为基础，是对自己能力的信心，与能力的发展相互依存。通常所说的"艺高人胆大，

胆大艺更高"，就是指自信心与技术水平之间的相互关系。

自信心是理智的，不是盲目的。自信心的物质基础是实力，即训练水平、近期状况和比赛准备。对比赛的自信不仅仅是指向获胜，而是指向成功，成功对不同个体意味着不同体现。对有的运动员来说是在比赛中打出自己的正常水平；而对另一些运动员来说，可能是力争通过自己的努力，打出较好水平。需要注意的是：有自信心并不意味着一定获胜；但获胜常常伴随着高水平的自信心。

（三）积极的思维活动

人的意识收集信息，信息储存在潜意识中。积极的思维向潜意识中灌输积极信息；消极思维向潜意识中灌输消极信息。

如果经常"消极"，使潜意识中消极信息过多，则比赛前、比赛中这些消极信息会由某一情境、某一思维或某一感受诱发出来，进入意识，从而干扰情绪和行为。进入意识的过多的消极信息，称为"心理阴影"。如果总想着失败，失败就会常常缠绕着你，使你的潜意识中留有一些不利于你比赛发挥的"阴影"。它暗示着你，使你的一切都受它的束缚，从而导致动作不流畅，形成心理压力。

如果总想着成功，就会形成一种动力，激励你去争取成功，使意识中的能力转变为现实。这就是所谓"积极思维产生积极的结果，消极思维产生消极的结果"。运动员在比赛前和比赛过程中有时产生消极性认知是难以避免的，而成功者往往能够用积极思维克服消极思维。运动员必须建立起积极思维的意识，必须明确在比赛前和比赛过程中应该想什么，不应该想什么，应该怎么想，不应该怎么想。

因此，对于运动员来说，重要的是养成良好的思维习惯：

① 积极思维。

② 多想过程。

③ 用正面肯定的语词提示自己。

（四）增强自信心的方法

① 注意可控制因素，忽略不可控因素。

② 进行积极的想象。

③ 进行积极的思维与自我谈话。

④ 树立恰当的成功与失败的标准。

⑤ 设置短期目标，提供积极反馈，积累成功经验。

⑥ 注意控制自我实现的预言的效应。

⑦ 敢于打破自己的心理极限。

⑧ 创造一个心理控制空间。

⑨ 在日常生活中培养自信心。

四　意志品质

（一）意志品质的概念

意志品质是指运动员自觉地确定目标，据此目标而支配、调节自己的行动，克服各种困难，树立信心，从而达到实现目标的目的。

意志品质同一名运动员的动机、认识和情绪是密不可分的，它们是相互联系、相互影响和相互促进的。

（二）意志品质的意义

意志品质是一个队员竞技能力的重要组成部分，无疑也是一支球队战斗力的体现。只有具备了良好的意志品质，才能做到"胜不骄、败不馁"，以顽强拼搏、一往无前的精神去争取比赛的胜利，才能一步一个脚印地实现个人或全队的既定目标。

（三）意志品质的特点

意志品质的特点主要包括以下几个方面。

1. 自觉性

一个运动员的意志行动是有目的、有意识地自觉的行动过程。一支足球队的建队目的可分为长远的、近期的和当前的等。而对一场足球比赛要达到的目的，教练员必须向运动员明确地提出，并且还要符合整体的长远目的，目的同动机是紧密相连的：动机是激励人们去行动，以达到一定目的的内在原因。当动机的社

会价值越大，目的则越明确，队员在训练、比赛中越能自觉行动，并经过艰苦努力，克服一切困难去实现自己的目的。

2. 果断性

指运动员在训练和比赛时，能适时地采取决定，并当机立断地执行此决定。果断性对足球运动员尤为重要，足球比赛不准暂停，运动员对复杂而变幻莫测的战局，全靠个人独立去分析、解决。所以要求运动员该断必断时，要当机立断、果断行动，不能瞻前顾后、优柔寡断而错失良机。

3. 主动性

足球比赛中，由于对手的竭力限制和强烈干扰，队员要认真思考，想方设法排除干扰，完成比赛任务，这就是主动性的具体表现。主动性强的队员，在进攻时能独自而主动地攻击对手，先发制人，富有很强的攻击性；在防守时则能积极主动地盯人、抢、断球，不断向对手施加压力，不给对手自由权。

4. 勇敢性

运动员为了达到目的，遇到危险时应毫不畏惧挺身而上。有人根据足球运动的特点，把它称为"是一项勇敢人的运动"。可见，勇敢这一心理品质在足球运动中占有重要地位。例如，门前激烈争夺时，常常出现"白刃战""刺刀见红"的场面。常言道："两强相遇勇者胜。"如果运动员不具备这一心理品质，纵然有高超的个人技术也很难发挥出来。

5. 自制性

指运动员善于控制自己情绪，约束自己言行的能力，也称自控能力。一个自制性强的运动员在比赛中不仅能全力以赴克服各种困难，完成既定的作战方案，而且对各种不利的外界干扰，也能克制自己，不动肝火，规范个人言行，以积极的态度和稳定的情绪对待发生的一切，从而保证自己技战术水平的正常发挥。

6. 顽强性

指运动员为了达到本队既定的目的而坚持不懈地克服各种困难，具有不屈不挠的拼搏精神，这一心理品质对足球运动员特别重要，例如，身体疲劳、体能下降时咬牙坚持；在比分领先时的一鼓作气、再接再厉、一拼到底；在比分落后时全队能团结奋战、毫不气馁、顽强拼搏，等等。这种打不垮、拖不烂的队伍，往往能变被动为主动，最终取胜。

（四）意志品质的培养

培养运动员意志品质的方法多种多样，这里主要论述训练和比赛中如何培养运动员良好的意志品质。

① 意志品质的培养，最好的是结合技术训练、战术训练和身体训练或不同形式的综合训练课等形式，教练员根据本队打法需求，对意志品质方面提出不同的要求。例如，一对一、传接球、射门训练以及等数与不等数的分组攻守对抗等训练，均可对意志品质有不同方面的培养和磨炼。

② 在不同的环境中进行训练或比赛，也是培养意志品质的有效方法之一。例如，在高温、高寒、风雨、冰雪等恶劣的环境中进行训练、比赛，以培养其良好的意志力。

③ 在身体疲劳的情况下，仍然坚持完成训练和比赛任务，特别是对大负荷、大强度训练能咬牙坚持完成规定的定量指标。这种不怕苦、不怕累、不怕伤的精神，本身就是意志品质的培养。

④ 模拟训练，这里谈及的模拟训练，是指对不道德的对手、裁判和观众等进行的一种特殊训练。如果运动员能够正确对待这些，他的主动性、自主性和自制性等意志品质就能得到锻炼和提高。有句话讲得好："关键不在于发生了什么事，而在于你如何对待它。"

第三节 足球运动员运动智能与训练

一 足球运动智能概述

（一）足球运动智能及其构成

足球运动智能是指运动员对球场上事态的认识和运用自己的知识解决出现的各种问题的能力。

足球运动智能是智能中的一种，以一般智能为基础，运用包括体育运动理论在内的多学科知识，参加运动训练和运动比赛的能力。是运动员总体竞技能力的重要组成部分。

现代足球运动训练与比赛对运动员智能水平的要求越来越高，甚至可以这样说，在某些情况下运动员智能水平的高低是决定比赛成败的关键，因此，要求每个运动员要充分理解运动智能对训练与比赛的重要意义。

（二）足球运动智能的重要作用

① 具有较高运动智能的足球运动员，对于足球运动的特点和规律有着较为深刻的把握，对于训练的理论和方法也有更为准确的认识和体验。因此，他们在训练中就更能够正确地理解教练员的训练意图，能够以自觉的行为配合教练员高质量地完成预定的训练计划，从而能更好地完成提高运动员总体竞技能力的训练任务。

② 具有较高运动智能的足球运动员，善于正确地理解合理的运动技术，从而明显地缩短学习和熟练掌握运动技巧的过程；他们能够更为准确地把握运动战术的精髓和实质，在比赛中善于灵活机动地运用战术；他们具有较多的心理学知识，善于动员和控制自己的心理活动，从而保证在比赛中更为出色地发挥已有的竞技水平，表现出更高的总体竞技能力。

二　运动智能训练的基本方法

（一）一般智能的训练

运动智能的提高是以一般智能为基础的。因此，提高影响智能的各个因素，如提高运动员的观察力、注意力和思维想象力等是提高运动智能的基础。

1.观察力训练

观察是受思维影响的有目的的知觉活动。观察的基础是感觉，观察力是运动员应具备的主要智力因素。培养运动员观察能力十分重要，足球比赛场上的信息多是转瞬即逝的，观察能力差，往往见到快速变化的情景会眼花缭乱，无所记忆，得不到思维材料，由此引发的行为只能是盲动。人在长期观察周围事物的过程中，掌握了观察方法，养成了观察习惯，形成有个性特点的观察能力，即观察力。培养运动员的观察力最基本方法就是在比赛、训练时经常布置观察任务、传授观察方法、培养观察习惯。初次布置观察任务时，应做好准备，列出计划，明确任务，指明观察重点、程序以及写观察报告等。运动员掌握了观察方法之后，应及时布置观察任务，提出更高的观察要求。

2.记忆力训练

记忆是以识记、保持、再认和回忆的方式对经验的反映。记忆是运动员重要的智力因素。人的记忆分为形象记忆、情绪记忆、逻辑记忆和运动记忆。无论哪种记忆都是由感知记忆开始，经短时记忆的强化转化为长时记忆的。

记忆力训练就是发展记忆敏捷性、持久性和迅速正确再现等品质。发展记忆力的做法有：经常布置记忆任务，如记一场比赛情景，对手核心队员的技术特点；复述、回忆记忆材料；及时把感觉记忆转化为短时、长期记忆；学习记忆方法，掌握记忆术。

3.思维、想象力训练

思维是智力的核心成分。思维训练的任务就是掌握思维规律，学会熟练运用思维，提高思维能力。

思维是大脑运用思维工具，对思维材料进行创造性的加工过程。思维材料的

占有量、思维工具的运用程度都受着思维主体——脑发展水平的限制。所以，思维训练的终极目标是发展脑的结构功能。

人的思维有逻辑思维、形象思维和灵感思维三种活动方式。

可通过对比赛进行分析预测、对赛场信息进行加工综合等方法发展运动员的逻辑思维能力。

应在平时加强形象记忆力和想象力训练，如加强理论教育，明确现象和本质之间的联系；有意识地利用图表、图形讲授知识。要重视培养运动员的直觉能力，在训练中注意启发运动员发掘即兴的灵感，鼓励运动员谈出自己的奇思妙想，培养他们创造性的灵感思维。

在思维训练中，对思维速度的训练至关重要。现代足球比赛中，运动员的一切行动都是在高速运动中进行的，在激烈的竞争中思维速度慢，便意味着失去时间、失去战机、失去取胜的机会。加强思维速度训练的基本方法是限时完成思维任务，学会简化思维步骤，开拓思路，养成集中注意力的习惯。

（二）足球运动智能的训练

足球运动智能训练的主要目的是传授知识、掌握技能和开发智能。

知识是人们实践活动的结晶，是客观事物的属性、联系及规律在人们头脑中的反映。运动员占有知识的过程，要通过领会、理解、巩固、运用等环节，把"脑外"的知识贮藏在头脑里，这一过程也是人的智能活动的过程，通过这种智力活动开发人的智能。

技能是人们活动的一种方式，足球技能属于操作技能，这种技能的获得离不开智能的活动。通过技能训练，既可使运动员掌握足球技能，又可开发运动员的智能，促进运动员脑神经活动的功能。

占有知识、掌握技能与开发智能是互为条件的。智能的开发离不开知识与技术，运动员占有知识与提高技能也离不开智能的活动。但智能的开发又与知识的占有与技能的提高有所区别。在传授知识和技能的同时，为了达到开发智能的目的，应组织运动员积极进行领会、理解、巩固、归纳、判断、推理等一系列思维活动，使知识和技能"智能化"，使智能活动融于知识占有和技能掌握的活动之中。

1. 提高运动员足球专业理论知识水平

运动员学习、掌握专业理论知识与学习其他文化知识，在方法上既有共同的要求，又有各自的特点。

（1）结合训练实践学习足球专业理论知识

足球运动员学习掌握专业理论知识的特殊要求在于，紧密结合运动训练的实践，取得实际效果。科学训练理论应该是源于训练实践，高于训练实践，进而有效地指导训练实践。所以，学习专业理论知识一定要结合训练实践，特别是自己的训练实践来进行。为此，运动员要注意认真理解训练计划，认真记好训练日记，认真进行训练总结。带着训练中发现的问题去学习、去思考，学好、学通技能。运动员在结合自己的训练实践学习理论知识的同时，还应注意观察和研究自己的同伴、对手及国内外优秀运动员的训练实践，并且对其进行科学的比较，从中发现和理解训练成功的规律。

（2）广泛学习相关学科的科学知识

科学的运动训练活动要求它的从业者具有丰富的、多领域的科学知识。如运动生理学、运动解剖学、运动心理学、体育社会学及体育美学等体育科学学科的知识，都对科学地组织运动训练活动和成功地参加运动竞赛有着重要的意义。因此，要求足球运动员不仅要学习足球运动的理论知识，还必须学习多种科学学科的有关理论知识。

2. 提高运动员运用知识的水平

（1）提高应用理论知识的自觉性

教练员、运动员首先应明确专业理论知识的作用，并主动自觉地在自己的训练实践中予以应用，这是提高其应用水平的重要前提。其应用的具体方法，一是由实践找理论，二是学理论找实践。根据训练实践的需要，去学习和寻找有关的理论知识，学习、理解并掌握后即用于训练实践，从而提高理论知识运用能力。从运动训练实践的需要出发，学习的目的性强，运用的针对性强，便于解决实际问题，常常会取得满意的结果。例如，为了更准确地控制负荷强度，现在各队学习运用血乳酸指标控制负荷强度的理论知识，测定了运动员各种强度训练负荷后

的血乳酸峰值，并据此制订了一些优秀足球运动员负荷强度的定量指标，有效地提高了训练质量。

在系统的理论学习中发现问题，主动地改进训练，是提高理论知识应用水平的另一种重要方法。例如，现在世界各足球队和各著名足球俱乐部教练员通过不断的理论学习，不断对比赛阵型进行改进，出现了 1-4-2-3-1、1-4-4-1-1 等阵型，极大地推动了战术实践的发展。

（2）认真做好专题总结

对运用专业理论知识于训练实践的工作情况，应及时地进行深入的专题总结，这是提高应用水平的另一个重要的方法。通过科学的总结，可以对理论的认识更加深刻，对于实践的解析更加准确，从而把认识提高到新的层次和新的水平。

教练员、运动员们都应注意提高自身的科学方法水平，要学好逻辑学、科学方法论，以及体育统计、实验设计、调查访问等具体科学方法，这是进行科学的总结和从事科学研究工作所必不可少的。

三　足球运动智能训练的基本要求

① 提高运动员对学习理论知识和发展运动智能意义的认识，动员他们的积极思维，启发他们参加运动智能训练的自觉性。

② 足球运动智能训练应根据对象实际情况（文化水平、专业基础知识水平及年龄特点等）选择内容，确定方法及分量。

③ 运动智能训练应列入训练计划之中，在计划中应占有一定的比例。

④ 应逐步建立运动智能测定和评价的制度。对运动员智能评定目前还没有一套更好的办法，实际工作中做得也不多，应进一步研究解决，对运动员进行智能评定应多结合训练与比赛实践过程，在实践活动中考察运动员的智能水平。也可以组织专门的测验和考查，然后给予评定。

第七章
足球运动员的高原训练

第一节　高原自然环境的特征

随着现代运动训练理论和实践以及科技的不断发展，当前运动员的运动成绩水平越来越高，人们在加大运动负荷方面已经做了很大努力，由于训练时间的限制，几乎到了很难再增加的地步。人们在谨慎增加负荷的同时，着眼于提高训练难度，给予机体更强烈的刺激，以调动人体的最大潜力。高原训练就是基于这种设想逐渐开展起来的一种训练方式。

一　高原的概念

人们一般把略高于海平面的大面积平地称为平原；海拔数百米的起伏地带称为丘陵；海拔较高、起伏较小的大片完整高地叫作高原。在高原训练理论中，既要考虑到地理上的分类法，同时也要从运动训练的角度出发，对海拔 1000 米到 3000 米的大片高地称为高原。我国云南昆明海拔为 1893 米、新疆天池为 1942 米、青海西宁为 2260 米，都是比较理想的高原训练场所。目前，国内足球队的高原训练主要是在云南昆明海埂训练基地。

二 高原自然环境的特征及对人体的影响

高原自然环境总的特点是低气压、低氧、寒冷、湿度低、风沙大、日照时间长、日夜温差大、太阳辐射量和紫外线辐射量以及宇宙射线辐射量高。

（一）高原对大气压、氧分压的影响

包围着地球的大气对地面和一切存在于地面上的物体具有一定的压力，但是这个压力却随着高度的改变而变化。在海平面温度为 0℃ 时，这个压力等于 760 毫米汞柱，称为标准大气压。向上升高时由于空气逐渐稀薄，气压呈规律性减低，高度越高，气压越低，在温度不变时呈直线正比关系。以重量计算：每一个立方厘米的空气重量为 1.674 克（标准大气压）。另外，在多种高度上，温度在 0℃ 时，干燥空气的组成大致是：氧气占 20.94%、二氧化碳占 0.03%、氮气占 78.09%、氢气占 0.01%，其他的是微量气体。大气压的组成是空气各种气体分压力的总和。

从海平面直到 11000 米高空中，空气的含氧量均保持在 20.94%。高原空气含氧量的百分比与平原一样，只是高原上空气稀薄，所以单位容积内气体的分子数高原低于平原。也就是说，由空气分子密度所决定的大气压将随着大气压的降低，氧分压也随之下降，由于氧分压降低而出现低氧，对人的机体有重大影响。关于高度与气压等参数的关系见表 7—1。

表 7—1　　　　不同高度上气压、氧分压、空气密度、含氧量百分比、
　　　　　　　　血氧饱和度和沸点温度对照

高　度 （米）	气　压 （毫米汞柱）	氧分压 （毫米汞柱）	空气密度 （千克/立方米）	含氧量 （千克/立方米）	含氧量百分比（%）	血氧饱和度（%）	沸　点（℃）
0	760.0	159	1.180	0.284	100	95	100
1000	675.8	140	1.096	0.254	89	94	97
1600	629.3	131	1.031	0.239	84	93	95
2000	600.0	125	0.990	0.229	81	92	94
2400	571.5	118	0.951	0.220	78	91	92
3000	530.3	110	0.892	0.206	73	90	90

资料来源：引自 BblKoBa，1955。

（二）高原对气温、湿度的影响

地球的热源来自太阳的辐射，但大气的热源却不是直接来自太阳，而是位于地面。太阳辐射能穿过空气时，只将空气加温 0.02℃，达到地面的太阳辐射能被地面吸收而转变为热能，这种地面热量由气流交换作用输送于大气中。

由于大气热源位于地面，而气温随高度增加而降低，在对流层下部的气温，每当高度增加 150 米时，气温下降约为 1℃。在高山也是如此，对于高原却因其具体的地理环境而有所不同，实际气温远高于按高度递减的数值，如西宁地区全年平均气温为 4.8℃～ 5.7℃。

高原昼夜温差较平原显著，而且白天向阳温度与阴影温度相差也较平原地区显著。见表 7-2。

表 7-2　　　　　　　　　向阳与阴影温度随高度的关系

海拔高度（米）	向阳与阴影温度差（℃）
20	5.6
500	11.5
1800	17.6
2400	27.5
3299	32.8

高度对湿度也有影响，绝对湿度随高度的增加而降低，在 2000 米的高度，绝对湿度就降低一半。与此相反，相对湿度却因气温的降低随高度上升而增大，所以高山的云、雨较低地为多，不过这仍受绝对湿度随高度急减的制约。因此，一般地讲，高原的大气湿度是较低的，西宁地区平均湿度为 50%左右。

大气湿度对人的体温调节也会产生影响。低的湿度比高的湿度对人的影响要好一些，如在低温条件下，人体要保持体温，这时低湿度环境就比较适合人体的需要。相反，如果湿度高了，水汽能够增加体温的发散，在低温的条件下对人体就不利了。在温度高的情况下，湿度低有利于体温的散发；相反，温度高，湿度也高，水汽又能阻碍体温的散发，同时它还给人一种沉闷和酷热的感觉。因此，在通常条件下，干燥的空气比潮湿的空气使人感到好受一些。在中等气温和中等气流的情况下，人体体温散发的有利条件是30%～60%的相对湿度。如果空气过于干燥，就会引起口渴、黏膜干燥；如果空气中水汽接近饱和，水汽的蒸发就停止，人会感到难受。总之，在高原空气偏于干燥的情况下，容易引起身体脱水。

（三）高原对太阳辐射的影响

太阳辐射是大气的唯一热源，也是地球的光线、热量和生命的源泉。高原地区日照时间长，如拉萨全年日照为3005个小时，西宁为2751.2个小时。

高原地区随高度增加而太阳辐射和地面的反射率均会增高，且明显高于平原。拉萨的太阳辐射量比相近纬度（北纬30°）的成都约大2倍。一般太阳辐射线中含5%的紫外线量、52%的可见光线以及43%的红外线。波长300纳米的紫外线在4000米高原上，其照射量比平原大2.5倍。此外，决定太阳辐射量的另一个因素是积雪，积雪对日光的反射按日光反射量计算，无积雪时反射量低于25%，有积雪时高达75%～90%。

高原地区的紫外线辐射量较高，每升高300米要增加4%，若紫外线长时间直接照射人体表面，可引起皮肤血容量及血流量增加，使体内重要器官的血容量减少，在高原上人体皮肤受烈日暴晒，实际上同紫外线急性照射相似，皮肤可出现晒斑，1～3天后退色，出现色素沉着。世居高原的居民皮肤颜色较平原居民黑，脸部色素沉着较多、角质层增厚，形成了一道防紫外线的屏障，对皮肤起一定的保护作用。高原太阳辐射线还具有重要的生物学、医学意义，有杀菌和治疗的作用。另外，在缺乏防护的情况下，也能引起皮炎等疾病。

高原环境随着海拔的增高，空气中细菌的数量随之减少。实验证明，高原上细菌生长受到抑制，并不是由于低氧的直接作用，而是与太阳的直线照射有关。

宇宙辐射增强也是高原自然环境的一个特点，由于高原的大气层厚度较薄，从地表外射来的宇宙射线比平原大。平原的宇宙射线量一年约24毫拉德（吸收剂量的标准单位），海拔3000米的高原上一年宇宙射线量比平原大3倍，但没有达到使人受损害的水平。

（四）高原对气流的影响

高原对大气环流发生一定的作用。特别像西藏高原这样的大高原对大气环流不仅产生重要的动力作用，而且也产生热力作用。高原内部环流情况，由于地形复杂，风力、风向受地形的影响很大。青藏高原的平均风速并不大，年平均风速拉萨为 2.5m/s，西宁为 1.5m/s，风力最大也不过 6～7 级。风向方面，西宁以东风、南风最多，昌都以西北风最多，拉萨以东风最多，风向一般都与河谷平行。高原地区的高空风还是很大的，登山队对高空风的分类，将 3～4 级小风称为一等天气，5～6 级中等风称为二级天气，7～8 级风力称为三等天气，9～10 级的风也有。高空风对人体影响是很大的，主要是使体温的散发加快。

（五）高原缺氧与人工条件缺氧的异同

高原（自然条件）缺氧和模拟人工条件缺氧与正常环境比较中有关因素的异同，见表 7-3。

表 7—3　　高原（自然条件）缺氧、模拟（人工条件）缺氧与正常环境比较中若干有关因素的比较

	高原（自然环境）缺氧	模拟（人工条件）缺氧		
	高度	低压室	吸入低压混合气	呼吸面罩
气压	减少	减少	相同	相同
氧分压	减少	减少	相同	减少
水压力	减少	减少	减少	相同/增加
空气密度	减少	减少	相同	相同
呼吸阻力	减少	减少	相同/增加	相同
重力	减少	相同	相同	相同
紫外线	增加	相同	相同	相同
日温差	增加	相同	相同	相同
风	增加	相同	相同	相同
二氧化碳压力	减少	减少	相同	相同

资料来源：引自 Urich，1990

由表 7-3 可知，高原（自然条件）缺氧与模拟人工条件缺氧之间的有关因素是有差别的，但是在最主要的氧分压方面都是减少的，即都是缺氧环境。需要注意的是，虽然用人工条件可以制造缺氧环境，但是在其他因素方面还是有差别的，应注意这些差别可能对人体带来的影响。

第二节　高原环境对足球运动员的影响

高原自然环境的特点是低压、低氧、寒冷、风沙大、日照时间长、日夜温差大、太阳辐射量及宇宙辐射量高等，其中对运动员影响最大的是由于大气压力降低所致的缺氧。根据高原实测运动员最大摄氧量表明，高度越高运动员摄氧量下降得越多，到 3100 米高度时，最大摄氧量下降为 56%，可见超过 3000 米的高度对运动员机能影响较大，足球运动员是不宜在这种高度上进行高原训练的。

一　限制足球运动员的有氧能力

足球运动员到高原训练时，高原氧分压的下降使肺泡气与血液中氧的压力梯度缩小，血氧降低，供给肌肉的氧减少，在大负荷运动训练时难以支持长时间有氧工作。在海拔 1500 米高度以上，每增高 100 米，最大摄氧量要下降 1%。在高原初期甚至中期有氧能力经常有一段时间的下降。所以，历年来全国各足球队到高原训练（大多是云南昆明）时，初期的训练变化最大，难以控制，其控制的效果对中后期的高原训练影响极大，甚至说起着决定性作用。

二　影响足球运动员的恢复速度

在高原训练的整个过程中，足球运动员体内的适应性变化会加大消耗，如呼吸肌活动的增大加剧了氧耗。由缺氧引起的耐力下降，以及肺对氧的扩散能力、内分泌过程的改变、血乳酸的堆积，使各种运动训练负荷后的身体恢复速度变慢、周期加长、难度加大，直接影响运动训练质量与效果，且使足球训练负荷的安排更难以掌握，增加训练控制难度。

三 代偿性适应对足球运动员机体影响的特点

在高原训练时，足球运动员机体要产生一系列的适应代偿的改变，机体的这种动员是为了对付双重缺氧的需要，也是利用高原训练效果的体现，这些效果体现在平原是难以达到的，其主要表现为以下几个方面。

1. 呼吸系统

足球运动员从平原到高原后，最初感受到的就是呼吸频率加快，胸闷气急。运动时通气量增加得更多。云南体育科学研究所调查运动员从平原到昆明的前几天，运动时的通气量较在平原同等负荷时增加23%或更多。肺通气量加大可提高肺内的血氧饱和度，但血中二氧化碳大量排出，使pH值升高，导致呼吸性碱中毒的倾向。最大摄氧量是衡量呼吸功能和有氧能力的重要指标，在高原的初、中期最大摄氧量会有所下降，但在后期或回到平原后能恢复甚至提高。

2. 心血管系统

足球运动员初到高原，出现心率加快、收缩压轻度升高等现象。国外学者赛姆（1972年）在海拔2370米对8名足球运动员经右心导管测定肺动脉压，发现静息时比平原增高18%，亚极量运动时增高30%。肺动脉压增高是因血氧饱和度下降导致肺血管强烈收缩引起的，可导致右心室负担过重。

3. 血液成分

足球运动员到高原后血红蛋白和红细胞含量增加，这与海拔高度有关。海拔高时，运动员的血红蛋白和红细胞增加的多，血红蛋白值可增加16%左右。血红蛋白也与身体消耗有关，如运动量偏大则会低于在平原的含量。但是从高原回到平原后，绝大多数运动员都会超出高原训练前的含量，甚至能达到17%～18%，2～3周后又逐渐下降。以国家女子足球队1991年昆明训练为例，18名运动员在上高原前血红蛋白平均值为 11.94 克/100 毫升，上高原第 7 天为 14.85 克/100 毫升，第 12 天为 15.56 克/100 毫升，第 18 天为 16.05 克/100 毫升，第 23 天为 16.16 克/100 毫升。血红蛋白含量的增加会提高血液载氧能力，进而提高机体的有氧能力。高原缺氧还有促使体内EPO（红细胞生成素）增长的作用。罗伯特（1992 年）称，EPO可以增加原始的红细胞，并提高其发育速率，提早释放进入血循环。由此可见高原缺氧对EPO的积极效应。但感到不足的是返回平原后脱离了缺氧环境，EPO下降得比较快。

4. 骨骼肌系统

足球运动员在高原训练时肌肉负荷加重，肌乳酸增高，肌肉耐力与全身耐力一样也呈现下降。在高原用CT、钳式皮脂厚度计测定体重下降者，一半是体脂丢失，一半是肌肉组织减轻。肌肉适应的积极效应有：毛细血管数增加，肌红蛋白的浓度增高，肌肉氧化酶活性增高，肌肉缓冲能力增高（即对抗体内酸碱度不平衡的能力增加）。

5. 血、尿生化方面

（1）血乳酸

足球运动员在高原训练时，对速度耐力性运动的糖酵解无氧代谢能力有着重要影响。训练时在相同亚极量负荷下，足球运动员在高原初期血乳酸值比平原时几乎高一倍，这也是高原持续高强度训练难以耐受的原因之一。足球运动员个体的最高血乳酸值仅见于高原训练时，由此可见，在高原训练可以得到平原所达不到的强度。

随着足球运动员对高原的适应，血乳酸将逐周下降，乳酸速度曲线右移，这是有氧能力提高的表现。如果乳酸不降或曲线左移，则意味着机能不佳，应对训练负荷做调整。足球运动员高原训练后的乳酸水平比高原训练前要低，乳酸速度曲线也呈右移。

（2）血尿素

足球运动员在高原训练过程中，在超过 30 分钟的剧烈运动后，蛋白质的分解会大大增加，从而造成血尿素的明显增加。运动员机能下降时血尿素也发生同样变化。运动值高、次晨恢复值低时，提示机能状态良好；运动值高、恢复值亦高时，提示运动负荷状态较差；如恢复值连续出现明显升高时，运动负荷状态更差，多伴有明显疲劳感，应调整运动量。

（3）血睾酮

高原训练比在平原训练对足球运动员垂体—性腺轴系统要产生更明显的影响。高原训练时，足球运动员血睾酮的水平是否上升与训练的负荷合理安排有密切关系，如训练负荷合适则血睾酮上升，会加强肌蛋白合成，使肌纤维横截面积增加，对力量素质有积极意义。如负荷安排不当，运动员血睾酮水平也会下降。

（4）尿蛋白

尿蛋白值与足球运动训练负荷强度具有显著的正相关关系。该指标在控制高原训练的负荷上反应敏感。在高原训练时，特别是适应期后大负荷训练课后，更应重视足球运动员次晨恢复期的尿蛋白值，如运动后尿蛋白值高，但在次晨呈阴性或很低，则表示机能情况好；若次晨仍偏高，则机能情况不佳；若持续偏高，应注意调整运动训练负荷，避免造成高原训练失败。

第三节　足球运动员高原训练和比赛的注意事项

一　足球运动员高原训练的疾病预防

足球高原训练是一种难以控制的训练方法，对运动员身体条件要求高，在进入高原之前，要求运动员具备良好的健康条件。对运动员体内隐伏的病灶，如龋齿、痔疮、扁桃腺炎、鼻窦炎等都是在缺氧加劳累状态下易发的疾患，需要事先治疗，以防患于未然。高原环境日夜温差大，中午热，早晚气温低，在阳光照射处与背阴处温差明显，容易受凉，且易并发呼吸道感染，感染后运动员机体抵抗

力下降，适应能力下降。而且寒冷可使机体耗氧量增大 2～3 倍，这对于缺氧条件下运动训练是不利的，要做好防寒保温。每年昆明高原训练，无论是男女国家队还是其他队伍，其发病率要高于平原。运动员的不适感多于平原。

二 足球运动员高原训练营养实施

足球运动员在高原缺氧环境下进行高原训练作为一种强化训练手段，更容易把机体推向极限负荷的边缘。高原训练会伴随高心率、高通气量和高乳酸值，在高原做与平原同样的运动负荷，其心率会增加 5%～10%，肺通气量会大于平原，血乳酸值明显增高；在高原训练中做连续的间歇训练，乳酸值几乎比平原高一倍。高原训练的负荷非同寻常，常有肌肉酸痛和血尿等现象出现。足球高原训练对运动员机体所需的营养和热能供给有一定的特殊性，应以碳水化合物和蛋白质为主，含脂肪较多的食物需要消耗更多的氧气才能转化为能量，且不易消化吸收。解决好高原训练过程中运动员的营养需求，是保证足球运动员在高原训练中提高运动能力的物质基础。

（一）足球运动员高原训练合理的营养补充

足球高原训练中运动员机体能量代谢的变化在高原训练的安排上应注意，营养物质的三大要素碳水化合物、脂肪、蛋白质的热量比应分别为 61%、25%、13%。在高原环境下，运动员机体的消化液（唾液、胃液、肠液）受缺氧的影响分泌的比平原少，分解脂肪产生能量比分解糖类产生能量需要更多的氧气，所以，特别要注意在适应初期（7～10 天）减少饮食中的脂肪和增加糖，要少吃油腻及油炸食物，肉食可选择牛羊肉、瘦猪肉、鸡、鱼等。每人每天要吃 1 斤蔬菜、1 斤水果、1 斤牛奶。联邦德国人非常强调在高原要多吃蔬菜（洋白菜、萝卜、菜花等）。英国人在 1992 年奥运会前规定一日五餐。我国男女国家足球队、各俱乐部足球队及优秀女子足球队在昆明高原训练及冬训中，经常在早、中、晚加一个副餐——煨汤等，特别利用中国传统中医药学的药膳来进行营养调控，取得了良好效果。所以说营养是高原训练成功的重要组成部分。

（二）足球运动员高原训练的铁补充

足球运动员高原训练期间，诸营养因素中特别是铁的储备，对在高原训练中的运动能力有关键作用。资料反映，1993年美国人莱文在高原对41名长跑运动员调查发现，其中12人（7女5男）的铁储备处于低铁水平，并认为这些到达高原前处于低铁水平的运动员，则不能增加红细胞的容量，也不能增加最大摄氧量。因此，在进行高原训练之前必须使体内铁的储备达到正常水平。可以采取口服高剂量的铁剂（每日分次服用，日总剂量为200～250毫克），由于铁剂对胃有些刺激作用，可采用最易耐受的小儿科用的液体制剂，这样可使副作用降到最低程度。1994年，舒尔茨用放射免疫法测运动员的血清铁，认为在2500米的高原上训练，每天要补充超过200毫克的铁剂才能使血清铁维持正常水平。中国男子国家足球队1997年备战世界杯在昆明进行高原训练时，运动员除了饮食中注意增加含铁食物外，每天给运动员各种矿物质的运动补剂，特别是补铁，使运动员保持了良好的训练状态，运动训练负荷量和负荷强度达到和超过平原最高水平。当时在昆明高原训练的甲A、甲B二十几支足球队中，国家队训练负荷量和负荷强度最大，与此同时测试血红蛋白平均值为15.1g/L，居各队之首。

（三）足球运动员高原训练维生素的补充

足球运动员在高原训练中由于新陈代谢旺盛，所以维生素的消耗量会增大。在高原地区运动员机体由于红细胞增多，引起血液黏稠度增加，这对血液循环是不利的，是高原训练的负效应之一。贾德克（1988）提出，维生素E有降低血小板的聚集作用，可缓解血液黏稠度，以促使更多的游离铁至血中。维生素不足会影响到整个机体代谢，使运动能力降低、适应外界环境的能力和对疾病抵抗力减弱等。在高原训练期间补充维生素不仅能提高缺氧耐力增强对高原的适应，而且能改善高级神经活动功能，减轻疲劳和提高运动耐力。运动员在高原除从饮食中摄取维生素外，可每天另补充100毫克维生素C、10毫克复合维生素B。俄罗斯的雅可夫列夫主张，在高原期间可在医生监督下服用维生素B_{15}（葡萄糖二甲氨酸酯），既可提高组织的氧化代谢率，又具有解毒作用，从而提高机体在血氧过低情况下的稳定性。一般在赴高原前一周开始服用维生素B_{15}，每天150毫克，并应

在整个高原训练或比赛期间连续服用。中国国家足球队在备战亚洲杯赛期间，高原训练之前和训练期间均服用维生素，使运动员机体保持良好状态。

（四）足球运动员高原训练水的补充

足球运动员在高原地区体液的丧失比平原厉害。补液的目的是防止血液过于浓缩，因血液浓缩会增高其黏滞度，影响血液流速及增加心脏负担。德国的一份资料表明，在平原每跑 1 小时要补充水分 2 升。1995 年英国人尼莫建议，在高原运动时可选用矿泉水，最好再加入（每升）葡萄糖 3.56 克、氯化钠 0.47 克、氯化钾 0.30 克、构橼酸钠 0.53 克。每天需要饮水 3 升，在进餐时每餐再饮用一般液体半升。这种补液量和方法有其道理，可供足球高原训练参考选用。此外，在进餐时饮用一般液体半升，每日记录尿比重和体重，以此监控补液量是否足够。

（五）足球高原训练营养补剂的补充

随着现代体育科学技术的发展，运动员营养的重要性被进一步认识，现已有众多的运动营养补剂用于训练和比赛之中。足球高原训练中运动营养补剂的应用也不例外，除去禁用的兴奋剂之外，国内外运动补剂产品很多，但补剂只能起一种微调的作用，还是要寄希望于勤学苦练之中。某些实验证明，对消除疲劳有好处的运动补剂，特别是对足球高原训练有益的可酌情采用。一种在国内外经过实验及筛选的补剂——红景天制剂有很好的效果。红景天是生长在高寒地带的一种药用植物，含有 16 种游离氨基酸、11 种微量元素及维生素C，具有抗缺氧、抗疲劳、抗寒冷、抗微波辐射的作用，可提高机体的免疫能力和工作效率，延缓机体衰老。俄罗斯的卫生保健部门已批准在航天医学和运动医学领域中应用。中国男女国家足球队在备战大赛中都运用过，并有良好的效果。鉴于红景天有较明显的抗缺氧作用，可配制加入高原专用的运动保健饮料，供平原的耐力运动员饮用。

第四节　足球运动员高原训练消除疲劳
和恢复体能的措施

足球运动员在高原训练期间由于运动训练和高原环境的双重缺氧作用，运动员机体容易产生劳累，特别是通过高水平的大运动负荷训练，把足球运动员机体推向极限负荷的边缘时，更需要采取综合的消除疲劳与恢复体能的措施。在实施高原训练过程中，运动员常出现肌肉酸痛或僵硬现象，足球运动的对抗性强，在肌肉弹性降低的条件下，容易出现肌肉损伤。对此，需采取积极的措施，消除疲劳，加快恢复，以保证训练质量。

一　运用物理疗法恢复

足球高原训练期间，运动员每天训练后要积极进行物理疗法帮助恢复，如用手法按摩、器械按摩、水按摩、加压按摩（有一种为体外反搏法，即用橡皮气袋套在双手双腿上，将袋内充气压迫肌肉使血液向心脏回流，此法可放松肌肉及加速清除肌肉乳酸）、超声按摩等，各种按摩可交叉使用以提高效果。有条件的可应用热疗法、桑拿浴、红外线照射等。还有运用电疗、电磁疗、针灸等方法，让肌肉被动收缩放松，以达到松弛肌肉目的。

二　运用药物疗法恢复

足球高原训练过程中，不仅需科学合理地控制好运动训练负荷，还需利用现代科学手段进行恢复，但不得使用国际奥委会所列的违禁药物。在使用各类现代科技产品外，特别要考虑中国传统中草药应用，如抗缺氧的中草药——红景天；提高免疫能力的冬虫夏草；各种熏洗减缓肌肉紧张度的中药等，其种类繁多，可适当选择应用。

三　科学、合理、有效的训练安排

足球高原训练过程是一个科学训练的过程，在训练负荷的安排上需考虑高原训练的规律及特点，在各种训练中要适当延长训练的间歇，以避免疲劳的积累。做好训练课后的整理放松活动。训练结束前，以60％的强度进行20分钟的慢跑作为整理活动，这比静坐休息使血乳酸消除得更快。还要注意肌肉的牵拉，对专项训练使用较多的肌群作曲伸或牵拉数分钟，以减缓肌肉的紧张度。总之，在高原大运动量训练中恢复措施很重要。没有很好的恢复就难以保证持续的高质量的训练，也难以达到预期的良好竞技状态。

四　足球高原训练的科技保障

足球高原训练对运动员机体负荷大，涉及各种各样的影响因素，为了提高其成功率，许多国家及各级队伍在科学技术保障和研究方面都给予较大的支持。足球高原训练要讲究科学，要增加身体机能测试以及监测训练，较简便而有效的指标可选用血乳酸、运动心率、血红蛋白、体重、尿检查（尿蛋白、尿潜血）等。各级队伍都应配备科研教练，使足球高原训练有科技保障，高原训练不断地发展和完善。从大量高原训练的科研文献中，看到了高原训练与科学研究之间密切联系的过去，也看好它们共同发展的未来。

总之，对待高原训练应积极、谨慎地进行，对消除疲劳的恢复手段要比在平原时给予更多的关注，并为之创造条件，以促使我国的足球高原训练在现有较好的基础上得到进一步发展。

第八章

足球运动员的营养与保健

第一节　运动性疲劳与恢复

一　疲劳与过度训练

（一）疲劳的概念

运动持续一段时间后，机体不能维持原强度工作，即为运动性疲劳。以往有关运动性疲劳的定义较为混乱，概念上的不统一给实际研究工作带来很大不便。1983 年，第 5 届国际运动生化会议对运动性疲劳的定义为：机体不能将它的机能保持在某一特定水平，或者不能维持某一预定的运动强度。这个疲劳定义的特点是：

① 疲劳时体内组织和器官的机能水平和运动能力结合起来评定疲劳的发生和疲劳程度。

② 有助于选择客观指标评定疲劳。

疲劳的生理学定义是运动员无法维持功能输出而降低运动能力。有经验的运动员应该能够借助他们对疲劳的感受性在允许的范围内进行自我调整，但并不能摆脱这一限制。疲劳本身也是一种保护性措施，它可以防止代谢的戏剧性变化，从而阻止对肌肉及有关组织的损伤，尤其是对脑组织的保护。运动员能否连续完成一个周期的大负荷训练，其关键在于每一节课所产生的疲劳在下一节训练课前及时消除，如果前一课的疲劳没有消除又继续大强度训练，就会出现疲劳的积累

而发展成过度训练。

（二）疲劳的分类

1. 按照疲劳发生的部位划分

可分为脑力疲劳和体力疲劳。

脑力疲劳是指由于运动刺激使大脑皮层细胞工作能力下降，大脑皮层出现广泛性抑制而产生的疲劳。脑力疲劳往往同时伴有心理疲劳，例如，长时期从事大强度训练或运动时一次强烈的不良刺激，都会给大脑皮层带来不良影响，从而影响身体工作能力。

体力疲劳是指由于从事身体训练使身体工作能力下降而产生的疲劳。例如，剧烈运动后出现的肌肉酸痛、周身乏力、工作能力下降等都属于体力疲劳的症状。

2. 按照身体整体和局部划分

可分为整体（全身）疲劳和局部（器官）疲劳。

整体疲劳是指由于全身运动使全身各器官机能下降而导致的疲劳。激烈的足球比赛可造成全身身体机能下降。

局部疲劳是指以身体某一局部进行运动使该局部器官机能下降而导致的疲劳，例如，局部力量练习而导致局部肌肉疲劳。整体疲劳和局部疲劳存在着密切的关系，一般来说，局部疲劳可以发展为整体疲劳，而整体疲劳往往包含着以某一器官为主的局部疲劳。

3. 按照身体器官划分

可分为以下几种。

（1）骨骼肌疲劳

由运动引起的骨骼肌机能下降称为骨骼肌疲劳，例如，力量训练后肌肉收缩力下降、肌肉酸痛等。

（2）心血管疲劳

由运动引起的心脏、血管系统及其调节机能下降称为心血管疲劳，例如，运动后心输出量减少、舒张压升高等都是心血管系统疲劳的症状。

（3）呼吸系统疲劳

运动引起的呼吸机能下降等称为呼吸系统疲劳。呼吸系统疲劳一般在运动中不常见，例如，剧烈运动时呼吸表浅、胸闷、喘不过气都属于呼吸系统疲劳的症状。

4.按照运动方式划分

可分为快速疲劳和耐力疲劳。

快速疲劳是指由于短时间、剧烈运动引起的身体机能下降称为快速疲劳。例如，在足球比赛中反复的连续冲刺跑。快速疲劳产生快、消除也相对较快。

耐力疲劳是指由于小强度、长时间运动引起的身体机能下降称为耐力疲劳。耐力疲劳发生较缓慢，但疲劳恢复时间也较长。

（三）疲劳产生机制

生理学对疲劳的研究虽有100多年的历史，然而，至今还没有人能说清楚引起疲劳的根本原因是什么，对于引起疲劳的原因，目前大都还停留在对假说的研究阶段。

1.能量耗竭学说

能量耗竭学说认为，疲劳的原因是运动过程中体内能源物质大量消耗而得不到及时补充所造成的。其证据是，长时间运动导致血糖浓度下降，补充糖后工作能力又有提高。

2.代谢产物堆积学说

代谢产物堆积学说认为，疲劳是由于某些代谢产物在肌肉内堆积而又不能及时消除所造成的。其论据是乳酸、氨等代谢产物增多。

3.离子代谢紊乱学说

离子代谢紊乱学说认为，疲劳是因为运动时离子代谢紊乱导致的。理论依据是运动过程中钙、钾、镁等离子代谢出现了紊乱，而这些离子代谢对运动能力都有很重要的影响。

4.保护性抑制学说

巴甫洛夫学派认为，无论是体力还是脑力的疲劳，都是由于大脑皮层保护性抑制作用的结果。运动时大量冲动传至皮层相应的神经细胞，使之长期兴奋，导致异化大于同化。为了避免过度的能量消耗，当能源消耗到一定程度时，便产生了保护性抑制。

5. 内分泌调节机能下降

运动过程中正常的激素调节对于保证机体的运动能力有着非常重要的作用，内分泌腺机能异常将导致运动能力下降，目前认为垂体—肾上腺皮质系统及交感肾上腺髓质系统与运动疲劳有关。

6. 突变理论

该理论认为，肌肉疲劳是由于运动过程中能量消耗、力量下降和兴奋性或活动丧失三维空间关系所致。这一学说从能量代谢、肌肉力量、兴奋性或活动性等多方面综合分析疲劳产生的原因，改变了以往单一指标研究运动性疲劳的缺陷，并提出肌肉疲劳的控制链。

二 过度训练及对机体的影响

过度训练是指运动中的训练与恢复、运动与运动能力、应激与应激耐受性之间的不平衡，有人将过度训练分成周边型和中枢型两种。

周边型疲劳又称之为短期过度疲劳，时间由几天到两周，其表现为疲劳、无氧阀工作能力下降、最大工作能力下降和短期的竞技能力失调等。这一类过度训练如果处理得当，几天即可恢复。

中枢型过度训练或称长期过度训练，时间可延续几周或数月，出现过度训练综合征和疲惫不堪，主要表现是除了周边型的症状外，精神状态紊乱、肌肉酸痛僵硬、非运动性疲劳积累、长期的运动能力下降等。以上两种不同程度的过度训练的病理机制并不相同，短期过度训练可出现机体的超代谢；而长期的过度训练后，机体将出现病态反应。为了防止过度训练的发生并使综合征得到及时的处理，必须对运动员进行周期训练的生理和生化监测，以区分是过度训练还是正常训练所致的疲劳。

我国运动医学界经过多年的实践总结，以及根据疲劳的不同症状，将疲劳和过度训练可能产生的机体代谢和生化变化主要归结为以下四类。

（一）神经内分泌系统的失衡

生理学认为，适宜的运动量或一次性短时间运动不抑制下丘脑—垂体—性腺轴功能，而一次大运动量训练课和长期大运动量训练可造成下丘脑—垂体—性腺轴功能抑制，往往出现血睾酮下降，伴有竞争意识下降、兴奋性差、训练后体力恢复慢等表现。

（二）免疫系统机能的抑制

运动员尤其是优秀运动员在大强度训练或比赛期间，一旦发生运动性疲劳和过度训练，其结果之一便是机体的免疫机能下降。许多文献表明，过度训练或精神紧张等因素有可能引起机体免疫功能抑制而使机体对病原微生物易感性增高或所患感冒症状加重。

（三）血液系统的失衡

运动员在系统训练或比赛中，当身体处于疲劳或过度训练早期时，在血液系统中贫血最为常见，随着过度疲劳的发展，可降至运动员或正常人的贫血标准。而且，可以从导致运动能力下降的运动性贫血发展至病理性贫血。

（四）营养素代谢的失衡

运动员体力活动消耗的能量主要取决于运动时能量消耗量的大小，而运动能量消耗量又决定于运动强度、密度、持续时间、队员体重、外环境等因素的影响。身体存储蛋白质和碳水化合物的能力是有限的。一方面，摄取的总热量过多，多余部分转变为脂肪对比赛不利；另一方面，过度训练会造成营养素代谢失调。

三　疲劳的运动医学诊断与处理

过度训练是训练后疲劳连续积累所引起的一种病理状态，又称过度疲劳。当大运动量训练安排不当，训练后疲劳得不到恢复又进行大负荷训练时，或运动负荷过大，超过队员机体的承受限度，而教练员又没有及时发觉并调整负荷，仍一味从事训练等，都可导致队员因连续疲劳积压而出现过度疲劳。

当过度疲劳发生时，不要说长期的训练效果化为乌有，运动员的身心健康也将受到极大影响。所以，教练员在训练中一方面要严格注意运动负荷的掌握与安排以及生活、营养制度的合理性，尽可能避免过度疲劳的出现。另一方面，也应对过度疲劳的发展过程、征象以及处理方法有所了解，以便能做到防微杜渐，使队员尽早摆脱过度疲劳，重新投入到正常的训练中去。

（一）检查疲劳和过度训练的简单方法

除了通过对肌肉力量、硬度、围度以及心率的测定来检查和判断疲劳和过度训练外，还有以下一些简单的方法。

1. 血压体位反射

测试方法是让受试者取坐姿，休息 5 分钟后测血压。随即让受试者躺卧在床上，保持卧姿 3 分钟。然后把受试者扶起成坐姿（不要让受试者自己坐起），立即测定血压，连续每 30 秒测一次，共测 2 分钟。2 分钟内完全恢复者为正常；2 分钟内恢复一半以上者，调节机能欠佳；完全不能恢复者为调节机能不良。

其原理是植物性调节机能会因疲劳而降低，使血管运动调节的反射机能受到障碍。

2. 闪光频率融合

该仪器可以自制。原理是根据闪光频率融合的阈值增大情况来判断疲劳程度。如轻度疲劳为 1.0～3.9 周波数／秒；中度疲劳为 4.0～7.9 周波数/秒；重度疲劳为 8.0 周波数/秒以上。

3. 身体自我感觉能力

人体运动时的主观体力感觉与工作负荷、心功能、耗氧量、代谢产物堆积等多种因素密切相关，因此，运动时的自我体力感觉是判断运动性疲劳的重要标志。瑞典生理学家冈奈尔·鲍格（Guenzel Borg）制订了判断疲劳的主观体力感觉等级表（RPE），使原来粗略的疲劳定性分析变为较准确的半定量分析。具体做法是：令受试者做递增性功率自行车或固定跑台运动，并观察主观体力感觉等级表，受试者在运动过程中每增大一次强度，或间隔一定时间，便指出自我感觉等级，表 8-1 中，等级乘以 10，即为受试者完成该负荷的心率，同时还可以推算出运动时所做的功及最大摄氧量。可以分别在疲劳前后测定同样负荷的运动，如果机体出现疲劳，RPE等级也会相应增加。另外，利用该方法还可测定受试者的有氧耐力及抗疲劳能力。

表 8-1　　　　　　　主观体力感觉等级表（Guenzel · Borg，1973 年）

自我感觉	等　级
非常轻松	6
	7
很轻松	8
	9
尚轻松	10
	11
稍　累	12
	13
累	14
	15
很　累	16
	17
精疲力竭	18
	19
	20

4. 唾液pH值的变化

其原理是，由于长时间的剧烈运动，血液中乳酸浓度增加，使唾液的pH值降低，因此，可以用测定唾液pH值的变化来判断运动时所产生的疲劳程度。

测试方法：让受试者尽量把口腔唾液全部吞下去，然后使新产生的唾液沿口唇流出。用镊子将测定唾液pH值的试纸贴在舌尖上，待其充分吸湿后取出，马上

与比色表对照，记下相应的pH值。

5. 时间再生法

其原理是：随着疲劳的发生，时间再生能力将随之下降。

测试方法：让受试者看钟表的秒针走动1分钟，受试者再由闭眼开始，每隔20秒举手发出信号，做15～20次。测试人员记录受试者每次发出信号之间的时间间隔。由此计算出平均值及标准差，按上述两个值算出动摇度（标准差／平均值），动摇度在0.03～0.07为轻度疲劳，在0.08以上为疲劳。

6. 呼吸肌耐力测定

连续测5次肺活量，每次间隔30秒。疲劳时，肺活量一次比一次减少。

7. 皮肤空间阈

让受试者仰卧，横伸单臂，闭眼。测试人员接触触觉计，拉开一定幅度，将其两端以同样的力轻触受试者前臂皮肤。受试者实事求是地回答自己的感觉是"两点"，还是"一点"。将受试者回答是两点的最小距离作为阈值，疲劳时其阈值较安静时大1.5～2倍为轻度疲劳，2倍以上为重度疲劳。

这些体验方法可到附近医院、卫生所进行，一些有较长工作经验的队医也较容易掌握。除此之外，教练员在平时的训练中，要认真负责，深入队员之中注意观察运动员反映，也可以较早地发现并进行处置。

（二）疲劳的处理方法

依据疲劳的不同表现形式，采取不同的处理方法。

1. 早期征象及其处理

早期过度疲劳，运动员通常表现出不愿意参加训练、睡眠不好、食欲减退、头昏无力、运动能力下降、全身懒惰等，少数人也有心情烦躁、容易激动等不良心理现象。

对于这一时期的过度疲劳征象，教练员应注意及时调整训练计划，减小运动负荷，变换训练内容及方式，比如，安排些轻负荷、有趣的活动，同时提醒队员多休息，增加睡眠。一般来说，早期过度疲劳，只要教练员能及时觉察并同时调整练习，几天就可复原。

2. 后期征象及处理

倘若早期征象未发觉或没有采取措施及时处理，过度疲劳就会进一步发展，此时，运动员不仅会出现失眠、头痛、活动时易疲乏和出虚汗、体重持续下降、能力急剧下降等现象，同时还可能出现各器官系统机能的失调现象。比如，在心血管呼吸系统上，运动员可能会产生心悸、脉搏加快或减慢、血压升高或降低、心律不齐、有杂音、呼吸频率加快、肺活量和最大通气下降等；在消化、泌尿系统上，可能出现肠胃紊乱（腹痛、腹泻），尿液有蛋白、红细胞等；在中枢神经系统，运动员则可能表现出反应时明显延长、萎靡不振，等等。

当队员过度疲劳呈现上述现象时，教练应视队员的轻重程度，而做出完全停训或适当活动的处理；与此同时，调整生活制度，采取各种积极恢复措施，诸如按摩、温水浴、桑拿浴等，并加强营养、增加睡眠。必要时，还应由医生、队医在全面了解病情的基础上，采用药物治疗。运动实践经验认为，如果处理得当，过度疲劳轻者两至三周可好；较重者需要两至三月，严重者有时需半年以上。过度疲劳恢复后，由于体能较差，教练员更需注意逐步加大运动量。

四 抗疲劳促恢复的药物补充

现代足球比赛训练中，任何一个教练都会遇到大运动量训练和过度训练之间的矛盾。谁都知道，没有大运动量训练就不会有好的成绩，而一旦急于求成就会造成队员的过度训练综合征。事实上，运动员都有许多自我调节能力和可塑性，并不是增加运动量就会出现过度疲劳。坚决贯彻"三从一大"原则，克服日常训练中不严格、不刻苦、不认真、不虚心的现象是我们要解决的主要问题。

还要研究如何在大强度训练中按科学规律办事，解决好恢复体能这一矛盾。在长期的足球训练比赛中，科研人员、队医和教练员都积累了一定的恢复措施和办法，除了进行科学的饮食、采用合理的恢复手段外，正确选择抗疲劳、促恢复的药物补充也是一个重要方面。在强调训练作风、坚持大运动量训练的同时，如何检查和评定身体承受大强度训练的能力，促进队员控制疲劳，尽快恢复身体机能变得十分重要。

（一）中草药在训练恢复中的作用

由于大运动量训练造成体内蛋白质、维生素及微量元素的过量消耗，在高强度负荷下依靠自身的饮食获取的能量很难保持身体训练水平，我国目前的职业队都十分流行用甲鱼熬汤滋补身体。甲鱼含有丰富的蛋白质，但是并不是灵丹妙药，如果加入一些中草药效果可能更好。长期以来，一些队伍自行配伍中草药，用以达到强身健体的目的，主要中草药包括红参、党参、麦冬、五味子、大枣、西洋参、黄芪、枸杞子、牛膝、当归、淫羊藿、桂圆、鹿茸、枣仁等，对于保证体力恢复能起到一定作用。

（二）强力士、红景天、御鹿精胶囊等对抗疲劳的作用

血睾酮是一种调节代谢的激素，当血睾酮出现持续明显下降时，应考虑下丘脑—垂体—性腺轴功能的下降，通过观察其他指标，如运动员的竞技状态、完成训练课情况、清晨脉搏、血红蛋白、尿蛋白等，确定队员的疲劳症状。此时可选择强力士口服液、红景天、御鹿精胶囊等强身固体，上述三种药物均不含IOC禁用药物。强力士以补肾为主，防止睾酮下降，具有促进恢复、改善运动能力的作用；红景天制剂具有抗缺氧、抗疲劳作用，改善脑垂体功能；御鹿精健脾补肾、壮骨养血，对提高人体免疫机能、抗衰老具有良好作用。

（三）阿胶、贫血1号对血色素（血红蛋白）的补充

血红蛋白低于有氧运动所需的理想数值，被称为亚理想值。运动医学界认为，我国男运动员血红蛋白低于14克/100毫升，女运动员低于12克/100毫升，即会影响运动成绩。阿胶价格便宜，具有良好的补血作用。贫血1号是治疗贫血病人的一种特效药，主要从人参中提炼制成，能提高造血机能，明显提高血清铁饱和度。

（四）肌酸（CREATINE）

肌酸是一种主要存在于骨骼肌中的天然有机化合物，它以游离型和磷酸化型两种形式存在于骨骼肌中。由于肌酸在能量利用和储存中的重要作用，因此，在一些短距离速度性项目中可增加运动时所需要的能量，从而提高运动成绩。1994

年，瑞典国家队在欧洲锦标赛中服用肌酸，体能取得明显的进步。我国足球运动员往往速度和爆发力不够，特别在比赛间歇较短的情况下，这些素质的恢复也较慢，因此，它也是一条增加体能效果的有效途径。需要指出的是：肌酸的副作用在于体重易增加，特别在女子足球运动员中更为明显，要有足够的控制体重的办法。另外，在服用过程中肌肉有明显的肿胀感，对运动中的肌肉拉伤要加强防治。

（五）复合维生素

维生素在运动营养中具有特殊意义。由于运动时物质代谢旺盛，使维生素的需要量增加，运动中维生素和矿物质的补充对于保持运动能力显得非常重要，而这一问题又常常容易被教练和队医忽视。可服用包括 33 种维生素、矿物质和蛋白质的复合维生素，其中包括维生素 A、D、E、C、B_1、B_2、B_3、B_6、B_{12}、泛酸、叶酸、生物素；矿物质包括碘化物、钙、锰、锌、铜、钾等。

（六）微量元素

微量元素占全身体重的 1/10000 以下。目前已被确认的人体必需微量元素有铁、碘、铜、锌、锰、钴、钼、硒、铬、镍、锡、硅、氟、钒 14 种。存在于人体的这些微量元素有两个重要特征。

① 微量元素必须从体外摄取，并排出体外，不会消失于代谢本身，过多摄入时会中毒，摄入不足时又会造成缺乏。

② 相互作用。矿物质对于运动员的重要性在于，运动过程中这些矿物质参与的各种代谢过程大大地增加了，因而运动员矿物质的营养状况对其健康和运动能力有重要影响。

（七）其他恢复性药物

① 德国生产的抗疲劳恢复性药物 BIOLECTRA MINERAI SPORT，是一种含有多种矿物质和维生素的溶水片剂，在大运动量训练和比赛后以饮料的形式为身体补充蛋白质及丢失的矿物质，含有钠 230～345 毫克、钙 4～7.5 毫克、钾 39～47 毫克、锰 4.6～15.3 毫克、氯 266～443 毫克，对于快速消除疲劳具有良好作用。

② 德国生产的运动饮料OPTIFORM、ISOSTAR和美国生产的运动饮料GATERATE，都具有补充以及随汗排出体外的矿物质和微量元素的作用。

在训练过程中，除了根据运动员的个别情况采取对症下药的措施外，综合性的抗疲劳、促恢复最为重要。以上多种方法可以结合起来运用，能够较好地保证训练质量，不要只在比赛前才想起。

五　足球训练比赛中的主要恢复手段和措施

国外职业俱乐部训练管理大纲中写道：训练比赛成效的50%取决于恢复。这话听起来像是一句口号，但事实上却包含着许多哲理。在训练负荷的安排上，为什么每两次负荷训练之间，要穿插一些中小负荷训练课？为什么有的队在周赛制中以养迎赛，而不能以练迎赛呢？关键原因在于，运动员承受大负荷或比赛后的机体恢复速度所限。可见，恢复速度直接影响训练比赛的成效。

恢复速度虽然依个人情况有所不同，但一般正常人和运动员机体的各种能量物质的自然恢复时间是非常有限的。能源物质中的磷酸肌酸（ATP-CP）、肌糖原、蛋白质恢复时间见表8-2。

表 8-2　　　　　　　　　　　能源物质完全恢复时间

能源物质	完全恢复时间		资料来源
	最　短	最　长	
ATP—CP	2分钟	3分钟	福克斯
肌糖原	1小时	46小时	亚洛比
蛋白质	6小时	48小时	亚洛比

自然恢复时间并不是不可改变的，它与运动员的身体训练水平关系极大，在承受同一训练负荷中，不同身体训练水平的运动员，能源物质的恢复时间不同，这就要求我们必须提高运动员的身体机能水平。同时，还要特别注意做好训练、比赛后人为的营养补充和恢复疗法。这方面过去我们有许多失败的教训。在现代

国际体坛强调科学化训练进程中，需要我们重视营养和恢复体能，并把它看作是提高成绩的重要组成部分。因此，在职业化足球改革过程中，需要向训练和比赛要效益的时候，每一名教练员都必须对此高度重视。

（一）赛前日常饮食

精神高度紧张，消化机能减弱，负荷减少，热能摄入应相对减少。多吃碳水化合物较丰富的食物，如馒头、面包、发面饼、蜂蜜、果酱、蛋糕、米饭等。增加体内碱储备食物，如水果、蔬菜。避免或少吃辛辣、盐渍、含纤维素多的粗杂粮及易产气的干豆或韭菜等食物。避免含酒精饮料，酒精产生乳酸盐，使疲劳提前发生。

（二）赛前饮食

饮食原则相同于赛前日常饮食，避免大量肉食类或油脂。赛前一餐应在比赛前2～3小时前完成，食物热能充分，体积小易消化，以保证在比赛时大部分食物已从上部肠胃道排空。在比赛环境较热有可能导致大量出汗的情况下，赛前适量补充水分（500毫升左右）。

（三）赛中饮料

大量出汗使运动员的体液处于相对高渗状态，因此，补充糖—电解质饮料应是低张低渗，或者是等张等渗的，以维持血糖水平，并部分补充丢失的电解质，促进体内环境恢复稳定状态。

（四）赛后恢复

由于现代足球训练与比赛的负荷越来越大，为了使运动员始终有良好的身心状态，对机体消除疲劳速度的要求也越来越高。

1. 积极性恢复的物理方法

（1）水疗法

① 热水淋浴。

② 热盆浴15～20分钟，四肢做温和缓慢的运动。

③ 水旋涡、水喷射水下按摩。

④ 用高压力的水蒸气水下按摩。

⑤ 冷、热水流交替淋浴，具有振奋的作用。

（2）桑拿

① 消除代谢产物。

② 在剧烈的训练后决不要做，因为它进一步增加脱水，电解质流失和心率加快，由此增加身体的应激。

③ 9～12分钟桑拿（热环境）伴有冷水、冷空气中短时间的交替，重复3次。

冷热水交替法的使用可降低运动中产生的代谢产物，排除乳酸，减少疼痛、痉挛和增加吸氧量，促使所练部位的血液循环，还可用来刺激肌肉放松，促进血管舒张，减弱紧张和增加血液循环；冷也可用以减弱疼痛、肿胀。

（3）按摩

① 保持身体活力和促进疲劳恢复，按摩也通过揉推肌肉，促进放松状态，而消除代谢产物。

② 放松水浴后10～15分钟做一个有效完整的按摩，按摩应集中于排除肌肉中的代谢产物；改善循环和血管的扩张；用力适当。

③ 通过按摩来恢复工作能力主要包括两个部分。

第一，促使完成重要工作肌肉群中的乳酸消除。

第二，消除其他肌肉群中乳酸。80%的按摩时间应用于频繁使用的肌肉群。

④ 按摩时机与时间。

第一，第一次按摩在比赛或训练之后20分钟，如果配合桑拿和水浴，效果更好。

第二，第二次按摩在比赛后2小时。

桑拿浴的"热"，刺激血液渗透进入皮肤和肌肉；而水浴的"冷"，迫使血液进入皮肤深层，这将帮助消除身体代谢产物。

⑤ 在激烈比赛或大负荷训练课的休息日中，所有队员做一个桑拿或按摩。

2. 积极性恢复的营养及饮食

（1）饮食时间

在激烈的比赛或大负荷训练后，身体形成一个乳酸积累，肌肉和肝糖原储备已消耗殆尽且有明显的失水状况。必须避免比赛后服用酒精，因为它会延缓恢复过程。大约在比赛 1 小时以后吃饭比较合适。

① 赛后 1 小时吃饭的吸收率，比赛后 3 或 4 小时吃饭的吸收率快 3 倍。

② 糖原补充更快。

运动员应当利用前两小时更快的恢复率，否则，恢复速度将影响次日的训练课。

（2）碳水化合物

① 在训练或比赛后，应以每公斤体重 1 克碳水化合物的比重即刻补充，例如，身体重量 75 公斤＝相对补充 75 克碳水化合物。

② 在第 1 和第 2 小时，重复这一过程。

碳水化合物有糖、麦片、米饭、香蕉。

（3）饮料

饮料甚至比食物重要。如果忽视饮料，将会极大地影响碳水化合物的补充。

应当在训练和比赛期间补充饮料，如果可能，最好以每 20～30 分钟的频率补充，补充饮料不能以感到口渴为准，而应有一定的时间规律，机体从胃吸收水分需要 20 分钟时间，这些饮料可补充碳水化合物、热量和矿物质。

（4）关于饮食、营养恢复的关键

① 比赛前 3 天进行大负荷训练，大量补充碳水化合物，出现超量恢复。

② 在训练和比赛期间及之后，保持好平衡。

③ 在训练和比赛后即刻补充碳水化合物。

④ 对恢复来说，继后 2 小时每小时补充效果更好。

⑤ 保持饮食平衡，吃易消化食物。

⑥ 保持水和滋补饮食吸收的平衡。

⑦ 在激烈比赛后的 2 小时内，补充糖原水平。

在激烈比赛前，碳水化合物和糖原水平需要很高，每小时机体以5%糖原率补充。

3.心理恢复

（1）运动员的心理劝告。

（2）和运动员个人谈话或小组、全队谈话，了解问题，消除恐惧等。

4.恢复与年龄

有规律的运动将不论年龄，均能得到积极的生理改善。然而，年龄大的人在剧烈运动后或许需要更多的休息。年龄在25岁左右的人，机体会表明疲劳的迹象，且由于年龄原因恢复过程延长。然而，如果有良好的身体素质，从代谢观点讲，恢复速度会提高。

刚开始进行剧烈运动的队员或许需要更多的恢复时间，这取决于他们练习的负荷，这也是为什么在训练的第一周一般负荷量和强度都较低，随着队员对训练的适应，逐步增大负荷的原因。一般来讲，年龄在15～22岁之间的队员，恢复能力最强，因为他们具有较好的机体恢复功能。

5.教练的作用

队员期望教练尽可能有知识、有经验，以便安排适宜的训练，发展、推动和激发运动员潜在能力的发挥。

（1）对恢复来讲，让队员了解做法和依据，是教练员的主要工作。

（2）恢复首先是任何训练计划的自然组成部分，消耗与恢复应同步平衡，为了得到充足的恢复，2：1或1：1的比例是合适的。

（3）应避免过度训练。

（4）应教育和鼓励队员有好的饮食习惯。

（5）任何时候都应强调流体的补充。

（6）体重的保持极为重要，在下次训练课结束或比赛前，体重应恢复，否则，将可能导致过度训练。

（7）身体能力诸如力量、速度、柔韧和运动技巧的提高，有赖于艰苦的训练，如果这些身体变化没有出现，那么，充足的恢复也不存在（训练没有产生刺激、负荷小）。

（8）如果过度训练的迹象出现，教练员必须迅速修改训练计划。

第二节　运动员的营养补充

一　运动强力营养素补充

有些营养素或其在机体内代谢的中间体不仅直接参与机体代谢，同时还具有调节机体新陈代谢和生理机能的作用。通过这些物质的补充，可以提高训练的效能，有助于消除疲劳，从而改善和提高运动能力。

根据强力营养素的作用目标，我们通常将它们分成 4 类。

① 增加肌肉合成代谢和肌肉力量的强力营养素；

② 促进能量代谢的强力营养素；

③ 促进疲劳消除和体能恢复的强力营养素；

④ 减轻和控制体重的膳食安排和特殊营养素补充。

（一）增加肌肉合成代谢和肌力的强力营养素

肌肉的增大和肌力的增长需要两个条件，即蛋白合成的原料和最佳蛋白合成的环境。

1．蛋白的合成原料

生物活性的优质蛋白质和氨基酸是蛋白合成的最佳原料，它们包括乳清蛋白、酪蛋白、卵白蛋白、大豆蛋白及这些蛋白的分离制剂和水解产物、谷氨酰胺、鸟氨酸和 α - 酮戊二酸合剂（OKG）、支链氨基酸、β - 羟基—β - 甲基丁酸盐（HMβ）、牛磺酸等。这些高生物活性的优质蛋白质和氨基酸除了作为蛋白合成的原料以外，像谷氨酰胺、鸟氨酸和 α - 酮戊二酸合剂（OKG）、β - 羟基—

219

β–甲基丁酸盐（HMβ）等还具有促合成作用。

（1）乳清蛋白（Whey Protein）

乳清蛋白是由牛奶中提取的。乳清蛋白富含各种游离氨基酸及易于吸收的蛋白质，其生物价为100，是所有蛋白质中最高的。在乳清蛋白中脂肪含量很少，富含支链氨基酸、谷氨酰胺。乳清蛋白对运动能力的作用主要表现为：①提高机体免疫功能；②延缓中枢神经系统疲劳的发生和发展；③促进机体蛋白质的合成；④提高机体的抗氧化能力。目前研究结果表明，大量补充乳清蛋白对机体没有任何副作用。

由于乳清蛋白对维持和提高运动员的身体机能以及对促进运动能力具有良好的作用，所以成为是运动员经常补充的重要蛋白质营养品。在大负荷运动训练期间，为了保证蛋白质的恢复和促进运动员身体机能水平提高，乳清蛋白的摄入量可以提高到总蛋白摄入量的50%及以上；而在一般训练期，乳清蛋白补充量维持在每天20克左右，就能够充分体现乳清蛋白对机体的有利作用。

最近的研究结果表明，乳清蛋白是那些对体重要求严格的运动项目（如摔跤、柔道、体操、艺术体操等）在控体重期间最佳的蛋白质补充剂。由于在控制体重期间，运动员要严格限制饮食，不能大量摄入膳食蛋白质，以避免脂肪和能量的过多摄入引起体重的增加，这样，蛋白质摄入不足势必会影响运动员的身体机能以及运动能力。而乳清蛋白的补充，不但可以为控制体重运动员提供优质的蛋白质以维持机体正常蛋白质的合成、降低身体脂肪含量，而且对维持运动员的运动能力具有积极意义。另外，对高原训练期间运动员营养的研究表明，乳清蛋白的适量补充对维持运动员身体机能水平、促进高原训练的效果具有重要作用。

（2）大豆蛋白（Soy Protein）

在运动界流行的另一类蛋白粉是大豆蛋白。经过浓缩加工的大豆蛋白粉其蛋白质含量较高，有些大豆蛋白粉产品的蛋白质含量可以高达80%以上，也是一种良好的蛋白补充剂。研究表明，大豆蛋白的补充对降低血浆甘油三酯和低密度脂蛋白水平、缓解机体钙的丢失、防止骨质疏松具有积极意义，这对目前我国运动员中普遍存在的高脂膳食造成血脂过高的现象具有明显的改善作用。同时，对女运动员的调查表明，女运动员由于高脂高蛋白膳食易造成机体钙的摄入不足、钙丢失增加，而大豆蛋白中富含钙对预防骨质疏松具有重要作用。

运动员大豆蛋白的每日摄入推荐量还没有建立，这有待于今后进一步的研究，但是，目前研究表明，大量摄入大豆蛋白没有明显的副作用。但应注意的是，在高原训练期间不易大量补充大豆蛋白粉，这是因为，大豆蛋白摄入增加可能会引起胃肠胀气和腹部不适等。

大多数氨基酸类物质具有促进合成代谢的动力作用。通过营养补充，使机体自身分泌的生长激素、胰岛素、睾酮和相关激素的水平提高。在补充氨基酸类营养品时，要注意空腹单独服用。如果与蛋白质或其他氨基酸一起服用，会因争夺神经元受体而发生竞争，使营养补充的效果下降。

（3）支链氨基酸（BCAA）

支链氨基酸包括亮氨酸、异亮氨酸和颉氨酸，它们都是必需氨基酸，其中以亮氨酸的实用性最高。支链氨基酸是运动员经常服用的氨基酸，支链氨基酸对运动能力的有利作用主要通过以下几个方面来实现：①可以改善中枢神经系统的兴奋性，对维持长时间持续性运动的运动能力具有积极作用；②可以促进肌肉力量的增长；③对提高机体的免疫能力具有一定的作用。

国内外对补充支链氨基酸促进运动能力的作用机制进行了大量的研究。在长时间运动中补充支链氨基酸可以缓解f-TRP/BCAA比值的升高，使f-TRP竞争进入大脑中的数量下降，从而延缓中枢疲劳的发生和发展。同时，支链氨基酸中的亮氨酸的分解代谢产物为HMβ，HMβ具有抗蛋白质分解，促进蛋白质合成的作用；而且，亮氨酸还可以作为合成谷氨酰胺的基质物，参与对机体免疫功能的影响。因此，BCAA是维持长时间持续性运动项目运动能力的重要营养补剂。

但是，支链氨基酸的大量服用对身体具有一定的副作用，其主要表现为：引起血氨大幅度上升，氨对机体产生不利影响；为中和大量的氨，造成丙酮酸的消耗增加，从而影响有氧氧化能力；抑制糖原异生；大剂量的支链氨基酸对胃肠道刺激较大，使机体对水的吸收能力下降。因此，在补充支链氨基酸以提高长时间的运动能力时一定要注意服用的剂量。目前研究认为，BCAA以低剂量补充效果

较好，而且在运动前的30分钟服用，长时间运动多采用0.5克/小时的剂量补充。低剂量支链氨基酸补充时不但口感好、能够预防血浆支链氨基酸水平的降低，而且可以防止血氨的大幅度升高，并且不会刺激胃肠道。

（4）其他氨基酸

运动界应用的氨基酸除了以上所述的氨基酸外，还有牛磺酸（Taurine）、苯丙氨酸（Phenylalanine）、磷脂酰丝氨酸（Phosphatidyl Serine）、γ-氨基丁酸（Gammaaminobutyric-acid，GABA）、葡萄糖胺（Glucosamine）等。这些氨基酸以及氨基酸代谢物在体内各具有其独特的生物学作用，例如，磷脂酰丝氨酸可以有效抑制大负荷强度训练期间皮质醇的升高，改善下丘脑—垂体—性腺轴机能，有利于机体内源性睾酮的分泌；γ-氨基丁酸可以促进机体生长激素的分泌，降低运动员的焦虑感、促进睡眠；而葡萄糖胺则对减轻关节疼痛、保护关节和韧带、减轻关节僵硬具有重要作用。因此，这些氨基酸以及氨基酸代谢产物的合理应用对促进运动员身体机能水平的提高、促进运动能力的提高具有积极意义。

（5）HMβ与运动能力

HMβ是β-羟—β-甲基丁酸盐（β-hydroxy-β-methylbutyrate）的简称。国外就补充HMβ对运动能力的影响进行了大量研究，结果发现：①补充HMβ具有抗蛋白质分解的作用，可以有效地增加肌肉的体积，提高力量；②补充HMβ可以促进脂肪分解代谢，有利于脂肪的燃烧，增加去脂体重；③补充HMβ有利于耐力运动能力的提高；④补充HMβ有利于维护细胞膜的完整性，降低大负荷强度运动时骨骼肌的受损程度；⑤补充HMβ对机体的作用与年龄和性别无关，不同年龄和性别的受试对象补充一定剂量的HMβ都取得了上述的效果。

同时，国外对服用HMβ的安全性也进行了许多研究，没有发现毒副作用，可以说，HMβ是一个安全的运动营养补剂。

HMβ是必需氨基酸—亮氨酸的代谢中间产物，人体可以合成少量的HMβ，每天合成0.25～1克。人体除了可以自身合成以外，还可以从某些食物中得到HMβ。要想获得对人体运动能力具有促进作用的足量HMβ，仅靠自身合成和食物提供的HMβ远远满足不了人体的需要，因此，必须额外补充HMβ才能满足运动机体的需要。目前的研究认为，每天3次、每次补充1克HMβ，同时补充磷酸盐和肌酸效果最佳。

（6）鸟氨酸和α−酮戊二酸（OKG）的补充

鸟氨酸具有促进人体内源性生长激素分泌，并可以调节下丘脑—垂体—性腺轴的机能——与精氨酸相类似的生物学功能，以前的研究通常将精氨酸与鸟氨酸同服来发挥其生物学功效。近年来的研究和应用实践表明：鸟氨酸与α−酮戊二酸同服同样具有促进胰岛素和生长激素分泌以及免疫系统功能提高的功效，而且降低了对胃肠道刺激，研究发现单独服用不具备这种协同作用。目前在市面上出售的鸟氨酸−α−酮戊二酸合剂（OKG）为鸟氨酸与α−酮戊二酸按2∶1混合而成，长期服用10～15克/天可以促进内源性胰岛素、生长激素的分泌，抑制体内蛋白质的降解，对于提高运动员肌肉质量和促进能源物质恢复具有积极意义，而且没有发现明显的副作用。因此，OKG是替代精氨酸，促进运动员身体机能恢复、提高肌肉质量的良好营养补充品。

２．最佳蛋白合成的环境

促进自身睾酮、生长激素、胰岛素和相关激素的分泌，创造肌肉合成的最佳激素环境的强力营养素包括肌酸、精氨酸、鸟氨酸、甘氨酸、谷氨酰胺、铬、硼、V_C、锌、伟特摘金者—雄鹿精华渗透泵、激力皂甙、中药制剂（如生力君、廷伟、长白景仙灵等）和传统的补肾中药（如肉苁蓉、淫羊藿等）等。这些营养品主要有以下的作用：①促进自身睾酮和生长激素的分泌；②促进肌肉及血红蛋白的合成；③抗氧化、减少氧自由基对细胞膜的损伤，促进疲劳恢复；④提高有氧能力和抗缺氧能力；⑤增强机体免疫能力；⑥调节神经系统、提高运动兴奋性。

（1）激力皂甙

睾酮是机体中促合成作用最有效的激素，睾酮水平的高低对运动员身体机能的恢复以及反复承受负荷的能力具有十分重要的作用。因此，如何维持和提高运动员的血睾酮水平是当前运动界研究的重点。近几年来研究发现，从刺蒺藜（Tribulus Terrestris）中提取的主要活性成分——激力皂甙（植物固醇类物质）能够刺激人体垂体促黄体生成素的分泌，进而促进人体内源性睾酮的分泌，提高血

睾的水平，并对增加肌肉的大小、力量和促进骨骼肌的代谢具有重要的作用。目前实验和临床研究表明，激力皂甙对机体无任何副作用，运动员服用量一般为300～700毫克/天。因此，目前来说，激力皂甙是改善运动员下丘脑—垂体—性腺轴机能的较为理想、安全有效的天然运动营养品。

（2）矿物质

矿物质在人体中起着十分重要的作用，它不但是构成人体各组织的成分，而且在维持人体的生理机能中发挥极为重要的功能。运动员补充矿物质不仅使矿物质达到平衡，而且使这些矿物质充分发挥其特殊的生物学作用。目前，运动员主要补充的矿物质有锌、铬、硼制剂等。

锌与机体的自由基代谢关系十分密切，锌缺乏时机体消除自由基的能力明显降低，而且锌与智力有关。铬在体内具有促进内源性胰岛素分泌的作用，这对运动后能源物质的恢复十分有利。目前，运动界常用的制剂为甲基吡啶铬等。硼具有刺激自身睾酮分泌的作用，这有利于提高运动员的身体机能，提高运动员持续承受负荷的能力。

但应注意的是，这些矿物质如果大量补充而且超过机体的需要，会对人体产生毒害作用。因此，虽然这些矿物质对提高运动员身体机能和运动能力具有十分重要的作用，但在补充时一定要加强监测，避免盲目大量补充这些矿物质。只有通过对机体的矿物质代谢的实时检测，了解机体各种矿物质的水平，有目的、合理地补充这些矿物质，才能充分发挥其促进身体机能水平提高的作用，避免其副作用。

（3）谷氨酰胺（Glutamine）

谷氨酰胺是人体肌肉、血液和氨基酸池中含量最丰富的氨基酸，是蛋白质、核酸、谷胱甘肽以及其他重要生物大分子合成的必需营养素。谷氨酰胺的补充对运动能力的作用主要表现为：①谷氨酸是主要的中枢兴奋性神经递质，具有促进记忆的作用，有利于运动技能的形成；②补充谷氨酰胺可以维持和提高机体免疫机能水平，有利于运动员抗感染能力的提高，减少患疾病的概率；③补充谷氨酰胺可以促进机体抗氧化能力的提高；④谷氨酰胺的补充有利于机体胰岛素的分泌。

谷氨酰胺是强有力的胰岛素分泌刺激剂。机体能利用鸟氨酸与 α－酮戊二酸产生谷氨酰胺。这两种氨基酸结合在一起，在胰岛素、生长激素的分泌调节中发挥的作用更大。但是，大量补充谷氨酰胺会产生一定的副作用，建议谷氨酰胺服用量为 5 ～ 10 克/天，在运动或比赛后服用。

（二）促进能量代谢的强力营养素

1. 基础营养常用的强化补品

（1）健身饮、威创系列运动饮料

主要成分：低聚葡萄糖、果糖、葡萄糖、苹果酸、氨基酸、维生素 B_1、维生素 B_6 等。

主要功能：增加运动中供能物质，配合FDP胶囊可以强化耐力能力、延缓疲劳、提高训练效果、促进体能恢复。

（2）磷酸果糖胶囊

主要成分：1.6-二磷酸果糖，苹果酸，氨基酸，维生素 B_1、B_2、B_6、C、E 等。

主要功能：运动中抗缺氧，改善肌肉功能，调节大脑的能量代谢，提高抗疲劳能力。

（3）1.6-二磷酸果糖注射液

主要成分：1.6-二磷酸果糖等。

主要功能：促进运动后疲劳的消除和肌肉细胞膜损伤的修复，提高训练效果。

（4）伟特

主要成分：盐酸索他洛尔。

主要功能：增加运动时糖的来源，维持血糖平衡，提供丰富的氨基酸、电解质，延缓运动性疲劳的发生和发展，运动后服用促进糖原的快速恢复。

2. 糖的补充

（1）补糖的基本作用

补糖的主要作用为：①糖是无氧运动的基本"燃料"，是维持高强度有氧运动的优质燃料。肌糖原水平高者，高强度有氧运动的时间延长；②能缓解运动后期中枢神经的疲劳，降低整体代谢机能的疲劳感；③降低运动引起的免疫抑制作用，对稳定免疫机能有作用，例如，运动时补糖使血糖升高，血浆皮质醇下降，免疫系统反应增强；④运动中糖供能充足具有节省肝糖原，减少蛋白质消耗，降低血尿素水平的作用；⑤在长时间大强度运动中，保持良好的血糖水平，有助于维持CP的速率；⑥在长时间运动中，保持良好的血糖水平，有助于维持糖供能的速率，发挥脂肪的供能作用，减少有害物质——酮体的产生；⑦防止因低血糖引起的定向能力丧失和外伤发生。

（2）运动前补糖方法

运动前补糖的主要目的是维持血糖稳定、提高运动时抗疲劳能力。

运动前2～4小时吃一顿含糖丰富的膳食可显著地增加肌糖原、肝糖原的含量。对前一次运动未恢复者或前一次进餐与运动之间的间隔过长者，这一餐高糖膳食尤其重要。

近几年的大多研究证明，运动前2小时内补糖虽然引起过血浆胰岛素浓度上升，但引起的代谢反应是暂时的，并无生理显著性。并且，还能提高2小时以上的中等强度运动能力。

早晨适量高糖快餐或饮料，可以在30～90分钟内消化和吸收，这对上午参加比赛的运动员是比较适宜的选择。

（3）运动中补糖方法

运动中补糖的作用是提高强度、负荷承受量。

运动中宜选用含葡萄糖、果糖、低聚糖的复合糖液。

补充含果糖、葡萄糖的复合液，其吸收率要比单纯服用葡萄糖高20%之多，但果糖的使用量不宜超过35克/升。

低聚糖分子量大，其渗透压低于葡萄糖，甜度小吸收也快，适合在运动中加量使用。

（4）补糖的种类

具体情况请参见表8-3。

表 8-3   补糖的类型

	葡萄糖	果　糖	低聚糖	中链淀粉
甜　度	高	最　甜	低、口感好	低、口感好
吸收速度	最　快	快，但要在肝脏吸收	分解成葡萄糖吸收	分解成葡萄糖吸收
胰岛素反应	高，间歇性降低血糖	较　低	低	低
渗透压	高	高	低	低
胃肠道反应	无	摄入过多时有	无	无

（5）运动后补糖方法

运动后补糖的作用是发挥糖原合成速度快的优势，促进糖原恢复。运动后即刻、头 2 小时以及每隔 1～2 小时连续补糖，在 6 小时以内补糖效果好。运动后应立刻以补充运动饮料为主，如康比特的系列运动饮料、伟特系列运动饮料、军工大分子糖冲剂，有利于运动后糖原贮备的恢复。40 分钟以后以膳食为糖的主要来源，促进糖原恢复。

3．补充体液

（1）补液的重要作用

补充液体的主要作用是：①维持水平衡、电解质平衡；②调节体温、保持机能。

脱水对训练和运动能力的危害主要表现为：血容量下降导致心输出量减少，单位时间供氧减少，使最大摄氧量明显下降；由较少体液量负责体热重新分配，导致体温上升幅度加大，体温调节能力严重下降。

（2）理想的补液饮料具备的功能

理想的补液饮料具备的功能是：①促进饮用，迅速恢复和维持体液平衡；②提供能量，增进运动能力。

（3）符合运动饮料的条件

运动饮料的条件为：①糖浓度：低于 8% 为宜，建议采用 5%～7% 以促进胃

排空和小肠吸收，满足快速补充体液和能量的需要；②糖的种类：多种可转运的糖，如葡萄糖、果糖、低聚糖等；③电解质：一般不补充，在超长时间持续运动后适量补充电解质。

（4）补液方法

补液的方法主要有三种。

①运动前补液：运动前30～120分钟补充300～500毫升。对运动中增加排汗量、减少体温上升的幅度、延缓脱水发生有效。在特别热的天气，还应额外补液250～500毫升；

②运动中补液：少量多次。一般每小时的补液总量不超过800毫升。

③运动后补液：以摄取含糖—电解质饮料效果最佳，饮料的糖含量可为10%，补液的总量由体重恢复的情况估计，仍以少量多次为原则，不可暴饮。

运动前、运动中补液应补充运动饮料，效果较好的有伟特的系列运动饮料、康比特的威创系列运动饮料等。

（5）1.6-二磷酸果糖（FDP）—细胞强壮剂

1.6-二磷酸果糖（FDP）—细胞强壮剂具有以下作用：①促进缺氧条件下糖代谢酶的激活；②促进内源性FDP、二磷酸甘油酸、ATP成倍增高；③促进红细胞向组织释放更多的氧；④增加心肌供血，促进心肌能量代谢，使心肌收缩力加强；⑤提高心搏量和舒张快速充盈率，减少心肌耗氧量；⑥保持细胞内钾浓度，改善膜极化状态和促进缺血组织的活动；⑦抗氧化作用，抑制肌细胞自由基，维持细胞完整性，具有促使血清CK水平下降的效果。

4.肌酸

磷酸肌酸是高能储存库，能够快速合成ATP，因此，肌酸与运动爆发力有关；加速肌酸—磷酸肌酸能量穿梭循环—线粒体内外的能量传递，因此，肌酸与耐力关系密切。肌酸主要适用于以磷酸原供能系统为主的短距离项目。

补充肌酸的方式有：

①合理使用肌酸的方法：糖、V_E、V_C、多喝水；

②补充肌酸时更应注意运动训练的方式和强度；

③检测尿肌酸、肌酐指标以确定补充肌酸的效果。

目前，效果较好的肌酸营养品有伟特纯肌酸、伟特肌酸糖泵、康比特极品肌酸、果味肌酸口嚼片等。

（三）加速训练后疲劳的消除和体能恢复的营养强力剂

糖类、促进睾酮、胰岛素、生长激素等激素内环境平衡的营养物质、使用能消除氧自由基和保护细胞膜的抗氧化和增强免疫能力的谷氨酰胺、维生素E、维生素C、胡萝卜素、番茄红素、硒和中药保健品等，都是能有效地促进疲劳消除和体能恢复的营养强力剂。

1. 加强免疫系统恢复的强力营养素

这类物质主要包括：伟特摘金者（乳清蛋白、牛奶分离蛋白、α-白蛋白、谷氨酰肽）、各种特异蛋白（如免疫球蛋白、谷胱甘肽等）、谷氨酰胺胶囊、谷氨酰胺肽、大蒜素、维生素E、番茄红素等天然物质以及黄芪、人参等中药的制剂。

2. 抗氧化剂类营养品

这类营养品有：谷氨酰胺、维生素E、维生素C、维生素EC复合剂、番茄红素、β-胡萝卜素、辅酶Q、螺旋藻系列产品、牛磺酸、N-乙酰半胱氨酸（NAC）等。其中抗氧化效果最为理想的是维生素E、番茄红素，其主要存在于番茄中。

3. 创造最佳的激素内环境——有利于肌肉疲劳的消除和各种能源物质恢复

这类运动营养品主要包括：伟特摘金者—雄鹿精华渗透泵、OKG、精氨酸和鸟氨酸合剂、细胞活力素、刺蒺藜（激力皂甙）、结合亚油酸（CLA）、中药制剂（生力君、廷伟、长白景仙灵等）、甲基吡啶铬、硼、锌等。

（四）减轻和控制体重的膳食安排和特殊营养素补充

按体重项目大体可以分为两类：一类是像举重、摔跤等按体重级别参加比赛的项目，为了参加较低级别的比赛而减体重；另一类是体操、蹦床等技巧性很强的项目，运动员减轻体重和控制自身体重，是为了取得生物力学上的优势，使动作难度更高，完成得更轻松和姿态更优美。

控制体重主要是通过合理控制膳食，同时摄入特殊的营养，如L-肉碱、丙酮酸盐和膳食纤维等。

1. 丙酮酸与运动能力

目前，丙酮酸作为运动营养品开始被广泛使用，并且在应用时加入二羟丙酮。服用丙酮酸对机体的作用主要表现在：① 丙酮酸和二羟丙酮的服用可以改变机体的代谢速率和身体成分，促进脂肪酸的氧化速率、加速脂肪酸的代谢，改善机体成分；② 长期服用丙酮酸有利于有氧代谢能力的提高；③ 服用丙酮酸对改善心血管机能具有一定的作用。

目前，尚未见到有关服用丙酮酸的副作用的报道，因此，丙酮酸可能是一个安全有效的运动营养物质。

基于丙酮酸的研究结果，丙酮酸主要适用于耐力性运动项群和对体重要求严格的运动项群。耐力性运动项群补充丙酮酸主要是通过促进肌肉吸收利用血糖、节省肌糖原来达到提高运动能力的效果。而对体重要求严格的运动项群主要是在控制体重时通过服用丙酮酸促进脂肪酸的代谢、降低体脂、改善机体的体成分、缓解瘦体重的下降，从而提高此类项群的运动能力。目前研究中显示，丙酮酸的服用量为25克/天、二羟丙酮为75克/天，并结合高糖膳食效果较好，但是，对于丙酮酸及二羟丙酮的服用的最佳剂量和服用时间，以及不同运动项群服用剂量、时间，长时间服用丙酮酸和二羟丙酮的副作用等，有待于深入的研究。

2. L-肉碱（L-carnitine）

L-肉碱是目前运动界常用的一种运动营养品。L-肉碱在体内的作用主要体现在以下几个方面：（1）L-肉碱是活化的长链脂肪酸穿过线粒体内膜的载体，L-肉碱可以促进脂肪酸的氧化，有利于节省肌糖原，并达到减少体脂的功效；（2）可以减少肌肉中乳酸的堆积；促进支链氨基酸的氧化利用，维持运动时的能量平衡。由于L-肉碱可以促进脂肪酸的利用，L-肉碱常作为控制体重项目减少体脂含量的营养品。

运动实践中，一般采用口服肉碱2～6克，分两次服用，便可显著提高血浆和肌肉内肉碱的浓度。由于肉碱是肌肉的天然成分，小剂量的补充未发现任何副作用，但大剂量补充会引起腹泻等不利影响。补充肉碱应注意其构型，D-肉碱有毒，会影响L-肉碱的合成和利用，导致L-肉碱的缺乏。但是L-肉碱补充对运动能力的具体效果以及补充剂量和补充维持时间仍需进一步研究。

3. 膳食纤维

膳食纤维主要具有以下作用：① 在肠道中促进发酵作用；② 促进肠蠕动；③ 促进有毒物质的排泄；④ 有助于控制体重；⑤ 可以预防结肠癌。

二　各种营养链

（一）促进耐力增长的营养链

在适宜的服用时间，选择性地补充下列营养品，可以全方位发挥营养的促进作用，改善运动耐力。

① 糖：运动时糖供能增多，有助于发挥中枢、红细胞的机能水平。

② 磷酸果糖：改善心肌供能，提高骨骼肌代谢抗酸能力，提高红细胞运氧能力。

③ 门冬氨酸-苹果酸：促进心肌、骨骼肌线粒体膜上能量物质的传递，促进有氧供能。

④ 苹果酸：有氧代谢链的活性物质，具有加速有氧供能的效果。

⑤ 补充L-肉碱：促进肌内脂肪酸转移，增强运动耐力；可减少短时间大强度运动中丙酮酸和乳酸的堆积，对速度耐力也有好处。

⑥ 辅酶Q：存在线粒体内发挥作用的维生素。补充后能促进肌内氧的利用，从而提高有氧供能能力。

⑦ 适量肌酸：加速ATP转运到肌原纤维旁，发挥调节代谢供能的作用。

⑧ 甘油酸盐具有保持体内水分及血浆容积的特性，同时是有氧代谢的能量代谢物，因而对耐力项目运动员的体温调节和运动能力有积极作用。

（二）抗酸化促进速度耐力的营养链

（1）运动前

应多吃一些蔬菜和水果，造成体液碱化和提高碱储备，补充FDP，以激活代谢酶活性，提高抗缺氧的能力。

（2）训练后

多吃新鲜蔬菜、水果等碱性食品和碱性饮料等，促进代谢过程中酸的消除。补充苹果酸盐，加速乳酸经有氧代谢的消除过程。

大多数蔬菜、水果、豆类、茶叶及牛奶等食品中含有金属元素钠、钾、钙、镁等离子，其在人体内代谢过程中会生成碱性物质，从而使体液呈现弱碱性，故称这些食物为碱性食物。

（三）提高运动训练效果的营养补充

总的指导原则：配合力量训练，使用促合成、抗分解的营养品。

1. 营养组方之一

以肌酸为主，辅以糖发挥促进吸收的动力作用，同时补充具有增效作用的V_C、V_E、牛磺酸等。伟特复合肌酸、康比特肌酸等效果比较好。在大负荷力量训练间隙补充这些运动饮料，能保持CP恢复得良好的代谢环境。

2. 营养组方之二

以有机铬（甲基吡啶铬）、钒等为主，辅以蛋白质、糖、维生素B_6等营养素。

生理作用：铬和钒是胰岛素正常代谢的必需物，促使胰岛素释放增多，利用血胰岛素水平升高，促进血液氨基酸、肌酸、糖等营养物进入组织细胞内参与合成代谢等。

（四）关节腔、骨关节营养素

对于足球运动员来说，在运动训练和比赛过程中膝关节、踝关节等负重较大、损伤较为严重。而氨基葡萄糖是一种天然物质，是构成人体关节的最重要的物质，是促进关节修复所必需的物质。当氨基葡萄糖从软骨中流失增多时，从而造成关节软骨退行性变化严重，导致关节软骨结构性损坏，功能下降或丧失。而运动训练即是造成软骨中氨基葡萄糖流失增多的重要原因。因此，合理补充氨基葡萄糖对保护和促进各关节软骨内源性物质的合成，预防和改善各关节软骨的氨基葡萄糖的代谢状况，具有非常好的疗效。

（五）中药营养补剂类

中国传统中医药是中华民族对世界文明史的一大贡献，更好地继承和挖掘中国传统中医药是当前我国体育工作者的研究重点。目前，体育科研工作者对中医药主要从补肾壮阳、补脾益气、补肝理气、活血化瘀等方面进行了大量的研究，取得了大量的研究成果。中医药主要分为外用中药和内服中药。

1. 促进睾酮回升的中药

强力士、道安液、红景天、长白景仙灵等。

2. 促进脾胃功能的中药

健脾理气、补中益气类中药。

3. 调理肝胃不和等中药

疏肝理气、和胃止痛类中药。

4. 调节免疫机能的中药

健脾益肾、补脾理气类中药（健脾丸等）。

5. 促进血红蛋白回升等中药

健脾益气、养血生血类中药（生血液）。

6. 调理运动性月经失调等中药

补肾气、益精气、养血理气调经类中药（调经汤等）。

7. 促进肌肉疲劳恢复的中药

健脾益气、补肾健脾、行气活血类中药。

三　女子运动员的特殊营养需要

女子运动员体内容易缺乏某些营养物，这些营养物主要包括钙、铁、维生素

B_2 和叶酸。对于正常的成年女性而言，每日需钙量为 800 毫克，而女运动员应该超过这一水平，因此女子运动员应该多补充钙。

女运动员由于运动量较大，且限制膳食控制体重者较多，因而易出现铁严重丢失而补充又不足的状况，而缺铁是造成运动性贫血的原因之一。因此，女运动员要多吃含铁丰富和促进铁吸收的食物，以保证身体机能的健康。

四 不同训练阶段营养补充的重点

由于不同的训练阶段其主要任务的不同，其训练负荷、训练手段也不相同，运动员身体机能变化的特点各不相同，因此，应根据不同的训练阶段突出营养补充的重点。

（一）冬训期营养补充

冬训期是为全年比赛做准备的最重要时期，其特点是负荷量大，因此其营养补充重点是：

① 膳食营养中注重糖类物质的摄入量和种类；

② 注重膳食营养中维生素的摄入量；

③ 加强维持和提高睾酮的合理运动营养品的补充；

④ 强调防止运动性贫血营养品的补充，如抗氧化剂、铁制剂和生血中药的补充；

⑤ 注重运动训练过程中运动饮料的补充；

⑥ 注意 FDP 等的补充；

⑦ 强化提高免疫力营养品的补充。

（二）赛前准备期营养补充

赛前准备期是为比赛做准备的时期，其特点是负荷强度大，其营养补充重点是：

① 膳食营养中注重糖类物质的摄入量和种类；

② 注重膳食营养中碱性食品的摄入量；

③ 加强运动员身体机能监测；

④ 加强维持和提高睾酮的合理运动营养品的补充；

⑤ 强调防止运动性贫血营养品的补充，如抗氧化剂、铁制剂和生血中药的补充；

⑥ 强化提高免疫力营养品的补充。

（三）赛季营养补充

赛季是全年的比赛时期，其特点是负荷强度最大，其营养补充重点是：

① 膳食营养中注重质量，适量补充糖和优质蛋白质，减少油脂类食物的摄入；

② 注重膳食营养中碱性食品的摄入量；

③ 注重膳食营养中维生素的摄入量；

④ 加强维持睾酮的合理运动营养品的补充；

⑤ 注重抗氧化剂的补充；

⑥ 适当补充提高免疫力的营养品；

⑦ 注意调节神经系统营养品的补充，如支链氨基酸、乳清蛋白、GABA、褪黑素等。

（四）比赛日的营养

比赛日的营养补充对于运动员来说是最为重要的，因此，比赛日的营养补充重点是：

1. 赛前一餐的饮食

适合每名运动员的赛前一餐最佳配餐并不是千篇一律的，统一的食谱是不切实际的。由于运动员赛前紧张，胃血流量减少，胃酸分泌增加，有时有恶心欲吐感觉，食欲会下降，因此，应注意食物品种尽可能多些，搭配烹调尽可能符合口味习惯要求，提高色香味，使进餐者满意。赛前配餐一般原则如下：

① 足够的能量，同时要择取自己吃惯的食物。

② 不要吃得太饱，最好在饭后 2 小时左右参加比赛，这时会觉得胃肠空而不饿。

③ 身体内应贮存足够的水分。有人提倡，足球运动员平时要注意养成饮水习惯，最好在赛前最后一餐到比赛开始间隙中每 20 ～ 25 分钟饮水 250 毫升，并加

2%的葡萄糖。如拟在赛前补糖和维生素C以提高运动能力，则应选择适当时间补给。糖在赛前两小时补给（1克/公斤体重），维生素C在赛前服用150～200毫克。

2. 赛中饮料和饮食的补充

比赛间歇一般不必进食，口渴时可服用少量水果汁及富含维生素的饮料。天气寒冷或运动员感到饥饿时，可在饮料中加些葡萄糖。

足球运动员一次训练课或比赛的出汗量平均为2.555±0.781升。在大量出汗情况下，运动员的排尿量明显下降，平均尿比重大于正常范围，红细胞压积和血红蛋白水平升高，补充含有糖、电解质成分的饮料，有助于缓解血液循环，对减轻心脏负担有一定好处。

3. 赛后营养的补充

足球比赛中运动员消耗的热能很多，赛后应增加热能的供给量。

（1）糖的补充

足球运动的供能以糖为主，比赛后血糖浓度减少显著，因此，应增加糖的补充量，选择含糖量高的食物。糖的补充也能使疲劳的肌肉得到恢复，糖原得到补充。

（2）维生素的补充

激烈的足球比赛后，适当地补充维生素，对加速体力恢复、保持较强运动能力是很有必要的，其中特别是维生素C和维生素B_1。

（3）水的补充

水分的补充能补偿出汗的失水量。保持体内水分的平衡是原则，过多饮水并无好处，反而增加心、肾的负担。补水时要注意少量多次，还要适当进盐。

（五）赛后调整期营养补充特点

赛后调整期是比赛后休息、调整的时期，其特点是负荷强度和负荷量为全年最小，其营养补充重点是：

① 赛后调整期主要的任务是使运动员尽快地恢复其身体机能状态，以迎接新的训练任务；

② 强调维持和提高睾酮的合理运动营养品的补充；

③ 注重促进胰岛素分泌营养品的补充；

④ 膳食营养中注重糖类物质的摄入量和种类；

⑤ 注重膳食营养中维生素的摄入量；

⑥ 注意抗氧化剂的补充；

⑦ 强化提高免疫力营养品的补充。

五　补充营养补剂应注意的问题

① 关键是膳食营养，尤其对于青少年运动员，合理的膳食营养更为重要；

② 含糖运动饮料作为常备品，不饮用纯净水；

③ 加强对青少年运动员营养状况的监测；

④ 应根据青少年的生长发育特点补充促进生长激素分泌的营养品，切记不可盲目大剂量使用；

⑤ 促进睾酮分泌的营养品应结合监测指标调整使用；

⑥ 铁制剂与钙制剂或含钙较多的营养品不要一起服用；

⑦ 营养品的使用要遵循节律性、交替性、个体性原则；

⑧ 大剂量的促进生长激素分泌的营养品使用会使生长激素过度分泌，导致骨骺过早形成而影响其身高；

⑨ 不注意铁的补充极易引起运动性贫血的发生；

⑩ 钙的补充不充分，易引起肌肉痉挛、骨形成受影响；

⑪ 肌酸长期大量补充，会抑制自身肌酸的合成能力；

⑫ 营养品补充缺乏针对性，效果差、经费浪费大，从而使教练员、运动员失去对这些营养品的认知程度；

⑬ 微量元素过量摄入易产生极为不利的影响。

第三节　足球运动员的膳食营养

足球运动是一项富有战斗性的项目，运动员体能消耗很大，一场激烈的足球比赛，体重会下降 3～5 公斤。因此，足球运动员对营养的需求是全面的。

一　合理营养的基本要求

（一）热量平衡

能量是一个系统做功的能力，人体与外部环境不断进行物质交换和能量交换均需消耗热能。这些消耗的热能主要靠食物中的碳水化合物、脂肪和蛋白质提供。运动员食物的热能供给量，应适宜于训练、比赛和各种活动的需要，也就是说，在一般的情况下，在较长的时间内运动员摄入的热能与所消耗的热能应保持平衡状态。

1. 运动员的能量消耗

运动员的能量消耗主要用于维持基础代谢、满足食物特殊动力作用需要、训练和比赛及其他活动四个方面。

（1）基础代谢的热能消耗

基础代谢是指维持人体基本生命活动的热量，即在无任何体力活动及紧张思维活动、全身肌肉松弛和消化系统处于静止状态情况下，用以维持体温、心跳、呼吸、细胞内外液中电解质浓度差及蛋白质等大分子合成的热量消耗。运动员的基础代谢与一般人相同，即与体表面积、体型、年龄、性别、内分泌等有直接关系。健康成人的基础代谢率为每小时每平方米体表面积消耗约 160 千焦耳。

（2）食物特殊动力作用消耗

食物特殊动力作用是指摄食后额外增加的热量消耗。成人摄入一般的混合膳食时，由于食物的特殊动力作用而额外增加热能消耗每日约 600 千焦耳，相当于基础代谢的 10%。

（3）训练和比赛的能量消耗

运动时热能消耗取决于运动强度、密度和训练课的总时间。足球运动由于对抗激烈、运动量大、比赛时间长、训练课的时间更长，因此，总的热能消耗多（24.98 千焦耳／平方米／分），占一日总消耗量的 40% 左右。

（4）训练与比赛以外活动的能量消耗

训练与比赛以外活动的能量消耗决定于活动的性质和时间。足球运动员在训练或比赛后的活动包括学习、开会、文娱活动、日常生活等。

足球运动员总能量消耗为以上四个方面的总和。运动员从食物中摄取的热量应与此平衡，即：摄入的热量＝消耗的热量。

2. 热量供给不足或过多时对运动员的影响

一般情况下，在较长时间内健康成年人摄入的热能与所消耗的热能经常保持平衡状态。如果出现不平衡，摄入热能过多或过少就会引起人体体重增加或减轻，不利于人体的健康。

运动员营养过剩，热量供给过多，使身体发胖会影响技术动作的发挥，降低运动能力。运动员营养不良，热量供给不足，则容易出现疲倦、体重减轻、贫血、体力下降等情况。

（二）摄入的热能比例适当

足球运动员的膳食，蛋白质、脂肪和糖的比例按重量计以 1 ∶ 0.8 ∶ 4 为宜。

蛋白质的主要功能不是供能，而是调节各种生理活动及构成身体成分。蛋白质过多对身体不利，因为蛋白质代谢时耗氧多，在代谢和排泄中增加肝脏和肾脏的负担。

从我国运动队的饮食情况看，只要摄入的能量足以维持机体活动，正常膳食的蛋白质量对运动员是足够的。在训练周期中，初期适当提高蛋白质量，对维持肌肉质量，对肌红蛋白、酶量和红细胞的生长是很有必要的。训练比赛阶段消耗大，也可适当增加。动物蛋白量应占总蛋白量的 55%～65%，青少年运动员生长发育对蛋白质的需要量增加。

脂肪是膳食中浓缩的能源，发热量高，是食物中供能量最多的营养素。比等量蛋白质和糖类产生的热量能大 1 倍多。食用油脂是脂溶性维生素的重要来源之一，同时能促进脂溶性维生素的吸收，延迟胃的排空，增加饱腹感。虽然脂肪氧化释放热能多，但耗氧量大。足球运动强度相对较大，一次训练后心率可达到 120 ~ 160 次 / 分钟，最高可达到 180 次 / 分钟。机体在短时间内得不到充足的氧，不可能有效地分解脂肪，所以脂肪不是足球运动员的主要能源。而且脂肪的摄入量过高，会使身体发胖，尤其会因氧化不全而产生过量的酮体，所以，脂肪的摄入量不宜过高，以适当为宜。

糖易消化、吸收，易分解，产热快，氧化时耗氧少，可在有氧和无氧的情况下分解产能，满足机体的需要，最终产物为二氧化碳和水，易排泄，对内环境影响少。中枢神经系统只能靠碳水化合物（糖）供能，对维持神经组织功能有重要意义。因此，膳食中糖供热所占比例大于其他两种营养素，以 60% ~ 70% 为宜。

从足球运动特点分析，多是在快速、对抗情况下完成动作，强度很大，是有氧供能和非乳酸无氧供能。因此，足球运动的供能以糖为主。研究证明，训练时间超过 2 小时的足球运动员，血糖浓度降低显著，有统计学意义。

（三）充足的维生素、无机盐与微量元素

维生素种类很多，按其溶解性分为脂溶性和水溶性两大类，它们都是天然存在于食物中，人体不能合成，各具有特殊的生理功能，是人体进行正常生物化学过程中必需的化合物。维生素缺乏常常有劳动效率下降、对疾病抵抗力降低等表现。

运动过程中组织代谢增强，组织更新增加，维生素利用率增加；同时，训练引起线粒体、酶和功能性蛋白质数量增加，维生素需要量增加。另外，运动时大量出汗，加速水溶性维生素从汗液中排出，尤其是维生素C。维生素C、E及B族维生素可以提高运动能力，减少氧债等。增加维生素量有提高运动能力的作用。一般认为，在维生素饱和与排泄及吸收平衡前，补充水溶性维生素有促进机体运动能力的作用，但是维生素使用过度是有害的。

无机盐与其他有机营养素不同，不能在体内生成，也不能在体内代谢中消失（除排出体外）。无机盐的生理功能主要有：

① 构成人体组织的重要成分。

② 在细胞内外液中与蛋白质一起调节细胞膜的通透性，控制水分，维持正常的渗透压、酸碱平衡，维持神经肌肉兴奋性。

③ 构成酶的辅基、激素、维生素、蛋白质和核酸的成分，或参与酶系的激活。各种无机盐在人体代谢过程中都有一定量，随着各种途径排泄出体外。因此，必须通过膳食补充。

二　运动员的平衡膳食营养

运动员的膳食营养主要由糖、蛋白质、脂肪、维生素、水、无机盐、食物纤维七大营养素组成。

（一）碳水化合物——糖类

作为一种基础营养素，糖的来源主要是由植物性食品来提供，如大米、小麦及由其制成的相关食品、块根类食物（如马铃薯、白薯等）、玉米、蔬菜等。其中食物中的糖类大多以多糖的形式提供，而单糖、低聚糖含量较少，且多存在于水果、牛奶、蜂蜜、糖（白糖、红糖）等中。

糖对运动员来说是非常重要的，在我们日常膳食中食入的糖是多种多样的（见表8-4），有单糖、低聚糖、淀粉。这些糖食入时由于其成分的不同，其消化和吸收的速率就不同，食物的这种特性可用糖血指数（Glycemic Index）来表示。GI是指食物使血糖升高的相对能力。GI高的食物比GI低的食物可使血糖升高更多更快。因此，在补糖时应根据GI来选择食品。例如，支链淀粉的GI比直链淀粉高，土豆粉支链淀粉约占80%，豆类淀粉全是直链淀粉，所以，同样吃淀粉，补糖的效果不同。

表 8–4 主要的膳食碳水化合物

分　类	亚　组	组　成
单糖（1）	单糖、糖醇	葡萄糖、半乳糖、果糖、山梨醇、甘露醇
寡糖（2～9）	双糖、异麦芽低聚寡糖、其他寡糖	蔗糖、乳糖、海藻糖、麦芽糊精、棉籽糖、水苏糖、低聚果糖
多糖（≥10）	淀粉、非淀粉多糖	直链淀粉、支链淀粉、变性淀粉、纤维素、半纤维素、果胶、亲水胶质物

（二）蛋白质

1. 饮食来源

蛋白质主要来源于肉类、奶类、蛋类、干豆类、硬果类、谷类等。其中，肉类的蛋白质含量为 10%～30%；奶类为 1.5%～3.8%；蛋类为 11%～14%；干豆类为 20%～49.8%，是植物性食物中含量较高的；硬果类如花生、核桃、莲子等也含有 15%～26% 的蛋白质，谷类一般含蛋白质为 6%～10%，而薯类为 2%～3%。

一般来说，动物蛋白质的氨基酸构成比植物的更加平衡。

2. 蛋白质的供给量

蛋白质在机体的储存很少，每天有 3% 需要更新，每天必须供给一定量的蛋白质才能满足机体需要。成人蛋白质的供热量应占一日膳食总热量的 10%～12% 为宜，即 1～1.2 克/公斤体重；儿童、青少年为 12%～14%。蛋白质的供给量必须满足机体的氮平衡。

3. 蛋白质营养失调对人体的影响

蛋白质营养失调对人体的主要影响是：

① 当蛋白质供给不足时，蛋白质更新越快的组织越易受到影响；

② 肠黏膜及分泌消化液的腺体首先受累，引起消化不良，导致腹泻、失水、失盐；

③ 肝脏受累，脂肪浸润，不能合成血浆蛋白，从而血浆蛋白含量下降，尤其是白蛋白下降更多，最后导致水肿；

④ 骨骼肌不能维持正常结构，肌肉萎缩。

4. 过量蛋白质的副作用

过量补充氨基酸或蛋白质会引起下列副作用。

① 肝、肾负担增加，人体容易疲劳；

② 脱水、脱钙、痛风；

③ 影响水盐代谢，可能引起泌尿系结石和便秘；

④ 伴有高脂肪摄入，可引起脂代谢紊乱；

⑤ 若是以单一氨基酸的形式补充蛋白质，还可能引起蛋白质代谢失调，血氨升高；

⑥ 诱导肝内线粒体发生形态学变化，以致发展成病态。

因此，运动员在平衡膳食下，不必补充氨基酸。

（三）食用油脂类

组成我们人体细胞的细胞膜的主要成分是不饱和脂肪酸。而不饱和脂肪酸在人体内不能合成，必须依靠食物来提供。另外，机体所需的脂溶性维生素必须溶解在脂肪酸中才能被人体所吸收，而这些脂溶性维生素在机体中起很重要的作用。因此，在膳食中必须摄入一定量的脂肪，但要有选择并对其加以限制。这个选择就是选用含有不饱和脂肪酸（必需脂肪酸）多的植物油为主要烹调油。

1. 脂肪的种类

通常所说的膳食脂肪主要由三种脂类构成：甘油三酯、复合脂及类脂。

（1）脂肪（甘油三酯）

包括动物性和植物性两大类油脂，如猪油、牛羊油、鱼肝油、奶油、鸡油、豆油、花生油、菜油、麻油、茶油等。这是一类在人体饥饿时即会减少储藏量的脂肪。主要构成均为甘油三酯：一分子的甘油、三分子的脂肪酸。

脂肪酸根据构成脂肪的脂肪酸不同可分为：饱和脂肪酸和不饱和脂肪酸两类。不饱和脂肪酸是人体不能自身合成而必须依赖食物提供的脂肪酸，称为必需脂肪酸。

（2）复合脂

复合脂主要包括：卵磷脂、糖脂和脂蛋白。

（3）类脂

主要指固醇类物质（胆固醇）。类脂是构成固醇类激素及其他物质的原料，如睾酮、肾上腺皮质类激素、醛固酮等激素。

2. 过量脂肪的副作用

过多的脂肪摄入对运动能力危害具体表现如下。

① 过多的脂肪会造成热能过剩，从而导致体重的增加，而增加的体重主要是体脂。

② 过多的脂肪在体内的代谢加剧肝肾的负担，本身运动训练对机体的肝肾功能就要求较高，这种由于膳食的不科学，使其肝肾功能下降而影响训练效果。而且，脂肪代谢能产生酸性产物，使体液酸化，从而易导致疲劳过早发生。

③ 过多的脂肪会使肠道内铁和蛋白质的吸收降低。

（四）维生素——蔬菜、水果

蔬菜和水果主要是提供维生素、矿物质和食物纤维，其中也会含有一定量的糖。在膳食中蔬菜和水果类食物可以在一定程度上大量供应，但摄入过多会影响主食的摄入量。应注意的是，蔬菜和水果应不断变换种类，这样可以既保证运动员维生素等的充足补充，又可避免运动员对其产生不适。但应注意的是，由于一些蔬菜和水果可以抑制铁吸收，因此，吃蔬菜和水果时应避免与补铁制剂同服。

维生素主要分为两大类：脂溶性维生素（A、D、E、K）和水溶性维生素（B族、C）。脂溶性维生素在体内排泄效率不高，摄入过高可在机体内蓄积以致产生有害影响（中毒）；水溶性维生素均自尿中排泄出，体内不会多储存。

（五）膳食纤维

膳食纤维指存在于食物中的不能被人体消化吸收的多糖类化合物的总称。主要包括纤维素、半纤维素、木质素和果胶等。

膳食纤维的主要生理作用包括以下几个方面。

① 增强肠蠕动，利于粪便排除；

② 具有吸水膨胀功能，增加粪便体积，从而稀释肠道内有害物质的浓度及降

低其吸收；

③ 维持肠道正常菌群，有利于益生菌的生长，不利于厌氧菌的生长；

④ 控制体重及降低血糖、血胆固醇等保健功能；

⑤ 预防结肠癌发生的作用。

三　几类食物相克举例

（一）猪肉——黄豆

《饮膳正要》说："大豆不可与猪肉同食。"但在人们的饮食中常看到大豆与猪肉同炒，如"炒三丁"（黄豆、黄瓜、猪肉丁）等，是人们常吃的菜肴。从现代营养学的观点看，豆类不宜与猪肉一起搭配制作菜肴，原因有以下几方面。

① 豆中植酸含量较高，60%～80%的磷是以植酸形式存在的，它常与蛋白质和矿物质元素形成复合物，降低其利用效率。

② 多酚是豆类的抗营养因素之一，它与蛋白质起作用，影响蛋白质的可溶性，降低其利用率。同时，多酚不仅影响豆类本身的蛋白质利用，在与肉类配合时也影响肉类蛋白的消化吸收。

③ 豆类纤维素中的醛糖酸残基可与瘦肉、鱼类等荤食中的矿物质如钙、铁、锌等结合后，干扰或降低人体对这些元素的吸收。所以，猪肉不宜与黄豆相配制成菜肴，像猪蹄炖黄豆这道菜也是不合适的。

（二）猪肝——含维生素 C 的食物

青椒、油菜、西红柿、菠菜、豆芽、土豆等蔬菜中含有丰富的维生素 C，维生素 C 是一种烯醇结构物质，极易氧化破坏。尤其是遇到微量金属离子时，氧化的速度就会加快千倍左右。猪肝里含有丰富的铜和铁元素，如果与含维生素 C 多的食物一起吃，猪肝中的铜、铁，就会很快把维生素 C 氧化分解，使维生素 C 失去原有的功能。

（三）葱——豆腐

豆腐中含钙，葱里有一定量的草酸，二者结合成为草酸钙，不易吸收。炒豆腐放葱使汤变为乳白色，就是草酸钙沉淀的缘故。所以，制作豆腐菜肴应少放葱花。

（四）黄瓜——青椒、西红柿

黄瓜、西红柿、青椒均为夏季人们喜爱的蔬菜，营养价值都很高，但在日常生活中常把黄瓜和西红柿或黄瓜和青椒一起烹制菜肴，从营养学角度看，这并不科学。因为黄瓜里含有维生素C分解酶，能把维生素C破坏掉，而西红柿、青椒又含有较多的维生素C，若和黄瓜一同食用，那么这些蔬菜里的维生素C就会被黄瓜里的维生素C分解酶被破坏掉。含维生素C越多，破坏得越严重，所以在日常膳食中，黄瓜和西红柿、青椒别一起食用。另外，南瓜也含有维生素C分解酶，所以，也不宜和含维生素C多的蔬菜及水果一起同食。

（五）菠菜——豆腐

豆腐中含有硫酸钙、氯化镁等无机盐类，如和蔬菜中的草酸相遇，则化合为草酸钙和草酸镁，这两种化合物产生白色沉淀，人体不能吸收，还破坏钙的吸收。如果将菠菜放在开水中烫3分钟左右，则菠菜中的草酸可溶去80%，然后再与豆腐同烹，则可避免草酸产生的不良作用。

（六）萝卜——胡萝卜

萝卜味甘辛微凉，性质偏利；胡萝卜性味甘辛微温，性质偏补。此性味功能不合，两者都含有多种酶类，特别是胡萝卜中含有维生素C分解酶，在一起生吃或凉拌时，极易发生酶类的分解与变化。例如，萝卜每百克中含维生素C 34毫克，胡萝卜中的维生素C分解酶，极易将萝卜中的维生素C氧化破坏掉，从而降低营养价值。

四　食物中营养素损失的原因

（一）切洗的损失

蔬菜切后再水泡、清洗，会造成各种水溶性营养素（维生素、矿物质）的丢失。

（二）烹调时的损失

高温、长时间的烹调会造成许多不耐热的维生素的损失。

（三）不良饮食习惯的损失

煮粥加碱，破坏维生素B；采用"捞饭法"蒸米饭，使多种易溶于水的营养素丢失；吃菜弃汤，使溶于水中的营养素无法利用。

五　我国足球运动员膳食管理上存在的问题

由于缺乏运动营养学知识的指导，加上观念的落后，我国足球运动队膳食管理和工作人员在实际工作中存在一些亟待改进的问题，这是导致我国足球运动员膳食营养结构不合理、烹调的方式与科学膳食不相适应的根本原因。

（一）膳食管理工作存在的主要问题

① 过多地使用烹调用油。

② 没有生吃的蔬菜。

③ 主食品种少（早餐除外）。

④ 过多的猪肉使膳食中脂肪含量居高不下。

⑤ 对食物相克了解不够。

⑥ 配餐中酸性、碱性食物搭配不科学。

（二）我国足球运动员基础营养膳食不合理的主要问题

① 碳水化合物（糖）摄入严重不足。

② 脂肪和蛋白质摄入过多。

③ 部分维生素摄入不足。

④ 三餐摄入能量分配不合理。

⑤ 运动中忽视了水和无机盐的及时补充。

⑥ 水果代替蔬菜，或蔬菜代替水果。

⑦ 精制食品代替粗粮。

六　关于我国足球运动员膳食营养工作的几点建议

（一）按照运动员膳食营养的需要科学地办好运动员食堂

① 充分利用现有的最新开发的膳食营养调查软件，对运动员进行定期的膳食调查。根据调查结果设计运动员 50% ～ 70% 营养需要的基本标准餐。

② 在运动员食堂中，运动员食谱和食物烹调方式应部分西餐化，增加奶制品、豆制品和蔬菜（生吃）水果的比例。

③ 加强早餐的品种配给，减少黄油等高脂肪的摄入，保证运动员能够吃到一个营养素齐全的早餐。

（二）加强对运动员的运动营养知识教育

① 坚持做到四多：主食、蔬菜、水果、奶制品（或豆制品）多；

② 坚持三少原则：油脂、肉类、油炸食品少。

（三）使厨师、运动员、教练员了解哪些食物不能同食

① 自由摄入碳水化合物（淀粉和多糖），达到膳食总热能的 55% ～ 65%，有时甚至达到 70% 及以上。

② 适量地摄入蛋白质（占膳食总热能的 12% ～ 15%）。

③ 控制脂肪的摄入量（占膳食总热能的 25% ～ 30%），特别要控制饱和脂肪酸的摄入，如黄油、人造黄油、动物脂肪、内脏器官等。

④ 提倡蔬菜和水果尽量生吃，增加维生素和食物纤维的摄入。

⑤ 在运动前、运动中、运动后尽量不用纯水，而补充含有一定量的糖、无机

盐和维生素的运动性饮料，以便更好地把营养物质运输到运动肌肉中去，维持运动中的体液平衡，保证运动中的能量供应。

⑥ 养成良好的饮食习惯，注重早餐和午餐的质量和数量，有条件的最好在训练中有一次加餐。

⑦ 了解和掌握食物相克的知识，避免进食中大量浪费食物中的营养素。

第四节　足球运动员的运动性疾病

一　运动中腹痛

运动员在训练和比赛中，因生理和病理原因而发生的腹部疼痛症状称为运动中腹痛。足球运动中较常见的是肝脾淤血、胃肠痉挛和膈肌痉挛导致的腹痛。

（一）原因和发病原理

1. 原因

运动中腹痛的发生，往往与下列因素有关：缺乏训练或训练水平较低，准备活动不充分，过度紧张，饭后过早地参加运动，运动前吃得过饱、过多，或吃了较难消化的食物使胃肠充盈、饱满，在剧烈的运动中受到牵扯引起胃肠痉挛。空腹运动时，由于胃酸或冷空气对胃的刺激，也会引起胃痉挛。运动中呼吸与动作之间的节奏配合不良，呼吸急促、表浅，使呼吸肌的收缩过于频繁、过于紧张与疲劳，引起膈肌痉挛。此外，运动的速度和强度突然加得过快和过大，以致内脏器官和心肺的功能赶不上肌肉工作的需要，也是引起腹痛的常见原因。腹内的某些疾病，如肝炎、胃炎、肺炎、肠炎、胆结石、胆囊炎等也可引起运动中腹痛。

2. 发病原理

（1）呼吸肌痉挛或活动紊乱

主要是由于运动中呼吸肌收缩不协调、紧张与劳累，以及呼吸肌缺氧而引起。

（2）肝、脾淤血肿胀

准备活动不充分，训练中强度和速度突然过大、过快，会使心脏搏动不充分和无力，影响心脏内血液的排空和静脉血的回流，肝、脾静脉血回流受阻。另外，剧烈运动时如果呼吸肌或膈肌活动紊乱，造成胸内压力上升，也会引起肝、脾淤血，使器官的神经受到牵扯，产生肝脾区疼痛。

（3）胃肠道痉挛或功能紊乱

运动训练中胃肠道缺血、缺氧或血流不畅，或受各种刺激而引起胃肠道痉挛或功能紊乱。

（二）征象

一般由呼吸肌痉挛或活动紊乱而引起的腹痛，疼痛的性质多为锐痛，疼痛部位以肋部和下胸部为多。由肝脾淤血肿胀而引起的腹痛，性质多为钝痛、胀痛或牵扯性痛，部位在左腹部。由胃肠道痉挛或功能紊乱而引起腹痛，性质可以是钝痛、胀痛甚至绞痛，部位一般在肚脐周围。另外，运动性腹痛的程度与运动量的大小和运动强度成正比，活动量小，较慢速度运动时，疼痛不明显，随着运动量的加大，运动速度加快和运动强度增大，疼痛逐渐加剧。

（三）处理

① 对运动时出现腹痛的运动员要慎重对待，首先要了解腹痛的性质、部位。根据腹痛的部位与运动强度的关系，来判断是由疾病引起的，还是与运动有关的生理原因引起的，做到有的放矢。

② 出现腹痛时应立即降低运动强度，适当减慢速度，调整呼吸与动作的节奏，用手按压疼痛部位，如果无效或疼痛反而加重，应立即停止运动，请医生诊治。

③ 对疾病引起的腹痛应根据原发疾病进行相应的治疗。

二　肌肉痉挛

肌肉痉挛俗称抽筋，是指肌肉发生不自主的收缩反应。足球运动中小腿腓肠肌和大腿后群肌肉发生痉挛较为常见。

（一）原因和发病原理

1. 肌肉疲劳

长时间和大强度的运动训练，会引起肌肉结构的损伤，肌肉的血液循环和能量物质的代谢发生改变，肌肉中大量的乳酸和代谢废物堆积，肌肉收缩与放松不能协调地交替进行，从而引起肌肉痉挛。

2. 电解质和水丢失过多

运动中大量排汗，特别是在高温条件下长时间剧烈运动，使电解质从汗液中大量丢失，肌肉的兴奋性增高，发生肌肉痉挛。

3. 其他因素的刺激

如寒冷刺激，肌肉受到低温的影响，兴奋性会增高，易使肌肉发生强直性收缩。肌肉突然受到外力的猛烈打击等，也会产生强烈收缩而引起痉挛。

（二）征象

痉挛的肌肉僵硬、剧烈疼痛、肿胀，肌肉的运动能力和柔韧性降低，肌肉痉挛所涉及的关节的功能也会发生一定的障碍。

（三）处理

一般肌肉痉挛只要向相反的方向牵引痉挛的肌肉，即可缓解或消失。牵引时用力宜缓慢、均匀，切忌用暴力，以免拉伤肌肉。大腿后群肌肉、小腿腓肠肌痉挛，可尽力伸直膝关节，用力将踝关节充分拉伸，尽可能拉长痉挛的肌肉。缓解后，配合局部按压、揉捏、点掐、针刺有关穴位等，效果会更好。

三　运动性中暑

由于人体运动时产生的热量超过了身体的散热能力而发生的高热状态，称为

运动性中暑。夏季足球训练和比赛中较易出现此种现象。运动性中暑可分为热射病、日射症、热痉挛和循环衰竭四种类型。

（一）原因和发病原理

1. 热射病

指发生在高热环境中的一种急性病。运动时，如果天气温度和湿度较高且不流动，体内产热较多，散热就会受到影响，热量在体内大量积累，造成体温大大升高，水、盐代谢出现紊乱，严重影响体内的生理机能以及中枢神经系统的机能活动。

2. 热痉挛

运动中机体大量排汗，失水失盐过多以致电解质平衡紊乱，发生肌肉疼痛和痉挛。

3. 循环衰竭

由于运动失水过多，使血容量减少，如果心脏功能和血管舒张调节不能适应，可导致周围循环衰竭而发生中暑。

4. 日射症

由于阳光直接照射头部而引起的机体强烈的反应。

（二）征象

1. 热射病

症状轻者体温微微升高，头昏、头痛、全身无力、口渴舌干、大量出汗等呈虚弱状态，重者有高热和虚脱症状，体温可达41℃以上，皮肤灼热、脉搏极快、呼吸短促、无汗、无尿、呕吐，甚至出现昏迷。

2. 热痉挛

患者体温升高不明显，负荷较重的肌肉，尤其是下肢肌肉发生痉挛，疼痛难忍。负荷较轻者一般是对称性肌肉痉挛，重者大肌肉群也会发生痉挛。

3. 日射症

患者体温升高不显著，表现为头昏、眼花、恶心、剧烈头痛、烦躁不安、脉搏细而快、血压降低，重者昏睡。

4.循环衰竭

患者表现为皮肤冷温、脉搏细弱、面色苍白、神志恍惚，甚至出现昏迷。

（三）处理

一旦出现中暑，首先必须降温，迅速将患者移到凉爽、通风的地方，平卧休息，头部稍垫高，松解衣服，全身扇风，头部冷敷，用温水或酒精擦身，服饮盐开水或清凉饮料，必要时服解热药物。肌肉痉挛者主要是牵引痉挛的肌肉，补充盐和水。头痛剧烈者，针刺或点太阳、风池、合谷、足三里等穴。如有昏迷，可刺激人中穴急救，对四肢进行重推摩和揉捏，必要时一面急救，一面迅速准备送医院治疗。

四　运动性贫血

经过长时间系统的运动训练，运动员在安静的时候红细胞数和血红蛋白含量会下降，这就是运动性贫血。运动性贫血有真性和假性之分，如果是真性运动性贫血，将会给运动员带来很大的损害。

（一）原因

运动性贫血产生的原因很复杂，与血液稀释、溶血、铁代谢紊乱、造血机能改变、细胞因子等都有关系，但目前的主要观点还是溶血增加所致。溶血是指由于某种原因造成循环系统的成熟红细胞生存时间缩短、破坏速度加快时，过早、过多地被破坏。目前的研究结果显示，大强度运动训练使机体的能量消耗增加，造成血糖下降、红细胞能量供应不足，最终致使红细胞变形能力下降，溶血作用增加；而且，大强度训练导致机体酸性代谢产物和自由基生成增加，红细胞膜受到了损伤，从而变脆、变硬、流动性降低，最终导致红细胞变形能力下降，溶血作用增加，红细胞数量下降。

（二）发病原理

① 运动引起高血浆容量反应，使血红蛋白浓度相对下降；

② 运动引起红细胞损伤破坏，引起溶血；

③ 运动员需铁量、排铁量剧增，而铁的供给或吸收量不足，导致机体缺铁。

（三）运动性贫血的防治

① 抗氧化剂的补充

番茄红素、维生素C、维生素E、β-胡萝卜素、结合亚油酸（CLA）、谷氨酰胺及谷酰胺肽胶囊、辅酶Q、叶酸、大蒜素等以及新鲜的水果和蔬菜等。

② 铁制剂的补充

海默菲、比特铁为主、铁红强、速力菲等。

③ 卵磷脂

④ 补血生力胶囊

⑤ 营养物质

中药、充足的蛋白质（优质）、充足糖类物质的补充。

五 运动性低血睾的防治

睾酮能够促进体内蛋白质的合成代谢，特别是肌肉、骨骼肌等器官的蛋白质合成，出现正氮平衡，所以，睾酮对于运动员竞技能力的提高具有重要的作用。血睾酮一直是足球科研工作者关注的重点，并且普遍认为高水平的睾酮与良好的竞技状态、运动能力有密切关系。但是，长时间剧烈运动也会导致睾酮水平下降，从而影响运动员的竞技能力。

（一）原因和发病原理

长时间剧烈运动，特别是力竭性运动会使血浆睾酮降低，这已经被许多实验所证实。长时间剧烈运动造成血浆睾酮降低与下丘脑—垂体—肾上腺轴的分泌活动受到抑制有关。因为剧烈运动时睾酮水平增高，但长时间的增高，又可通过负反馈的调节作用使下丘脑的GnRH和垂体激素的分泌受到抑制，从而导致血浆睾酮下降。

（二）运动性低血睾的防治

除了通过训练方法和手段来调节运动员的训练负荷，进而来预防运动员出现运动性低血睾外，还可以通过营养手段来防治运动性低血睾。主要的营养素有伟特摘金者—雄鹿精华渗透泵、激力皂甙，传统的补肾中药，如肉苁蓉、淫羊藿等、廷伟、生力君、长白景仙灵等，这些物质在前面已有详细论述，在此不再赘述。

此外，V_C、硼、锌等也对防治运动性低血睾具有重要作用。硼是一种微量元素，参与构成睾酮的成分，运动员需要比一般人多的硼。摄入一定量 V_C 会使体内更多的孕烯醇酮有机会转化成睾酮；而缺乏 V_C 时，影响睾酮的生成。睾丸间质细胞产生睾酮需要锌，当正常人缺锌时，血液睾酮水平立刻下降。通过补充营养来提高血液生长素水平，能够刺激睾丸多产生睾酮。磷脂酰丝氨酸能促进人体内源性睾酮分泌，抑制皮质醇的增长。每天服用 800 毫克磷脂酰丝氨酸，能有效抑制运动员强化训练期间皮质醇的增长。

总之，维持充足的硼、锌、维生素 C 及提高生长素释放等，可以刺激机体自身的睾酮产生，从而提高血睾酮水平。

第九章 现代足球训练科学化管理

第一节 足球教练员概述

一 足球教练员的职责

足球教练员是整个训练计划的制订者、训练过程的指导者、比赛过程的指挥者，其主要职责是负责运动员的训练、比赛、思想教育和管理工作，不断提高运动员的体能、技战术水平和思想政治觉悟，培养德智体全面发展的专业优秀体育人才。教练员的具体职责如下：

（一）教练员对俱乐部及主席负责

教练员要为俱乐部经理、主席以及董事会负责，明确俱乐部的方针政策。在此基础上确定奋斗目标，提出自己的观点和管理措施。

（二）教练员对教练组及工作人员负责

教练员一定要引导和帮助教练组成员和俱乐部工作人员全力协助自己的工作，并完成自身的本职工作。

（三）教练员对比赛负责

要求队员要按比赛规则去比赛。国际足联对运动员的要求主要是：① 尊重比赛规则及公平竞争的原则；② 不许服用违禁药物。

（四）教练员对运动员负责

平时要经常教育运动员如何做人和如何正确地去比赛，特别需要强调的是，除了提高运动员竞技能力外，教练员还有教授运动员训练方法和手段的责任。教练员一定要主动配合队医做好运动员的医务监督和伤病防治工作。对训练、比赛过程中出现的运动员的伤害事故，及时找出原因，查明责任，及时采取治疗措施。

（五）教练员要对公众负责

教练员要对支持俱乐部的球迷负责。

（六）教练员要对新闻媒体负责

教练员必须要与新闻媒体保持和建立一种相互尊重、相互理解和相互支持的良好关系。

（七）教练员要对球队有关人员的家庭负责

要有责任感，承担家庭的义务。

（八）教练员要对自身负责

教练员除了要对自己的公众形象负责外，一定要善于运用多学科知识，提高科学训练水平；及时了解足球运动发展趋势，竞赛规则的变化；根据国内外先进经验，结合实际，勇于改革创新；系统积累业务资料，认真总结经验，努力撰写论文，使经验条理化；积极参加岗位培训，定期接受业务考核，不断提高自身素质。

二 教练员的执教原则

根据对德国拜仁慕尼黑队主教练希斯菲尔德的访谈，我们可以基本上得到一个成功教练员所遵循的执教原则。

（一）相互尊重

要尊重任何与足球有关的人群。

（二）相信运动员的感受

要尊重运动员的任何心理感受，倾听他们的反馈信息。

（三）保持适当的距离

要处理好教练员与运动员之间的位置关系。

（四）尊重个体

要尊重每个运动员的个性。

（五）从错误中吸取教训

不能在同一个问题上犯第二次错误。

（六）保护球星

要保护有发展潜力的年轻球员和已经成名的大牌球员。

（七）诚实守信

不要做虚伪的承诺。

（八）避免妒忌

要虚心接受胜利者。

（九）选择合适的教练组成员

诚实可信，不要做"应声虫"。

（十）体现自身价值

时刻按照目标顽强地努力。

（十一）处理压力

要让每一个人学会承担压力。

（十二）控制自己的情绪

在指挥比赛中要学会控制自己的情绪。

三　名帅执教名言及访谈

下面是 1998 年率领法国队夺得世界冠军的名帅雅凯、2002 年率领巴西队获得冠军的名帅斯科拉里的执教名言，以及欧洲著名俱乐部成功教练员的访谈内容，这些内容是这些成功教练员执教总结的精华，我国教练员可能从中得到一些有益的启迪。

（一）雅凯

教练员是足球活动中的关键人物，所有与足球有关的活动都要依靠教练员来完成，教练员就好像是马路上的十字路口，所有工作都要经过他来完成。教练员要处理好与俱乐部董事、球员、公众及媒体和赞助商的关系。要根据自己的经验和客观情况对足球要有整体的认识和把握。

（二）斯科拉里

作为教练员必须是很自然地成为领导者，愿意接受别人的意见和忠告，也必须是能够承担由于自己做出决定而出现后果的人。

下面是欧洲足联技术主任罗克期堡对切尔西前任主教练穆利尼奥的专访。

（三）穆利尼奥专访

罗：什么促使您成为一名教练员的？

穆：最大的激励因素就是足球，而不是教练工作本身。每个喜欢足球的少年都想成为一名球员，我觉得我也是这样，尽管可能不会成为一名高水平球员。那时，我的父亲是一名足球教练，足球是我生活中的很多内容。我在体育大学学习，因此，我的成功是一步一步取得的。你觉得你不会成为一名高水平球员，但你乐于学习足球、体育科学、方法学，并且到了一定年龄，你决定以一名教练员身份来从事足球。你放弃了成为球员的欲望，你开始有了做教练的想法。此时此刻我可以说，我很愿意成为一名足球场上的教练。我喜欢直接和球员接触，喜欢研究方法学、训练形式、如何提高的想法、比赛的分析等，不断努力提高球员和球队的水平。

在英格兰把你和俱乐部的其他相关联的工作，如青年培训以及到国外的工作，对我都有吸引力。我热爱这份工作的所有方面，但我达到今天的程度是一步一步取得的。我的教练生涯始于在葡萄牙做U-16队的教练，在完成了我的学业后，我于80年代后期来到苏格兰和你一起工作，你的训练方法使我用不同的方式来思考训练方法学。你运用的人数较少的分组比赛来发展技术、战术和体能的方法，成为全球认可的训练。从英格兰回来后，我觉得我的教练工作方式与以前比有了变化。有了青少年执教经历后，我来到里斯本训练中心给鲍比·罗伯逊做助理教练。第一步就是学习，第二步是发展球员能力，第三步是和职业级的著名教练一同工作。我再说一遍，这一过程是一步一步得来的。

罗：从葡萄牙来到西班牙对您的执教能力提高有什么影响？

穆：我在巴塞罗那和鲍比·罗伯逊一起工作，这也是对我的最大激励——新的国家、新的文化。路易斯·温格来后我又面对另一种风格，另一种足球理念。鲍比·罗伯逊对我的一切很了解，但我要向路易斯·温格证明我的能力，去适应荷兰足球，适应新的训练方式。阿贾克斯足球学校对我是一种新的挑战。又经过了在巴卡的4年，我34岁时回到葡萄牙。可能人们会觉得我年轻，但我已经做好了当主教练的准备——我成长之路很漫长，其间吸收了很多重要的经验。

罗：回到葡萄牙足球俱乐部当主教练的情况怎么样？

穆：由于俱乐部和球队的状况很糟糕，所以我刚来的6个月情况异常艰难。但这段时间有助于理解俱乐部并为下一赛季做准备。我更换了球员，并重新组建了球队——这是组建球队非常重要的时期。接下来的赛季很令人兴奋，因为我们赢得了欧洲足协杯冠军并在葡萄牙联赛中位列第三。那个赛季为我们参加下一赛季比赛做了准备，因为那个赛季的水平不同于俱乐部冠军联赛的水平。球员们信心高涨，跃跃欲试要与曼彻斯特队或皇家马德里队一决高低。最后的胜利是一个很大的跨越，但这绝不是靠运气取得的。我顺便说一句，虽然我从来都不是那种只会接受别人正确经验的人，但我的执教理念受到很多人的影响，例如，我现在仍清晰记得我和你在苏格兰一起工作时你采用的一些练习，但从这些练习中我发挥了我自己的东西。和鲍比·罗伯逊、路易斯·温格工作的情形也是这样。即使我为鲍比在世界各地物色球员时也获取了很多新东西。我告诉那些要向我学的年轻人，"不要把我给你们的东西作为绝对真理"。我总是设法学习新东西，而像路易斯这样的人也激励了我。例如，我在巴卡的最后一年，我受命带队参加一些友谊赛或杯赛，而路易斯则要监控我处理事情的方式。我做好了带队的准备——我已经储备了知识，增强了自信。我这是自信而不是自负。我坦荡待人，当我的朋友看到把我归为自负一类人的文章时就会感到可笑——他们知道我不是那样的人。我对我的工作全身心投入，当我说"我觉得我们会赢"时，我只是像许多教练在赛前想得那样去说。球员们觉得你很有能力并且信任他们，将有助于他们确立良好的态度。

罗：您有时是否会感觉到你在走向成功？

穆：是的。葡萄牙和苏格兰一样。你可以在自己的国家做国王，但别的国家的人不会认可你，同时你的国人也会怀疑你能否在外国成功。重要的事情是要在欧洲得到认可，对我来说，重要的时刻就是在2003年欧洲协会杯1/4决赛中战胜帕纳辛奈科斯俱乐部队。我们已经在主场输了，并且没有一支葡萄牙队在希腊人身上拿到一分。当我们以2：0胜利时，我觉得我已经从国内水平上升为欧洲水平了。在决赛中，战胜凯尔特人队是我执教生涯中的第二大跨越，因为我感觉在欧洲球队中我是个成功者，并且可以开始做更重要的事情了。

罗：您在训练中强调的重点是什么？

穆：每次训练课开始前我都要准备好计划，我尽量不浪费任何时间——我全神贯注于球队的战术思想上。把我的战术思想写下来并给俱乐部所有人看。战术方面是整个训练过程的核心。就像我先前和你说的一样，我认为方法是全球性的。例如，我的体能教练，向我建议训练的时间、距离和区域，和我一起打造球队的战术体系。我要发展球队在比赛中的战术特点：如何逼迫防守、什么时候运用逼迫式防守、攻防转换、控球战术、位置打法等。之后其他方面的问题随之出现—体能和生理方面又成为训练的主要部分。当我们感觉队员需要个别训练时，我们就进行个别训练。我们经常按照球员的体能情况和他们要承受的比赛时间，把球员分成几个组来进行训练。训练的重点总是战术性。

罗：您如何描述自己的执教风格？

穆：我认为这期间有个变化——今天我的执教风格和5年前不同。比赛时，我主要是在上半场对比赛进行分析，因为我要在中场休息时对我的球队进行指导。在高水平比赛中和球员沟通很困难，所以我很少大声喊叫，只是做些记录，但也仅限于上半场。下半场的比赛我回到家再进行分析，中场休息的指导会，我会尽量控制我的情绪，做些球队需要的事情—这就是说，我可以很冷静，也可能很激动，因为球队需要从我这得到确切的反映。总是有些情绪因素，同时也有战术的建议。中场休息时总是有些情况要对球队讲，但比赛后一句话也不再说，因为那时队员已经没有任何比赛分析的准备，什么也听不进去了。总之，我的执教风格有灵活的一面，尽管我对训练的要求很高。幸运的是，我所在的训练中心训练时总是有不止一块场地，因此，我的训练课常常从一种场景很快过渡到另一种场景，效率很高，浪费时间很少。在较短的训练时间里我们追求的是质量和高强度。不论是在葡萄牙，还是在英格兰，或是西班牙，只要训练组织得好并很认真，同时让球员知道练习的目的，我所带过的球员都很愿意训练。

罗：获得欧洲足协杯紧接着又获得欧洲俱乐部冠军，您对这些比赛有什么评价？

穆：每一个高水平足球比赛的"淘汰制"因素都很特别，每一个球队为比赛做的准备都要考虑到客场比赛的结果。在波尔图队时，我尽量让我的球队在客场比赛时保持和主场一样的心态。如果你想赢得一场比赛的最后胜利，就不能只是在主场激情高涨，势在必得；而在客场则以不输球为目标。在欧洲协会杯比赛中，我们波尔图队在主场和在客场的比赛结果非常相近。当我带领波尔图队准备俱乐部冠军杯时，在赛前我们安排了几场比赛，根据比赛的不同演练不同的阵型。要赢得欧洲俱乐部冠军，你的球队实力不但要很强，有时还要有点儿运气，就像我们波尔图队在最后一分钟的进球战胜了曼彻斯特队（虽然我觉得我们有实力）。继这场比赛的胜利之后，我们乘胜前进，最后赢得了冠军杯。在我的记忆里，没有哪支球队在胜利的记录中没有这种运气的时刻—一个点球决定胜利，等等。

在高水平比赛中，小组第一和小组第二的水平差异非常小，另外，加时赛的全球制会扼杀主场球队反败为胜的优势。欧洲俱乐部冠军杯是最高水平的俱乐部比赛——尽管欧洲杯和南美洲杯没有可比性。我要说明的是，由于足球比赛的不同，对我来说，获得欧洲俱乐部杯要远比获得欧洲冠军杯兴奋。与凯尔特人队的比赛直到最后一刻都充满戏剧性——他们甚至在最后时刻把守门员调上来参加角球攻击。但警报解除，随之而来的就是最高的奖品：俱乐部冠军头衔。从个人角度看，我们赢下这场比赛很困难，获悉我将要离开这个俱乐部的消息，我内心情感矛盾——我三个月后在这个赛季的欧洲俱乐部冠军杯赛上才见到我的波尔图队球员。

罗：您对2004年欧洲杯的印象如何？

穆：我觉得，2004年欧洲杯赛上的希腊队就像欧洲俱乐部冠军杯赛上的波尔图队一样，因为球队的实力和强烈的获胜欲望至关重要。对希腊队来说，获得自信、目标的实现、信念和组织等方面的发展过程是一步一步实现的。我的看法和其他人一样，认为高水平球员的能力都很接近。像希腊这样的国家，他们以一两个俱乐部的球员为主组建国家队，这应是个优势。在一些大国——资金雄厚的国家——不会出现这种情况，因为球员遍布各个俱乐部。我要说的是，葡萄牙这个国家崇尚组织，球队组织得很好。2004年欧洲杯提高了葡萄牙人的想象力。因为我们谈的是国家队，我可以告诉你，有一天我会成为葡萄牙队的主教练，但不是现在。没执教过葡萄牙队之前我不会退休。

罗：您对比赛规则、解释和条款有什么看法？

穆：在切尔西，我常为此事困惑：我们的防守反击常被"技术犯规"阻断，而这些技术犯规又不会得到黄牌。有些队就钻营于此。还有，某些规则的解释很模糊，比赛官员很难做出正确决断。

罗：您选球员时关注的主要素质是什么？

穆：我持综合观点。我对每一个位置球员的人格个性、运动素质、技术技能等方面都有自己的看法。当然，如果一个球员缺乏速度能力，那他在今天的高水平足球比赛中就没有机会。那么你就会要一个思维敏捷，又能在高速中表现技能的中场球员。在英国足球中，如果个子不高的中后卫，面对很多队都采用的长传球时会遇到麻烦。

罗：您认为在高水平的足球比赛中战术发展趋势是什么？

穆：攻防转换变得至关重要。当对手组织好了防守形式，那就很难得分。对手丢球的一瞬间就会找到某个位置失守的机会。同样，当我们失球时，我们必须即刻反应。有时在训练中我会让至少五个球员保持在球的后面，这样的话，一旦我们丢了控球权，我们仍可以保持一个很好的防守阵型。球员必须学会阅读比赛—什么时候逼迫、什么时候回到自己的防守位置。每个人都认为，打法决定很多比赛的胜利，而我认为更多地取决于攻防转换的速度。

罗：在训练中您最关心的是什么？

穆：在训练场上，我最苦恼的就是保证训练的持续和流畅，以及避免时间的浪费，而考虑最多的则是实际训练时间的利用。

罗：事业的成功对您的生活方式和您个人有什么影响？

穆：没有人知道我，然后，突然在两个赛季的时间里我名扬天下。当然，你生活在压力中，也生活在大众的关注下。我和我的家庭生活发生了变化。当然，获取各种需要是工作的一个目的。然而，我从不因为我个人时间的原因而取消一次训练课，这是我的原则。我深深感到，职业责任总是高于其他的商业需求。对于我来说，足球是我的职业，更是我的激情所在。

第二节　职业足球教练员的必备素质

在足球训练和比赛这个复杂的系统工程中，教练员素质的高低直接影响足球训练的效果。随着职业化的实行，绿茵场上的竞争日益激烈，特别是现代科学技术在足球训练和比赛中的广泛应用，必然对教练员的素质提出更高的要求。侯会生的研究表明：从现代人力资源的角度来说，教练员的素质包括品德素质、身体能力、科学文化素质和专业能力四部分。由于身体能力的状况与年龄、性别及健康状况有直接的关系，特别是健康状况是决定身体能力的主要因素。在此就不再赘述。如下是侯会生对我国职业足球教练员必备素质的研究结果。

从表9-1可以看出，我国职业足球教练员的素质是有层次性的，有核心素质和主要素质之分。

表 9-1　　　　　　　　　我国职业足球队教练员必备素质表

一级指标	核心素质	主要素质
品德素质	思想素质	道德素质 政治素质
科学文化素质	足球训练和比赛专业知识	足球基础理论知识 法律知识 运动人体科学知识 工具性知识
专业能力	控制训练过程能力	控制比赛过程能力

一　品德素质

在我国职业足球教练员品德素质中，最重要的素质是包括事业心、责任感、民主性、奉献精神和吃苦耐劳这些思想素质指标。我国职业足球教练员承担着提高我国职业足球运动技术水平、满足大众消费的重任。随着职业足球运动的飞速发展，足球场内场外的竞争越来越激烈，而其核心是足球场上球队技战术水平的比拼，是运动员体能、技能、战术能力、运动智能和心理能力等竞技能力的较量，而运动员竞技能力的培养和发挥是教练员的首要工作，这项工作不仅简单枯燥，而且充满了挑战和压力。

首先，教练员只有具有强烈的事业心和高度社会责任感、崇高的奉献精神和吃苦耐劳精神，才有可能全身心地投入到足球事业中，才可能忘我地工作，才有可能对业务进行深入、不断的钻研，为提高运动员的竞技能力和球队的集团竞技能力奉献一切，为提高我国职业足球运动水平做贡献。

其次，是包括廉洁性、公正性、诚实守信、以身作则和谦虚谨慎等指标的道德素质。道德素质不仅对教练员自身具有行为规范的作用，同时，良好的道德素质可使教练员形成良好的社会风尚，对促进精神文明建设起到重要的作用。特别是教练员不仅是训练指导者、组织者和管理者，同时也是教育者，他的一举一动、一言一行都会对职业足球运动产生深远的影响。因此，教练员道德素质的高低对我国职业足球和精神文明起着重要作用。

再次，是包括顾全大局、政治可靠和团结合作等指标的政治素质。政治素质决定一个人的行动方向，对整个社会的发展起到重要的作用。如果教练员没有崇高的政治觉悟、坚定的政治立场，就可能在政治态度上出现偏差，特别是我国职业足球运动是重要的"窗口"行业，对我国精神文明建设的作用不可估量，如果教练员政治觉悟不高，对我国精神文明建设会起到负面影响。

二　科学文化素质

在我国职业足球教练员科学文化素质方面，最重要的是涉及现代足球技战术发展趋势、要求、训练原理和实践、训练方法和手段、力学知识、比赛指导和信息统计与分析等足球训练和比赛专业知识。职业足球教练员最重要、最主要的工作就是对训练过程进行计划、组织、指导；对比赛主客观情况进行分析、制订战术、指挥比赛。

第一，关于现代足球训练和比赛方面的知识是教练员最需要的知识。只有这方面的知识提高了，才有可能提高我国职业足球队的训练水平，从而提高球队的水平，实现我国足球职业化的根本目标。

第二，包括足球运动概况、现代足球比赛攻守原则和足球规则和裁判法等足球基础理论知识。对足球基础知识的了解和掌握，可以帮助教练员了解足球运动的发展历史、趋势，从而更好地把握足球运动的规律，为科学训练提供保障。对足球规则和裁判法的掌握，可以帮助教练员制订有针对性的训练和比赛战术，为取得优异的成绩创造条件。

第三，是包括合同法、诉讼法、劳动争议和仲裁、其他个人权益保护法、其他法律知识、体育法及国际足联、中国足协法规条例等知识。职业足球是市场经济体制下的产物，具有法制化的特点。在职业足球条件下，教练员实行的是聘任制，教练员与俱乐部的工作关系是通过合同来约定的。因此，教练员只有对相关法律知识有深入的了解才能很好地保护自己的合法权益，这样才能在一定程度上使职业足球健康有序地发展。

第四，包括心理调节和控制知识、足球运动员营养知识、足球运动员医务监督知识、足球训练计划制订知识、足球运动员身体机能评定知识的运动人体科学基本知识。科学研究和大量的实践表明，运动训练是对运动员有机体的改造过程，这个过程是通过有机体各个系统、各个器官、各部位肌肉甚至是各个细胞的改变来逐步实现的，而且足球运动又是受客观环境影响较大的项目，外界气候、对手都会对运动员产生影响，因此，教练员必须掌握有关运动人体科学方面的知识，才能更好地安排训练和比赛。

第五，外语、计算机知识和关于提高自学能力有关知识等。由于目前我国的足球教练员基本上经过专业队或职业队训练和比赛，而我国的训练体制造成了教练员在做运动员期间没有进行系统的文化课学习，这使他们在外语、计算机等工具性知识方面非常薄弱，给他们接受新信息、新知识造成了很大困难。因此，提高教练员的工具性知识，使他们能够及时、快速接受新知识、新信息，有助于他们尽快提高执教能力，为促进我国职业足球的发展提供有力保障，这也是教练员科学文化素质急需开发的内容。

三　专业能力

我国职业足球教练员最重要的专业能力是反映教练员预测、控制训练过程和具体操作能力，以及总结训练效果的控制训练过程的能力。国际足球发展态势表明，任何一个球员要想在职业赛场上一显身手，身体、技术、意识、心理等整体竞技能力高层次地全面均衡发展和位置特长局部竞技能力优先发展都是必不可少的。任何一名运动员的成长，都必须是经过长期、系统的艰苦训练。这是运动员成才、队伍成熟的一个基本规律，是竞技体育的基本规律。中国足球水平提高不

快的原因是多方面的，但是训练不够系统、强度不够、刻苦不够、训练方法陈旧、训练质量不高、要求不严格，是影响我国足球水平提高的一个重要原因。因此，教练员只有制订出周密而详细的训练计划，保证科学的规划训练负荷和训练阶段的划分，采用先进有效的训练方法并且及时发现运动员存在的问题，在训练过程中严格要求，才有可能在训练过程中做到事半功倍，高效率地提高运动员的竞技能力，为参加比赛打下扎实的基础，为创造优异的运动成绩提供保障。

所以，教练员首要的专业能力就是控制训练过程的能力。职业足球教练员另一个重要的专业能力是控制比赛过程的能力。随着足球运动职业化的飞速发展，各个国家、俱乐部越来越重视足球比赛的结果，"取胜第一"的理性足球理念盛行一时。同时，职业化使运动员、教练员的经济来源也直接与比赛成绩相联系。因此，如何使运动员具备的竞技能力和球队的集团竞技能力在比赛中得到充分的发挥，从而取得优异的成绩，是一个教练员在赛前、赛中和赛后的重要工作。所以，将运动员的竞技状态调整到最佳、制订合理的战术、临场指挥比赛等，对整个比赛过程进行控制的能力也是教练员比较重要的专业能力之一。

第三节　职业足球教练员与俱乐部经理和运动员的沟通技巧

侯会生的研究认为：职业足球俱乐部是指以提高本国足球运动水平、创造优异运动成绩为根本目标，拥有职业足球运动员组成的，有资格参加全国职业联赛的职业足球队的体育俱乐部。从职业足球俱乐部的人员组成看，主要是职业足球俱乐部经理、球队教练员和运动员。因此，对于职业足球教练员来说，如何协调好与其他二者的关系是至关重要的。

一 职业足球教练员和俱乐部、运动员之间主要存在三种关系模式

（一）招聘团队

从招聘关系模式来看，俱乐部经理聘请球队的教练员，而球队教练员根据自己的观念来聘请运动员。这种招聘关系模式使教练员在三者的关系中处于一种相对核心的位置。教练员的观念决定了球队和俱乐部、球员的出路和发展（图9-1）。

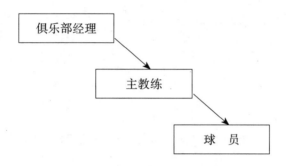

图 9-1 职业足球俱乐部应聘关系

（二）训练比赛关系模式

从训练和比赛关系看，虽然表面上主要是教练员和运动员的联系，但是，俱乐部经理聘请教练员来组建球队参加职业比赛，其主要的目标就是比赛成绩。因此，主教练和运动员其实都是向俱乐部经理负责（图9-2）。

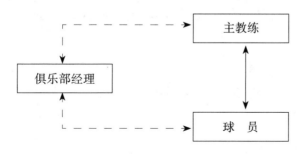

图 9-2 职业足球俱乐部训练比赛关系

（三）人力资源关系模式

从人力资源关系来看，虽然主教练是俱乐部经理聘任的，而运动员是主教练聘任的，但是，主教练并不是俱乐部的人力资源，而只有球员才是俱乐部的资源。因此，教练员必须清楚的是：球员可以建议俱乐部解雇教练员，而教练员则无法建议俱乐部解雇球员（图9-3）。

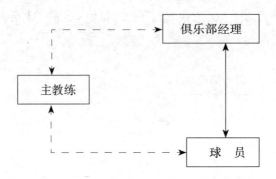

图9-3　职业足球俱乐部人力资源关系

二　职业教练员与俱乐部经理的关系和沟通注意事项与技巧

（一）注意事项

（1）职业教练员是俱乐部的雇用者，当主教练接手新的俱乐部时，与俱乐部经理的沟通首先是工作合同，必须明确自己任教的目标、任务、待遇、职权范围和责任、实现目标和任务的基本要求（运动员的选拔、引进、经费预算、日常事务等）、激励与约束的条件。

（2）主教练要清楚俱乐部董事会准备花多大力气、期望的目标是什么。这必须要与董事会沟通，球队管理中最困难的不是球队的训练，而是俱乐部的董事会。

（3）沟通的时机

①训练和比赛时沟通；

②将自己的计划与方案及时与对方沟通；

③出现问题及时沟通。

（二）沟通的技巧

① 面对面沟通；

② 了解经理的行业背景；

③ 灵活性与坚定性之间的平衡；

④ 难得糊涂；

⑤ 主动挑大梁；

⑥ 站稳脚跟、内刚外柔、迎着阳光向前走；

⑦ 学会拒绝，轻易许诺危害多（小心说不）；

⑧ 喜怒不形于色（欲速则不达，小不忍乱大谋）；

⑨ 与经理心心相印，知上识下；

⑩ 从小事上关心经理；

⑪ 多赞扬与欣赏经理；

⑫ 在经理面前不要太计较个人得失。

三　职业教练员与运动员的关系和沟通注意事项与技巧

教练员与球员的关系与相互的交流对球队的成功至关重要。并不是足球知识丰富就能成为教练员，比赛胜利的取得不仅是技术、战术和身体的准备，还存在其他因素，那就是教练员与球员的关系。为了使教练员与球员有好的关系，就要有个好的接纳环境，首先教练员、助手和其他人都要分担这个责任，而不仅仅是自己。教练员要和其他人分享知识，并带领其他人达到目标。教练员的权力来自上层领导，这还不够，教练员真正的权威是来自球队，只有清楚地了解了这点，才可相信球员和球队。

（一）交流方式的选择

主要有两种交流方式：

1. 权威独裁

（1）教练员要求运动员按事先的规定做。

① 学习的主题和训练的内容都是教练员提出的。

② 练习中教练员规定了练习的动作和内容。

③ 比赛后教练员表扬和批评队员。

（2）这种交流方式对球员造成的影响。

① 对队友、教练员不信任。

② 使球队不稳定，球队没有凝聚力、没有创造性。

2. 民主协商

（1）所有的决定是教练员，但决定前却有个民主协商的过程。

① 教练员与助手、球员一起讨论训练主题。

② 教练员指出练习的目标，以及各阶段的目标。

③ 教练员给出一定的时间进行分析，逐个谈话进行表扬和批评。

（2）这种交流方式对球员造成的影响。

① 球队会进行友好的协商和合作。

② 球队会有更多的创造性，达到球队的目的，球队的运作效率高，能完成许多工作。

（二）交流的原则

① 理解、信任。

② 积极的指导。

③ 运动员的参与。

（三）比赛中各环节交流的要点

① 在球场内，严格要求，提高球员的注意力，动作质量和关注的程度。在这种要求下，让训练轻松活泼，让球员积极地参与到其中。

② 在球场外，应理解球员应有自己的生活方式，让球员管理好自己的球队。另外，教练员要了解球员有关他们自己的私事，一般来说，最先知道的是队医，而不是助理教练和教练员，教练员要让队医成为传话筒，将一些要求转达给球员。对球员而言，足球是生活中最重要的内容，可通过一些管理人员去管理一些足球

以外的事。

（四）目前我国职业足球俱乐部存在的主要问题

从教练员类型来看，目前，我国职业足球俱乐部中，大部分采用的都是独裁型的教练，主要的问题是喜欢告诉球员如何做。教练员应向民主型靠拢，首先要赋予助手、球员一定的责任，让每个人都感到他们承担了重要的作用，为了达到目标所肩负的责任重大，要让球队运作效果更高的话，这是最好的方法。在教练员与球队的关系中，他不能超越球队高高在上，脱离球员和球队，但也不能显得作用渺小，让球员看不起教练员，他们应该是平等的，但最终的决定一定要是教练员做出的。教练员应该考虑的是让球员、助手帮助他做决定，而不是命令他们，教练员与球员的关系，像其他关系一样，是可以培养和发展的，但发展这种关系是需要时间的，内容和方法也很多。

教练员的权力是上层赋予的，但权力的接受是靠自己的知识和能力让球员所接纳和认可。当教练员被球员认为是无用的话，这表明他曾经有用过，而球员是进步了；教练员如果说问题有用的话，除他自身学习外，那就是说明球员并没有太大的进步。

教练员最为关键的品质是冷静地评估球员的长处和短处，同时，教练员要从球员所犯的错误中发现自己存在的不足和过失。

足球教练员的职业是越来越难，对知识的要求越来越高，需要有越来越多的才能。谦虚是最重要的品质，要忍辱负重，做到胜不骄败不馁。教练员不仅是足球方面的专家，更是教育学方面的专家。

（五）沟通的技巧

① 面对面地进行谈话，不要传话。

② 多倾听运动员的诉说，不要轻易表态。

③ 细心地观察运动员的身体语言。

④ 避免讲话太多。

⑤ 避免讲话中的坏习惯。

⑥ 避免讲话缺乏逻辑，讲话应具有系统性和条理性。

⑦ 不要埋怨球员。

⑧ 小心口头的争执。

⑨ 了解运动员的习惯、兴趣，用职业的敏感性从其他渠道获得运动员的信息，而不要让运动员感到你在背后调查他，这将会失去尊重。

⑩ 注意沟通的细节。

⑪ 保持一定的距离。

⑫ 学会批评队员的技巧。

⑬ 学会旁敲侧击。

⑭ 抓队员关键是要抓住其心。

⑮ 教练员与经理关系的最好模式，是风调雨顺的模式；与球员关系的最好模式，是宽严有度的模式。

第四节　职业足球训练计划的制订

一　运动训练计划释义

运动训练计划是对于未来训练过程预先做出的理论设计。它是为实现训练目标而选择的状态转移通路。

二　运动训练计划在训练过程中的重要作用

运动训练计划的制订与实施，是运动训练过程的中心环节，贯穿于教练员与运动员的全部训练实践活动之中，其在训练过程中的重要地位主要表现在以下几个方面。

（一）使训练目标进一步具体化

通过训练计划的制订，把训练过程的目标具体化为若干独立而又彼此联系的训练任务，并进一步具体化为若干特定要求，进行练习。运动员逐一地去完成这些练习，逐一地去实现各课次的各种形式的训练任务和要求，逐步地接近训练的总目标，直至完成。

（二）统一训练活动参加者的认识和行动

训练计划规划了实现由运动员的现实状态向目标状态转移的通路，使训练过程的所有参与者了解如何训练便有可能完成训练指标，使对于训练成果所进行的预测能够得以实现，并且围绕着所制订训练计划的贯彻与实施，统一教练员、运动员、科研人员、医务人员、行政管理人员及后勤人员等所有运动员训练过程参与者的认识和行动。

（三）为有效地控制运动训练过程奠定必要基础

通过训练计划的制订和实施，可以对训练过程中的"诊断""指标"等环节的

状况做出适宜的评定。这是对训练过程实施有效控制的必要基础，也是保证训练过程顺利完成的重要条件。

（四）运动训练计划的分类

运动训练计划的分类根据不同的标准有很多分类方法，通常是根据训练计划的时间跨度来分，主要分为：多年训练计划、年度训练计划、大周期训练计划、周训练计划和课训练计划（表9-2）。

表9-2　　　　　　　　　　运动训练计划的分类及基本任务

训练计划类型		时间跨度	基本任务
多年训练计划	全成性★区间性	10～20年★2～6年	系统培养高水平队员★完成阶段性训练任务★或准备并参加一轮大赛
年度训练计划	单周期★双周期★多周期	6～12个月★每个周期4～8个月★各周期2.5～5个月	准备并参加1次或1组重要比赛★准备并参加2次或2组重要比赛★准备并参加3次或3组以上重要比赛
大周期训练计划	准备期 比赛期 恢复期	5～20周★3～20周★1～4周	提高运动员竞技能力★参加比赛创造好成绩★促进心理/生理恢复
周训练计划	准备期 比赛期 恢复期	4～10天 或3～20次课	提高运动员竞技能力 参加比赛创造好成绩 促进心理/生理恢复
课训练计划	综合训练课 单一训练课	0.5～4小时 0.5～4小时	综合完成多项训练任务 集中完成一项训练任务

三 运动训练计划的基本内容

根据运动训练的实施时间顺序，运动训练计划主要包括下面10项基本内容，教练员在制订训练计划的时候，一般都是按照下面的基本内容和流程来进行（图9-4）。

（一）运动训练计划的基本内容

① 运动员起始状态的诊断。

② 确定训练指标。

③ 划分训练阶段，提出各训练阶段的主要训练任务。

④ 确定实现目标的基本对策。

⑤ 安排比赛序列。

⑥ 规划训练负荷的动态变化趋势。

⑦ 选择训练方法和手段。

⑧ 确定各手段、练习的负荷要求。

⑨ 制订恢复措施。

⑩ 规划检查评定训练效果的内容、时间及标准。

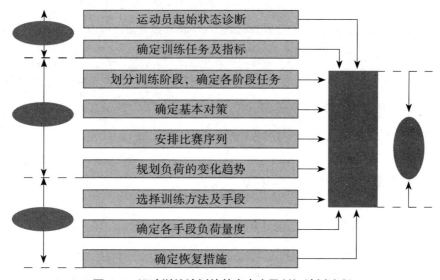

图9-4 运动训练计划的基本内容及制订计划流程

（二）运动训练计划的基本部分

1. 准备性部分

主要是诊断运动员起始状态和建立训练目标，既是训练过程中与制订训练计划并列的两个重要环节，又是训练计划中不可缺少的组成部分。训练实践中，教练员在制订多年或年度训练计划时，通常都会考虑到对运动员进行起始状态诊断，并提出相应的训练指标。但是，在制订周、课等短期的实施计划时，则往往忽视这两项工作。另外，还常用具体的训练要求代替训练目标，由此极易使训练的盲目性加大，导致训练脱离预定总目标的现象出现。

2. 指导性部分

指导性部分是全局性的整体决策，是与训练目标同样具有战略意义的重要内容；训练计划的指导性部分如果考虑得不够周密，将会对训练的效果产生重要影响；时间跨度越大的训练过程，指导性部分的意义就越大。

3. 实施性部分

这一部分涉及训练的具体手段和各种手段负荷量度的大小，用于组织具体的训练活动；需要更多地考虑转向特点和运动员的个人特点。

我国职业足球队中目前存在问题是：教练员制订训练计划时，对训练手段的选择和训练负荷的确定考虑得很多、很细，但常常忽视制订相应的恢复措施。

4. 控制性部分

近年来，对运动员训练的控制日益得到教练员们的高度重视。要有效控制训练过程，必须掌握有关训练情况的大量信息，而这些信息只能通过有计划地检查评定，通过及时、准确、客观而可靠的训练诊断才能获得。

四　制订训练计划的主要依据

训练计划体现了运动训练活动的基本决策，既要考虑实现目标的需要，又必须考虑到主客观条件提供的可能。

（1）实现训练目标——必须选择和设计最适宜的通路（最佳训练计划）。

（2）必须符合现实状态——基础，既要被运动员接受，又要促进竞技能力发展。

（3）符合运动训练的客观规律，主要包括以下几点：

① 运动训练过程的连续性与阶段性。

② 运动员的机体在负荷下的适应性与劣变性。

③ 训练活动组织的集群性和个体性。

④ 运动训练过程的多变性与可控性。

⑤ 技术、战术、心理品质和各种运动素质本身的结构特点和发展特点。

（4）组织实施运动训练活动的客观条件。

包括训练场地、器材质量和数量以及营养条件、恢复条件等。

青少年足球训练

第一节 青少年足球运动的意义

一 青少年足球运动是足球运动可持续发展的基础

作为竞技体育的一个重要组成部分，足球运动是对运动员施加训练负荷，通过运动员机体各个器官、机能甚至细胞的改变来提高运动员的竞技能力，并最终通过参加比赛来实现发展足球运动的根本目标。

足球运动员的成才规律告诉我们：人才资源是足球运动可持续发展的基础。国外足球强国的发展历程也证明：青少年足球后备力量的强弱是一个国家足球运动发展的基础。巴西队能够五夺世界冠军，成为真正的"足坛王者"，其根本原因就是优秀的青少年足球运动员层出不穷。日本队能够在近年来称雄亚洲，也是其高度重视青少年足球人才的结果。

二 青少年足球运动是培养合格人才的重要途径

现代人力资源理论告诉我们：一个人要想成为合格的人才，其最重要、最基本的就是物质基础——身体能力。因此，要想培养合格人才，必须将青少年身体能力的提高放到重要的位置。作为世界第一运动的足球，其对抗激烈、变幻莫测的魅力是其他任何项目都无法比拟的，对青少年具有强大的吸引力，使他们能够积极地投身于足球运动中，而积极地参加足球运动对于青少年人格的塑造、身体能力的提高具有相当重要的作用。因此，开展足球运动是培养合格人才的重要途径。

第二节　青少年足球运动员的科学选材

一　足球运动员的科学选材

"优秀人才将使训练成功一半"，这种观点已被当今世界所有体育强国的教练员所接受。足球运动员选材的核心就是把具有足球运动特殊天赋的少年儿童选拔出来，对他们进行全面系统、有目的的培养，使他们的先天能力得到充分的发挥，以便达到高度的竞技水平从而取得优异成绩。德国的乌尔默教授指出：所谓选材是直接或间接地将一些天才因素测定下来，根据现有的测定来预测未来的竞技能力。所以说选材是为了预测，没有预测也就没有选材。所谓足球运动员的科学选材，是指根据现代足球运动的发展趋向和竞技能力的构成因素，以严谨的态度，应用现代科学的手段和方法，通过完全客观性的指标和测量数据，并辅以教练员的经验进行的。科学选材需要借助众多学科作为自己的科学基础，充分利用社会学和自然科学方面的知识技能，将适龄者的身体形态、心理、生理、生化、运动素质以及遗传等方面的特征和因素进行综合性判断和较全面的挑选。因此，科学选材不是一次性的挑选工作，而是需要进行多次筛选的过程，并通过运动实践才能造就优秀的足球人才。同时，科学选材还需要体育工作者和教练员、运动医学、运动生理学、运动训练学等学科专家以及家长等各方面的积极配合，才能更好地完成这项艰巨的任务。

二　影响足球运动员科学选材的主要因素

（一）遗传因素对足球运动员选材的影响

遗传是指子代和亲代在特征性状上相似的现象，是生物体在世代间的连续。体育运动实践表明，并非每一个正常、健康的适龄者经过科学的训练都能成为优秀运动员。这是因为，组成人体运动能力的性状与人体其他性状一样，大都受到遗传因素的影响。由于运动员的机体是由亲代（父母）遗传而来，因此，先天性因素在其中占有很大的比例（见表10-1）。

表10-1　　　　　　　　　主要形态、机能和运动素质的遗传度　　　　　单位：（%）

内　容	指　标	男	女
形　态	身　高	75	92
	体　重	68	42
	腰　宽	79	63
	臂　长	80	87
	腿　长	77	92
机　能	血　型	100	
	安静心率	33	
	最大心率	85.9	
	肺通气量	73	
	最大摄氧量	69-93.6	
	血红蛋白含量	81-99	
	血乳酸最大含量	60-81	
	红白肌纤维比例	80	
运动素质	反应速度	75	
	动作速度	50	
	动作频率	30	
	绝对力量	35	
	相对力量	64	
	无氧耐力	85	
	有氧耐力	70	
	柔韧性	70	
	智　力	70	

在形态、机能、运动素质等方面有许多因素是后天环境不易改变的，或者说

改变的程度较小。所以，要选拔先天因素有利于从事足球运动并且最适合专项发展的青少年进行培养。

（二）少儿生长发育的生理特点和规律对足球运动员选材的影响

少年儿童生长发育过程中，由于受遗传、种族、环境、营养、疾病等因素的影响一直存在着两个不同年龄，一个是日历年龄（实足岁数），另一个是生物年龄（发育程度），日历年龄与生物年龄并不一致，有的人大，有的人小，有的甚至相差几岁。所以，日历年龄并不能真实地反映一个人成熟的早晚，而生物年龄才能真实地反映一个人的成熟状况。人体在生长发育的各个阶段生理机能的变化有一定的规律，而且有明显的特征，例如，骨骼的发育成长、体型的形成以及第二性征等在不同年龄阶段都有各自的特点和规律（见表 10-2），这对衡量一个人的生物年龄有显著意义。

表 10-2　　　　　　　　　男子第二性征推导发育程度对照表

发育程度（骨龄）	分　度		
	阴　毛	睾　丸	其　他
10	阴部无毛	1-1.5厘米	
11		2厘米	阴茎开始增长
12		2.5厘米	喉结增大
13	阴毛开始出现在阴茎根部，毛稀少而短	3厘米	第一次出现乳节
14		3.5厘米	声音变粗
15	阴毛长到耻骨联合处，稀密而长，部位比较集中，呈倒三角形趋势	4厘米	阴囊色素增加、遗精
16	阴毛分布范围广、毛密而长，已呈明显倒三角形，并有向下肢腹股沟与肚脐部延伸趋势，毛发重者有向菱形发展趋势	4厘米以上	
17		4厘米以上	长骨停止生长

（三）现代科学技术的发展对足球运动员科学选材的影响

运动选材是建立在现代科学技术发展与现代生物基础科学发展之上的，20世纪60年代红白肌纤维学说的创立，改变了以心血管系统机能来衡量运动能力的传统观念。应用医学生物学的现代化手段、血液的化验手段，用一滴血就可得到几十个指标数据。电子计算机的普及、现代科学仪器的出现都为选材工作提供了先进的设备和手段，使人们对人体遗传、生理结构的认识从表面的宏观认识过渡到内在的微观认识阶段，从而能更科学地预测人的运动能力，为更准确地选拔适宜从事足球运动的人才提供可靠依据。

三　足球运动员的三段式选材法

根据国内有关专家的研究结果，我国对足球运动员实行三段式选材法较为有利。即在9～10岁时进行初选，12岁时复选，15岁时进行最后的精选。通过系统的三段筛选将具备条件和缺乏条件者区分，以便集中力量进行培育，降低淘汰率。

选择这三档年龄是根据我国现行的中、小学学制和少年儿童生长发育特点，并参考国际青少年足球运动的发展状况而定的。经过初选的儿童可以进入重点足球小学四年级培养，达到12岁复选标准者可进入青少年业余体校或足球学校初一的班级进行培养，15岁精选后可进入省市级代表队或足球俱乐部的后备队伍。把好这三关，在人力、物力上既便于集中使用，在时间上也有利于少年儿童的系统训练。

四　选材的主要内容

现代足球比赛最显著的特征是快速和强对抗，是比赛双方综合能力的全面较量，因此，对运动员体能、技能、战术能力、心理能力和运动智能等方面都提出更高的要求。这都应成为我们选材工作的主要内容（具体方法和评价标准可参见《优秀青少年运动员科学选材论文汇编》等相关资料）。

（一）身体形态

足球运动员的身体形态一般要求是身体匀称，下肢中等，小腿细长，跟腱清晰，踝关节围度小，足弓较高，足底略宽而长，肌肉较细长、线条明显，皮下脂肪层薄且富有弹性，臀部肌肉紧缩上收。在身高方面虽然不像篮、排球那样有很高要求，但是对某些特殊位置，如守门员、中后卫及中锋应要求具有相应高度。当然，身材高大且灵活快速是足球运动员的理想体型特征。因此，在选拔少年儿童运动员时应该比较准确地预测出他们成年后的身体形态。

1. 身体充实度

身体充实度是指身体的胖瘦、丰满和结实的状况。通过人体每厘米身高的体重测量值计算出克托莱指数，该指数可以反映青少年在发育过程中体重与身高的合理比例关系。

2. 身高

（1）用父母身高预测孩子成年后身高。身高受遗传因素影响很大，用父母的身高可以预测孩子成年后的身高。

（2）用足长预测孩子成年后身高。少年儿童足长的发育领先于身体其他各部的发育，并最早达到成人的程度，因此可以用足长来预测其成年后的身高。

（3）用骨龄预测成年后身高。每名少年儿童在不同年龄时都有一个相应的骨骼年龄，它与未来成年时的身高之间有一个较固定的比例关系。通过拍摄手骨的X光片可以评定骨龄。

（4）用当前身高预测成年后身高。

以上预测的结果都不可能绝对准确，所以，在实际使用时可以采用几种方法进行预测，相互参照分析。

（二）生理机能

足球训练和比赛常常是在机体承受显著负荷的状态下进行的，对机体的生理机能要求很高。机能水平越高运动潜力越大，越有可能出现优异成绩。人体生理学和遗传学研究证明：人体器官系统的机能性状况具有较大的遗传力，而且生理机能的多基因数量性状遗传具有连续性的特征。下面介绍几种简单易行的生理机

能测试内容。

① 心功指数。目的是测试心血管机能水平。

② 肺活量。目的是测试肺通气功能水平。

③ 台阶试验法。目的是测量最大吸氧量。

（三）心理因素

心理品质是足球运动员竞技能力的重要组合因素之一。在现代足球训练效益和比赛胜负中的影响日趋明显，越来越多地被人们所认识和重视。科学研究表明：运动员心理品质在许多方面显现着遗传的性状，如运动员的气质、反应、个性等。心理选材是从遗传优势和高起点两个方面进行工作的。下面介绍足球心理选材的几项测试内容。

① 简单反应时。目的是测试视觉反应速度。

② 选择反应时。目的是测试视觉选择反应速度。

③ 轻敲法机能测试。目的是测试神经系统的灵活性和协调性。

④ 操作思维测试。目的是测试操作思维的敏捷性。

⑤ 神经类型测试。目的是测试运动员的神经类型。

⑥ 注意广度的测试。目的是测试注意广度水平。

⑦ 视动觉协调反应时。目的是测试视动觉灵敏协调性反应速度。

（四）智力

智力，俗称智慧或智能，是人们认识过程的一种综合心理能力。从辩证唯物主义的观点来看，智力是遗传的特性和后天环境教育的合成。伴随着当前绿茵赛场斗智比重越来越大，智力成为竞技能力结构的必要因素。世界足球强国都十分重视智力选材，使现代优秀足球运动员的智能结构由"体力型"向多层次的"智力型"转化。足球运动员的智力主要通过观察、注意、感受、记忆、想象、判断、思维、创造性等方面表现出来。通常智力测试的简易内容是测试运动员的思维灵活性。

（五）身体素质

在少年儿童选材中身体素质的考核与评价是重要的工作之一。由于身体素质的遗传表现是显著的，所以，根据少年儿童的先天条件进行科学选材是必要和可行的。测试内容包括速度、力量、耐力、灵敏、柔韧和协调性六个方面。具体项目介绍如下。

① 30米跑。目的是测定快速起动和绝对速度能力。

② 三角形30米跑。目的是测定快速起动、急速变向跑的灵敏性。

③ 20米直线绕杆跑。目的是测定跑的协调性和灵敏性。

④ 25米折返跑。目的是测定起动、急停急转和速度耐力。

⑤ 12分钟跑。目的是测定呼吸循环系统机能及有氧代谢能力。

⑥ 立定跳远。目的是测定腿部爆发力及全身协调性。

⑦ 十级跨步跳。目的是测定连续弹跳力和全身协调能力。

⑧ 直立摸低。目的是测定全身柔韧性。

⑨ 仰卧起坐。目的是测定腰腹力量。

⑩ 足弓轻敲球。目的是测定动作协调性。

⑪ 垫上运动。目的是测定动作协调性、连贯性和运动方向（一般15岁年龄组才进行测试）。

（六）运动技能

少年儿童是学习掌握足球技能的最佳时期。根据少年儿童的特点可选择以下几项内容：颠球、接球、运球、踢准、运球射门、过顶传中、长传抢点射门、综合技术等。

第三节　青少年足球运动员训练的任务

一　足球运动的三大基础

足球运动主要用脚来控制球，因此身体重心、步点、球感被众多足球专家称为"足球运动的三大基础"。这三大基础也被称为"球星之基础"。青少年时期是打好这些基础的敏感期，因此"足球运动的三大基础"也是青少年足球教学、训练特别重要的基本内容。

（一）重心

人体重心是指人体各部位所受重力的合力的作用点。它是人体在各种活动中保持身体平衡的控制点。足球运动中各种对球的作用力的动作都由助跑、支撑、摆动、触击球、随前动作等环节组成；各个环节既互相关联又互相制约，任何一个环节若有偏差都会影响整个踢球过程或身体其他部位处理球的正确性。踢球或身体其他部位处理球，首先需要调整，稳定身体重心，控制身体平衡，使踢球脚和身体其他部位处理球活动自如。平衡如同一棵树的树干，传球、射门、接球、控带球、抢截球、头顶球、合理冲撞、假动作等都是树干上的树枝。树干是支撑和稳定树枝的基础。

足球运动员的身体重心是足球运动员做各种动作的基础。随着足球运动中千变万化的动作需要随机到位，否则不可能正确完成任何技术动作。国外足球行家一致认为：平衡是足球运动最基础的成分，是每个球星最基础的素质。因此，要特别重视身体重心的调节和控制，从小进行教学训练。

（二）步点

步点是指踢球或身体其他部位处理球时，支撑身体重心的单脚或双脚的立足点。步点必须根据不同的踢球或身体其他部位处理球的技术动作的需要调整，也就是调整人与球的位置、方向的立足点。控制身体重心的支撑动作和位置正确与否，直接影响踢球或身体其他部位处理球技术的完成。

准确的步点必须依靠快速灵活的步法。踢球时支撑脚（头顶球的起跳脚）脚尖应朝向出球方向，支撑脚的方向和位置要靠最后几步助跑时前、后、左、右的步法来调节，其中非支撑脚最后一步的步法调整是调节身体重心、准确踏稳步点的重要步法。步法、步点不到位不能正确完成技术动作。步法和平衡力也是球员在运动中随机应变的基础。因此要从小进行教学训练。

（三）球感

球感是指足球运动员对球的作用力的感觉，球感也称球性。它是球员在足球运动中，对来球性能（球的力量、旋转、运行速度、方向、弧度、作用力、落点及落地后反弹方向）的准确判断和对出球（方向、距离、高度、弧度、速度）的准确用力的控制能力。这种能力是优秀足球运动员必须具备的最基本能力。球感也有助于步法调整和控制身体平衡。球感需要从小对各种性能的来球和传射球进行无数次的严格教学训练才能获得。从小就进行身体各个部位颠球、传接球、控带球的训练，才能熟悉球性。

二 各阶段训练思想和主要目标

（一）启蒙和基础阶段（U–7 和 U–9 年龄组）

① 使儿童在足球运动中无拘束地发展自己的个性，从中获得极大的乐趣，培养浓厚的足球兴趣。

② 以比赛为依托学习足球基本技术和活动行为。

③ 把"正规比赛"简化为符合儿童身心发育特点的小足球比赛。

④ 使儿童的灵敏协调素质得到发展。

（二）基础和提高阶段（U–11 和 U–13 年龄组）

① 这一年龄段是反应速度、动作速度、动作频率、奔跑速度、灵敏、柔韧、协调等运动素质和时空知觉发展的敏感期，是学习复杂技术动作的最佳时期，

也是学习提高足球技术的敏感期。这一阶段应系统地学习掌握全面的足球技术，以"球"作为全面训练和比赛活动中心。

② 在学习掌握全面的足球技术的基础上，有效地提高个人和小组攻守战术意识及能力，为形成全队战术打好基础。

③ 比赛和练习形式应丰富多彩且充满乐趣与挑战性。

④ 这一年龄段运动素质的发展应主要从全面的技术训练和比赛中获得，13 岁前不应进行大负荷量的身体素质训练。

（三）提高和过渡阶段（U-15 和 U-17 年龄组）

① 以当今高水平足球比赛的需要为指导，使个人足球技巧和技战术能力向高水平发展，并有效地提高位置技战术能力且形成个人特点。

② 在个人、位置、小组技战术能力发展的基础上，加强全队整体攻守技术训练，逐步形成全队的技战术风格与基本打法，并向高水平发展过渡。

③ 在全面发展身体素质的基础上重点发展速度、耐力、爆发力等专项身体素质，为足球竞技能力的全面提高和向职业足球过渡奠定坚实的基础。

三 技术、战术和身体素质三要素在各阶段训练流程中的说明

（一）技术

在启蒙和基础阶段中，技术训练的目的是使技术成为体会足球比赛乐趣和领会足球比赛基本战术思想的工具；在基础和提高阶段则要充分利用学习提高技术的"敏感期"，尽可能掌握全面的足球技术；在提高和过渡阶段的主要任务是，丰富"技术储备"，在对抗训练和比赛中改进和发展技术。

（二）战术

在启蒙和基础阶段以控球为基础，注重培养一对一攻守能力和个人技术行为能力；在基础和提高阶段以改进与提高个人技术、熟练小组战术、理解比赛阵型和掌握全队战术基础知识为主；在提高和过渡阶段注重加强与全队技战术有关的

各种因素，借助强化训练、对抗训练和各种比赛来改进不足，使个人及全队技战术向高水平发展。

在比赛阵型的选择方面，建议"7人制"比赛采用3—3阵型，以提高一对一的个人能力，"11人制"比赛以4—4—2阵型、4—3—3阵型、3—5—2阵型和3—4—3阵型作为掌握阵型知识、丰富打法和提高实战能力的辅助阵型。

（三）身体素质

在启蒙和基础阶段、基础和提高阶段，应注重少年儿童身体的生长发育特点，把握各种身体素质的发展敏感期。注意发现和培养速度素质、协调性和灵敏素质突出的队员，注重提高灵敏性、动作速度、动作频率和奔跑速度。在提高和过渡阶段应在全面发展身体素质的基础上，重点培养运动员的速度耐力和爆发力。

第 十一 章

女子足球训练

第一节　现代女子足球发展趋势

一　世界女子足球运动的起源

　　据历史考证，女子踢足球的历史几乎同男子一样长。中国是世界上开展女子足球运动最早的国家。据史料记载，早在东汉二年（公元 26 年），我国河南嵩山建造"中岳三厥"建筑物里，就绘有女子踢球的各种壁画。唐宋时期，女子足球更为盛行，我国目前珍藏的纹铜镜和一些工艺品上女子踢球的图案，记录了宫廷仕女踢球的场面。如图 11-1、图 11-2。另据资料记载，早在 16 世纪，英格兰妇女参加类似的足球比赛的时间也同现代男子比赛的时间相似。

图 11-1　宋代陶枕上的妇女踢球

图 11-2 纹铜镜上男女踢球

现代女子足球运动诞生于英格兰。男子足球比赛的时间及形式为女子足球提供了模式，当时的女子都十分强悍地打完全部比赛时间。当比赛蔓延到英伦三岛时，普及面也不小，各个不同地区的妇女都开始尝试它。但由于比赛缺乏规则而且对抗激烈，似乎早期足球对妇女的吸引力很小。

到了 18 世纪，女子踢足球的人虽少了，但一个值得注意的现象是，苏格兰的爱丁堡，在当时的地方性节目中，独身和已婚妇女之间每年要举行年度的足球比赛，例如，在忏悔节和一些集会和庆祝会上，有很多女子踢足球。除苏格兰和英格兰北部的女子小团体的足球活动外，其他地方就很少有人进行女子足球运动。

19 世纪末，女子足球俱乐部在英格兰迅速形成，很难断定是什么原因使一部分女子对足球运动突然发生兴趣。当时的比赛规则已经成型，激烈冲撞已被废除。此外，19 世纪末期的英国妇女同现代女性一样赶时髦，这可能是她们投身足球运动的一个原因。当时一些足球队在兰开夏工业区形成。在布莱斯顿和布莱克堡的男队中也有一些第一流的职业女选手。这些队伍中最著名的俱乐部叫"迪克·科尔 11 人"，组建于 1894 年，它以技术超群以及为慈善事业工作而闻名。该队 1922 年访问过美国，与美国业余男队比赛 8 场，以 3 胜 3 平 2 负的成绩载誉回国。

由于英格兰许多女队都获得了成功，她们开始转向社会，要求足球协会撤销

对女子足球的清规戒律。1902 年，英格兰足球协会规定不得吸收女子队为会员，原因是足协不能对女性参加者出现的伤害事故负有责任。足协的这一决定很快被欧洲所有国家效仿。当时席卷欧洲和美国的妇女参政主义运动也给了女子足球运动最强有力的支持，并使它持续到 20 世纪 20 年代。到了 1925 年，妇女对足球运动的兴趣减弱了。可是到了 20 世纪 50 年代又显示出增长的势头。

1957 年，尽管还没有一个足球协会承认和接纳女子足球为其会员，但第 1 届欧洲女子足球锦标赛在前联邦德国举行。奥地利、英格兰、荷兰和前联邦德国参加了比赛，英格兰获得冠军。20 世纪 60 年代末期，世界许多国家都开始组织了一些女子足球赛，女子足球队的迅速扩大，迫使人们重新估价它的作用。1969 年，英格兰足协修改了长达 67 年之久不承认女子足球运动的规定。苏格兰、威尔士、爱尔兰以及欧洲的大部分国家也相继承认了女子足球的合法化。

二　世界女子足球运动的发展

20 世纪 60 年代，受欧美女权运动和妇女解放运动等因素的影响，女子足球在青少年中形成较大的发展势头，西欧国家的学校中女子足球开始成为体育课的教学内容。校际间、俱乐部间开始组织女子足球比赛。到了 70 年代的中期和末期，东、西欧的几乎所有国家都有联赛。美国女子足球最富有市场，更多的女孩从草地网球、篮球、橄榄球中被吸引到足球中来，成为校园体育的重要部分。亚洲国家女子足球运动虽然开展较晚，但是从 60 年代已经在国际女子足球运动中起到了不可忽视的作用。60 年代初期，新加坡、泰国和中国台湾的足球运动开始走在世界的前列。60 年代末期，已有联赛和杯赛。70 年代女子足球发展更快，远东的所有国家开展了联赛。之后，亚洲一些国家和地区将目标放在组织世界性足球比赛上，并积极筹建国际女子足球联合会。1971 年，这项运动终于得到国际足联的支持。

进入 20 世纪 80 年代以后，欧洲女子足球运动出现扩张之势，例如，英国已有十多万名女性参加了女子足球总会所属的 250 个足球俱乐部，进行 22 种联赛的角逐。前联邦德国有 2700 个女子足球队，会员超过 40 万。1982 年开始组建的前联邦德国国家队声名显赫。瑞典登记的女运动员也达十万人以上，政府专门拨款成立女子足球学校，女子足球成为仅次于男子足球的最受欢迎的体育项目。意大利的职业女选手有机会在 5000 ～ 10000 名观众面前表演。1968 年由中国台北、中国香港、马来西亚、新加坡发起成立了亚洲女子足球联合会。1975 年亚足联在香港举行了第 1 届亚洲女子足球锦标赛，参加的国家和地区有中国香港、马来西亚、澳大利亚、新西兰、新加坡和泰国，新西兰获得冠军。两年之后的第 2 届比赛增加了缅甸、日本和韩国等国家和地区，新西兰再次夺魁。

20 世纪 80 年代初，我国女子足球运动以蓬勃发展的姿态跃入国际足坛。1982 年，北京、广州分别组织了国际女子足球锦标赛。1987 年第 6 届全运会上，首次增设了女子足球比赛项目。

1983 年，国家女子足球队成立，1986 年，中国女子足球队首次参加第 6 届亚洲杯女子足球锦标赛，一举夺得亚洲盟主地位，令国际女子足球界刮目相看。

1986 年，在墨西哥举行的国际足联第 45 届代表大会上，挪威代表埃伦·威尔女士发言，建议国际足联尊重世界女子足球运动的发展现状并给予指导和帮助。经过大会辩论之后，阿维兰热主席对埃伦女士的提案表示支持，同时建议国际足联发展委员会对增设国际性女子足球比赛的可行性进行调研。

1988 年，非正式的国际足联女子足球锦标赛在我国广东举行，参加的国家有挪威、瑞典、荷兰、捷克斯洛伐克、美国、日本、泰国、巴西、科特迪瓦、加拿大、澳大利亚和中国，共 12 个国家，比赛取得了圆满成功。

鉴于女子足球运动技术水平的提高和中国观众表现出来的热情，1991 年国际足联授权中国正式举办首届世界杯女子足球锦标赛，参赛国家是由各大洲预选赛 41 个国家和地区选拔出来的。德国、挪威、丹麦、意大利、瑞典、美国、中国台北、日本、巴西、新西兰、尼日利亚和中国参加了比赛，美国队以 2：1 战胜挪威队获得冠军。比赛全部进球 99 个，平均每场 3.81 个，全部观众 51 万人，平均每场观众 19615 人。

第 2 届世界女子足球锦标赛于 1995 年在瑞典举行，共有 51 个国家参加预选赛，其中仅欧洲国家就有 29 个。比赛分 3 个小组进行，A组：德国、瑞典、日本、巴西；B组：挪威、英格兰、加拿大、尼日利亚；C组：美国、中国、丹麦、澳大利亚。在冠亚军决赛中，挪威队以2∶0战胜德国队获得冠军，在争夺第3、4名比赛中，美国队以2∶0战胜中国队。26场比赛中，共射进99球，同首届世界杯一样，平均每场进球3.81个，全部观众112213人，平均每场观众4316人。

第3届世界女子足球锦标赛于1999年在美国举行。在冠亚军决赛中，美国队通过点球战胜中国队获得冠军。虽然中国队没有获得冠军，但是中国女子足球队在本届世界杯上的表现赢得了全世界的尊重，在国内也掀起了一股"铿锵玫瑰"的热潮。

国际足联通过投票决定第4届世界女子足球锦标赛于2003年在中国举行。我国也通过细致入微的筹备来迎接本届女子足球的盛会，但是突如其来的"非典"，迫使国际足联和我国政府磋商后决定本届女足世界杯易址美国举行，而2007年第5届女足世界杯在中国举行。在本届世界杯上，德国队战胜了瑞典队获得了冠军，而中国队在1/4决赛中，以0∶1负于加拿大队而未进入四强，从此中国女子足球开始步入低谷。

2007年9月10日，经过八年的等待，女足世界杯终于来到了中国，经过22天的激烈比赛，德国队以2∶0战胜了巴西队，成为女足世界杯历史上首支卫冕成功的球队。我国女子足球队在1/4决赛中又一次以0∶1负于挪威队而未能进入四强，但是从整个比赛中可以看出，我国女子足球队已经走出了低谷，开始表现出上升的势头。

1992年底，美国亚特兰大组委会、美国奥运会和美国足协从女子足球的现状以及美国女子足球水平出发，积极向国际奥委会建议增设女子足球比赛。奥委会在国际足联的积极努力下通过决议，破例将女子足球列入1996年亚特兰大奥运会正式比赛项目。4年后的第26届奥运会女子足球比赛共有8支队伍参加，A组：瑞典、丹麦、美国、中国；B组：挪威、德国、巴西、日本。先进行小组循环赛，后进行交叉赛，美国队以4胜1平、进9球失3球获得冠军；中国队以3胜1平1负，进11球失5球获亚军；全部16场比赛吸引691600名观众观看了比赛，平均每场43225人；整个比赛共进球53个，平均每场进球3.31个。

在 2000 年悉尼奥运会和 2004 年雅典奥运会上，我国女子足球队都未能从小组出线，这也从侧面表明，在这个时期，我国女子足球队正处于历史的最低谷。

三　世界女子足球的流派、特点和技战术发展趋势

女足世界杯和奥运会女子足球比赛的成功举行，极大地促进了女子足球技战术水平的发展，受传统足球文化、足球发展进程以及地域间人种的差异性等方面的影响，女子足球也形成不同的打法和风格特色。

在鼓励竞争和个人奋斗的美国，女子足球表现出注重个人能力、个人突破和重视进攻的特点。首届女足世界杯中，美国队的三前锋均被认为是世界最佳前锋，与欧洲巾帼足坛最有影响的尖刀前锋德国的摩尔相比则稍逊一筹。在奥运会比赛中，美国队的进攻仍显示出较强的个人能力和突破意识。

在欧洲队伍中，德国队所表现出来的全攻全守型打法已基本成型，德国女子足球的特点似乎受到德国男子足球影响较深，队员比较讲究整体，个人技术比较实用，随着球队的不断磨合，德国队成为当今整体实力最强的女子足球队，这也是其连续获得 2003 年和 2007 年女足世界杯的根本保证。

欧洲的挪威、瑞典和丹麦队基本代表了北欧斯堪的纳维亚人强健、粗犷和意志顽强的个性，打法以稳固防守和长传冲吊为主，个人技术一般较差，但常以超强的体能和顽强的拼抢予以弥补，在上述三队之中挪威队善于边路 45° 角的高吊高打；丹麦队则侧重于中路突破和转移；瑞典队比较注重进攻的节奏和整体性。

同男子足球一样，巴西女子足球运动员也表现出良好的足球天赋和才华，在 20 世纪的每届世界杯比赛中她们虽然技术出众，但由于缺乏系统训练，体能较差，在战术上也重攻轻守，因此巴西队并没有取得理想的成绩。但是，随着女子足球运动的不断发展以及巴西对女子足球重视程度的提高，巴西队的训练水平得到了很大的提高，在保持进攻优势中加强了防守，用娴熟的技术、意识捍卫了巴西足球的荣誉。而在 2007 年女足世界杯上，巴西队的个人突破能力让全世界球迷叹为观止，如果巴西队再加强其整体战术的配合能力，将可能与其男足一样在世界女子足坛傲视群雄。

在20世纪，以粗犷、突出个人和力量型打法占据主导地位的巾帼足坛中，以中国、朝鲜、日本以及中国台北队为代表的小、快、灵打法和讲究技术配合的亚洲队伍，在世界女子足球格局中占据相当的位置，特别是中国队以快速、灵巧的小范围配合在巾帼足坛独树一帜，赢得了世界的赞誉，但由于身体过于单薄且体能欠佳，常常经受不住欧美队伍的凌厉攻势而失去其优势。

从世界女子足球的发展趋势来看，受竞技体育文化发展和足球制胜规律的影响，女子足球技战术发展越来越强烈地体现出男性化特征。其表现形式不仅体现在技战术训练方法、动作质量和难度上，同时在阵型、打法和战术配合上也比较一致。随着女子足球训练方法、手段的不断完善，男性化趋势这一特征将表现得越来越明显。

1991年女足国际比赛时间延长至45分钟之后，对女子足球的体能提出了新要求，现代足球比赛的激烈程度、攻防转换速度的提高，也对速度、速度耐力和往返跑动能力提出新的课题，因此，女子足球运动员的身体训练越来越引起各国的普遍重视。

在女子足球发展的最初阶段，女足比赛的技术运用表现出这样几个特点：抢多于断，围多抢少，脚踢球多于头顶球，技术动作运用能力表现出强烈的非均衡性。随着近年来女子足球技术水平和身体素质的提高，技术动作运用能力有了改进并逐渐趋于均衡，即有意识地断截球开始增加，逼抢成功次数多了，同时头球得分能力有了明显的提高。

随着女足世界杯和奥运会女子足球比赛的发展，世界各队的技战术水平有了很大的提高，这无论从各队的教练、专业记者，还是从国际足联的技术官员评论中都可以反映出来。通过对2003年女足世界杯的研究，可以看出，现代女子足球技战术发展趋势主要表现在以下几个方面。

（一）比赛趋于快速激烈——对抗程度前所未有

1. 攻防速度加快

从双方在比赛中攻入前场进攻三区的次数统计结果看，双方平均每场攻入进攻三区的次数为90次左右。也就是说，在世界高水平的女足比赛中，一个队在一场比赛中有 45 次左右将球攻入对方后场。其中，美国 Vs 德国达到 106 次（美国 64 次、德国 42 次）。冠亚军比赛中德国 Vs 瑞典更是达到了 112 次（德国 53 次、瑞典 59 次），攻防转换之快可见非同一般。而且，女子足球运动的"快"还表现在以下几个方面。

① 对部分比赛场次双方队员传球情况的统计分析表明：世界最高水平的女足比赛向前传球比横向或回传球要多得多，占绝对主导的地位，体现出一种积极向上的比赛态度和战术打法（表 11-1）。

表 11-1　　　　　　　　　2003 年世界杯部分比赛传球情况统计　　　　单位：%

球　队	向前传球	横向传球	回传球
瑞　典	239（72.64）	45（13.68）	45（13.68）
德　国	218（85.83）	17（6.69）	19（7.48）
美　国	309（69.91）	66（14.93）	67（15.16）
加拿大	202（84.87）	15（6.31）	21（8.82）

注：括号中的数字为不同传球次数占总传球次数的百分比。

② 通过对进球前传球次数的统计分析表明：1/4 以后的比赛所有 26 粒入球中，除了 2 个点球和 2 个任意球直接攻入之外，其余 22 粒进球中有 94% 是通过三脚之内传递攻入的，仅有 6% 的入球是三脚以上的配合打入的。通过对美国和德国队比赛的具体分析，结果表明：美国队从后场发动进攻到前场进攻三区的传球次数分别为：三脚之内 61 次，4～5 脚 10 次，6 脚以上 8 次，分别占 77.22%、12.66%、10.13%；德国队的数据分别为 35、14、5，所占的比例是 64.81%、25.93%、9.26%。这充分表明，追求快速简捷的打法是当前世界女足强队的基本特征。它所反映的是一种趋势和方向，也是我们重新认识女足比赛发生改变的一个重要提示。

③ 世界女足强队一般都拥有多名速度奇快的队员。她们分布在各条线各个位置上。她们在场上的长途奔袭也令比赛的速度大为提升，使攻防的节奏明显加快。

④ 在本届女足世界杯的比赛中，球飞行的速度也明显加快（这是一个确实存在但有待进一步证实的现象）。

2. 对抗程度激烈

① 从本届女足世界杯 1/4 以后 6 场比赛中"队员身体接触与冲撞"的研究发现：在一场世界高水平的女子足球比赛中，一般会发生 239 次左右的身体接触和冲撞。其中，激烈的接触和冲撞 102.5 次，占 42.89%；中度的有 83 次，占 34.73%；轻度的有 57 次，占 23.85%。这组数据表明，在高水平的女足比赛中，激烈的或中度的身体接触和冲撞所占比例巨大。进一步分析发现，中场与前后场的差别不大，都在 119.5 次左右，但是，边路的比例略高于中路（122.5，116.5），而中场的边路是争夺的焦点。

② 从 1/4 以后 6 场比赛双方队员头顶球争夺情况的统计发现：在一场高水平的女足比赛中，双方队员共发生头顶球 99.2 次。其中，美国 Vs 挪威 152 次（美国 86 次、挪威 66 次）；加拿大 Vs 瑞典全场比赛头顶球 148 次（加拿大 70 次、瑞典 78 次）。这一数据显示了女足比赛对高空球的争夺日趋激烈。对于中国女足应该是一种强烈的警示（中国 Vs 加拿大头顶球 77 次，中国 19 次、加拿大 58 次）。

③ 铲球次数的多少通常被用来描述比赛的激烈程度。通过对 1/4 以后的 6 场比赛双方队员铲球情况进行的统计发现，6 场比赛共铲球 191 次，平均每场 31.8 次（中国 Vs 加拿大铲球 31 次，中国 7 次、加拿大 24 次）。这一数字比 U-19 女足世界青年锦标赛的相同数据偏低，可以认为，成年女子运动员能更积极而谨慎地运用铲球技术。

（二）战术打法的新变化

研究表明，4-4-2 阵型是本届女足世界杯参赛各队普遍采用的阵型。虽然一些队伍在此基础上会有所变化，比如采用 4-5-1 或 4-3-1-2，但是，绝大多数队伍基本上还是在这个框架内变化。这与以往一些球队采用 3 前锋或 5 后卫的阵型仍然有所不同。

1. 本届女足世界杯最显著的阵型变化在于中前场的人员配备

中场由 4 人的平行站位变为菱形站位。

突前前卫与 1～2 名高大前锋形成强力攻击组合，中场队形变化的意义在于：

（1）4 人由平行排开形成一条线到菱形组合形成一个面，便于集中人员争夺中场，也便于左右呼应。

（2）突前前卫职责明确地投入进攻，而左右前卫也能伺机前插，增强了中场力量的机动性。

（3）两名边前卫相对向内收缩留出两翼的空间，为两名边后卫上下活动创造了机会。

在快速对抗中利用中短传或快速带球迅速向前推进，是本届世界杯除加拿大之外其他强队在本方控球时的基本打法。在中前场，中路通过直传或斜传对方平行站位的后卫身后，形成突破。两翼则通过带球突破或传切配合瓦解对方防线，造成中路混乱寻找机会。攻击对方两肋，很少有盲目的 45° 斜线传中，这是我们对世界强队进攻打法的突出印象，世界各女足强队显然注重了球权转换的环节，丢球后就近逼抢非常积极。当对方控球时，一般会在本方中后场组织密集的防守体系，也为下一次的反击预留下空间。我们注意到，本届世界杯几支强队中场人员的配备情况，一批技术与奔跑能力强的队员被安排在了中场，使队伍的攻防变得生动而富有弹性，变化无穷。

2. 本届女足世界杯最突出的特点，就是高大强壮前锋的出现

前四名的队伍除瑞典队的双快组合之外，其他三支队伍无一例外地拥有高大强壮前锋。德国队的 9 号普林茨以个人进 7 球 5 次助攻更成为本届世界杯的金靴奖和金球奖获得者，相信她会成为全世界效法的榜样。身高 1.8 米年仅 20 岁的美国队 20 号是本届世界杯闪现的一颗耀眼的新星。她的跑动、头球摆渡、带球突破、大力射门与男足运动员如出一辙，必将成为女足前锋的发展方向。

世界女足强队前锋强大的冲击力和强烈的攻击性，体现在她们的进攻方面。德国队的两名前锋 11 号梅内尔特进 4 球、助攻 7 次、射门 54 次，与 9 号普林茨（射门 27 次）遥相呼应、相映生辉。美国队的 9 号哈姆进 2 球、助攻 5 次、射门

14次，与20号瓦姆巴齐（射门18次）相得益彰。而瑞典队的前锋11号斯文森更以进3球、助攻4次、射门30次为球队立下汗马功劳。与此同时，本届女足世界杯前锋队员的凶狠逼抢和积极防守也给人留下了深刻印象。我们注意到，中国Vs加拿大的比赛，加拿大前锋和前场的凶猛逼抢令中国队后卫无所适从，频频出错。

3. 守门员水平的迅速提高是本届世界杯体现出来的又一鲜明特征

主要表现为：

① 对正面球的出击准确而果断。驾驭复杂局面的信心和能力显著加强；

② 活动范围进一步扩大，更多地参与攻防组织；

③ 发动快攻的能力明显增强。脚发球可至对方禁区附近，手抛球可到中线前后。

（三）女足运动员的体能状况令人惊叹

积极主动的打法和快速激烈的对抗，对女足运动员的体能提出了更高的要求，而运动员本身体能状况的改善和提高，又保证和促进了这种打法的实现。参加本届女足世界杯比赛的运动员所表现出来的惊人的体能状况，使比赛充满着朝气与活力，确实让人震撼。在快速激烈的90分钟的比赛中，运动员的奔跑能力基本没有下降，技术动作没有变形，对抗程度没有降低，更没有抽筋、拉伤等现象出现。一些年龄较大的运动员身体状况也令人惊讶。同样参加过四届世界杯的美国名将9号米娅·哈姆就是其中最典型的代表（见表11-2）。

表11-2　　　　　　　　2003年女足世界杯队员跑动距离统计　　　　　单位：米

位　置	号　码	走	慢　跑	快　跑	冲　刺	总　和
前　锋	美国20号	2200	2733	736	578	6247
	德国9号	935	1470	345	493	3243
	中国9号	1685	116`	763	292	3901
	美国9号	1123	2048	981	891	5043
前　卫	瑞典6号	1280	2380	1320	410	5390
	德国10号	1905	3595	525	975	7000
后　卫	德国2号	705	2021	598	275	3599
	瑞典17号	610	1763	795	598	3766

跑动距离一般可以用来描述运动员的奔跑能力以及个体在集体努力中的贡献情况。当然，位置职责也会影响队员的跑动。此外，在活动总距离相当的情况下，快跑和冲刺跑的次数和距离越多，一般而言意义越大。

四　最高水平女足比赛的数据模式

① 双方共有 90 次以上攻入进攻三区。

② 有 3 个以上进球（多是三脚以内攻入的）。

③ 每队有 18 次以上射门，其中 10 次以上射正。

④ 每队平均有 10.8 次角球。

⑤ 每队有 70% ~ 85% 向前传球。

⑥ 双方激烈的身体接触有 100 次左右。

⑦ 比赛中发生球权转换 140 次左右。

⑧ 全队抢截 50 次左右。

⑨ 双方头顶球争夺 100 次左右。

⑩ 双方铲球 30 次以上。

⑪ 前锋队员奔跑 5000 ~ 6000 米，其中冲刺跑 600 ~ 900 米。

⑫ 前卫队员奔跑 7000 米以上，其中冲刺跑 1000 米以上。

⑬ 后卫队员奔跑 4000 米以上，其中冲刺跑 600 ~ 800 米。

五　中国女子足球队的发展道路

国家女足从 1983 年成立至今，一步一个脚印地走过了风风雨雨。

1986、1989、1991、1993、1995 年连续荣获第 6 至第 10 届亚洲杯女足冠军。1990、1994、1998 年连续荣获第 11、12、13 届亚运会女足冠军。1991 年在广东获得首届世界杯第 5 名。1993 年在美国获得世界大学生运动会冠军。1995 年在瑞典获得第 2 届世界杯第 4 名。1996 年在美国获得第 26 届奥运会亚军。1999 年在美国获得第 3 届世界杯亚军。

2000 年，后中国女子足球开始逐步步入低谷，但是，经过全体女足同人的不懈努力，在 2007 年的女足世界杯上，中国女足开始表现出复苏的迹象。不过，中国要想重回世界强队的行列，还需要全体女足人士更加努力的工作。为了在 2008 年北京奥运会取得优异的成绩，中国女足必须在训练过程中解决如下问题。

（一）抓好两个区域的训练

两个区域，即对方和本方的罚球区，这是进攻和防守的两个最主要地带，而这两个地区又是进攻、防守和得失球的焦点，集中反映了处理关键球的能力，在对方禁区常有对手严密把守，进攻中需要我队把握最后的机会，在几次大赛中尽管我队显示出进攻的能力，但由于训练不够没有抓住机会。在我方禁区附近，后卫线表现不够稳定，常常因自己不必要的失误让对手轻易得分，或者由对方一两个前锋将后卫线搞得一团糟。因此，备战奥运会要抓住关键问题，集中解决好两个区域的进攻和防守问题。

（二）集中解决好防守，在防守上必须有突破

中国多年来形成了主动性稳固防守中的快速反击打法，首要目标是建立在整体防守上。但是，后卫线个人防守能力不强是导致失分较多的关键。备战奥运会必须选好后卫人选，选拔具有一定身体条件、有速度的人才担任要职。特别是自由中卫、左边后卫的人选要尽早下手选拔和培养。如果后卫线稳定一些，我们的进攻能力还可以更充分地显示出来，不能再让防守和后卫线拖全队的后腿。

（三）解决对抗中的高球，建立好防冲吊的能力

就对抗中的高球而言，我们明显处于劣势，这既有身材矮小的因素，也有平时对抗和高空作业能力训练不够的问题。欧洲队伍中，德国和瑞典队比较注意中场争夺，中路渗透进攻，而挪威、英格兰、美国等队有时根本不通过中场，而由后卫直接高吊门前由高大前锋争夺，这种打法我们很不适应，经常造成防线的漏洞。因此，培养运动员敢于同对手争顶高球，做好保护和防冲吊是我们备战奥运会的一个重要任务。

（四）强化和精练短传配合，解决好速度和质量问题

短传配合是我们的一个优势，世界杯中我们的短传配合曾给欧美对手造成很大困难。但是，短传配合必须不断精练，必须在速度和质量上下功夫，同时，加强短传配合后的长距离反向进攻能力，在质量上要有明显提高，增加对抗能力和速度。

（五）大赛前的调整、营养、恢复、训练的监测

疲劳和机能状况过去一直是我们的课题。我们在高原训练、训练的监测、恢复手段和营养上都做过尝试，备战奥运会同样需要不断地完善和提高。没有科学化训练就不会产生新的飞跃，努力解决训练和比赛中的问题，在大赛准备期训练量的掌握和控制、营养的补充、力量和速度及对付对手的技战术打法上要上台阶，使运动员的身体适应更激烈的比赛。

（六）大幅度提高全队的身体训练水平

从目前看，国家队基本上有了一定的技战术基础，但体能是限制她们水平发挥的关键。不仅与德国、美国、挪威等队相比身体素质处于下风，而且与亚洲的朝鲜队相比，中国女足的身体能力也要低一些。在奥运会上，如果保持目前的体能水平要想完成任务困难很大，所以，必须在赛前训练中加大身体训练的强度。

（七）必须加强对中前场紧逼的能力和转移球的能力

对付逼迫式打法需要边后卫具备快速的长传转移能力，同时更需要中场队员在紧逼抢截下发挥我队短传配合、运用边路进攻的能力。但是，在对欧美强队的几场重要比赛中，中场均没能表现出优势，主要问题是中场队员缺乏紧逼情况下的控球和转移球能力。边路进攻是我队的一个特长，在与世界强队的交往中也逐渐被人家熟悉，没有中路短传配合、快速转移和个人控带球技术，就不容易形成边路进攻的有利局面。同时，中后场也需要一定的反向转移技术，需要下功夫解决好。

（八）对抗中的快速摆脱和处理球能力

中国队普遍具备较好的控制球技术，但是，在长期的训练中存在着速度慢、进步慢、调整过多的缺点，这已经成为制约技术发挥的一个主要障碍；以往中国

队在世界比赛取得一定成绩，与"小、快、灵"分不开，特别是对付欧洲逼迫式打法，需要快速摆脱、及时出球、快速接应和对抗中处理球的意识和能力。这种能力不仅需要在1对1紧逼中完成，更需要在1对2和局部围抢下完成。

（九）加强作风培养，锻炼意志品质，加强心理稳定性

要想使对抗训练真正达到效果，必须有顽强的训练比赛作风。不然，对抗只是一句空话，例如，对朝鲜的比赛，我们的作风不如朝鲜，在关键时刻缺乏咬牙精神，需要在这段训练中突出强调。平时我们国家队的对抗训练不善于利用身体，队员间仍有埋怨现象，意志力不强，要抓紧克服改正。

（十）提高前锋把握机会的能力

在国际大型比赛中，中国队表现出一定的进攻得分能力，但从强队进球得分情况以及同其他队伍把握机会能力看，仍有许多方面需要改进。无论在水平差距上还是在相同水平的比赛中，把握机会是一支队伍成熟的标志，我国女足前锋队员在1对1情况下的射门技术、射门欲望、捕捉战机和远射的能力都需要加强。

第二节　女子生理特征与足球训练

一　运动器官

（一）体型

我国女子体型属长躯干型，脊柱较长，下肢较短细，尤以小腿较为明显。青春期后，由于女子肩带肌肉的发育比男子差，肩宽比男子小，下肢围度增长较快，大腿和腰较粗，形成了女子上身长、下身短粗、肩窄盆宽的体型特点。

由于女子的体型特点，重心偏低，因此，女子的平衡能力较强，稳定性高。

但由于女子下肢短、步幅小、上肢长、骨骼轻，所以，速度和负重能力较男子差。在宽度指标上，女子髋部和骨盆的比例比男子宽，致使女子髋部灵活性降低，加之肌肉韧带松弛、力量小，其支撑器官软弱，易引起关节损伤。

（二）骨骼

女子骨骼比男子短而细，骨密质较薄、坚固度低，重量轻，骨重量约为男子的90%，骨骼的抗弯、抗压能力较差，但韧性大。因此，女子运动员在进行较大重量和大强度负荷训练时应注意动作的合理性。尤其从高处跳下和做猛烈冲撞练习时要注意正确的姿势，减少对骨盆和下肢的冲击，以防不正确的落地动作给机体带来额外负担，造成运动损伤。

（三）肌肉

女子肌肉比男子纤细，肌肉重量占体重的32%～35%（男子肌肉占体重的40%～45%），占男子肌肉重量的80%～90%，女子肌肉横断面小，肌肉中白肌纤维的比例较男子少；肌肉的绝对力量仅为男子的60%～80%。

由于女子肌肉的这一特征，决定了女运动员在需要力量素质的动作中显得比较薄弱、爆发力较差。女运动员在足球比赛中完成急停、起动、变向转体、虚晃中控制身体重心，踢球、跳起头顶球、控制动作速率以及冲刺速度等方面表现出力不从心的现象。因此，女子足球运动员应特别注重力量素质的选材和训练。

女子足球运动员力量训练应注重全面性，不能只局限于下肢，肩带肌、上肢肌、腹肌、骨盆底肌的力量也较为薄弱，这些部位的肌肉力量与足球运动技巧密切相关。足球运动最需要的是爆发性力量，女子足球运动员的力量训练始终应把目标放在有助于爆发性力量的发展上。同时，应注意与灵敏、速度素质的训练结合，在促进各素质独立发展的同时更好地改善爆发力。

近年来的研究表明，许多女子运动员通过力量训练使肌肉力量明显增长，但肌肉体积并不像男子运动员那样容易增大，这是因为，女子缺乏对肌纤维体积变化起明显作用的雄性激素，肌肉力量的增大主要是通过肌肉神经调节机能得到改善。向运动员讲清楚这一原理，可减少运动员唯恐肌肉体积增大影响体态美的心理顾虑。

（四）脊柱、关节

女子脊柱的椎间盘较厚，关节囊和韧带较薄，关节韧带、肌肉较松软，因而各关节活动范围大，灵活性、柔韧性好。针对这一特点，训练中应通过提高动作的幅度和难度来改进技术动作。但是，女子关节的稳定性较差，易受伤，训练中应注意动作环节的合理性，以防运动损伤，女子腰腹柔韧性好，完成收腹、展腹动作有一定优势，必须注意和力量并行发展，尽可能使腰腹活动柔中有刚。

二　心肺系统

（一）心血管系统

女子的血量、红细胞数、血红蛋白含量都较男子少，心脏的重量、容积、心肌收缩力也均比男子小，心血管系统的机能比男子差。因此，女子心跳较快，每搏输出量和每分钟输出量较男子少，女子心功能的各项指标也较男子差。

（二）呼吸系统

女子以胸式呼吸为主。女子的胸廓较小，呼吸肌较弱；呼吸频率较快，呼吸深度较浅，呼吸差较小。所以，女子的肺活量、最大通气量、最大摄氧量、最大氧债均较男子低，肺通气量仅为男子的70%～80%。由于女子心肺系统的特点，女子血液输氧能力较差，呼吸、循环机能水平、基础代谢率较低，这限制了女子吸氧量、最大摄氧量及氧的利用能力。因此，女子在无氧耐力素质上比男子尤为显得薄弱。

从糖代谢的特点看，成年女子糖酵解中某些酶的活性略低于成年男子，而有氧代谢酶活性较成年男子高。因此，女子糖酵解能力低于男子，而糖的有氧代谢能力比男子高。据研究，在持续长时间的运动后，女子血糖水平从未被发现降到基础水平之下，却往往高于运动前的水平。而男子在长时间运动后，血糖常明显地降低。这是由于女子运动时分泌较多的肾上腺素所引起的代谢反应。因此，女子局部肌肉耐力和有氧代谢能力与男子无明显不同，这使女子在承受负荷量上具有较好的能力。从赛场情况看，女子足球运动员一般表现为奔跑能力较差，尤其反复冲刺、快跑的次数少，这样难以适应现代女子足球比赛高速度、强对抗的需要。为了提高女子足球运动水平，必须把有氧耐力和无氧耐力的训练置于重要位置。根据女子心肺功能和能量代谢的特点，坚持循序渐进、合理安排训练。在发展高速奔跑能力的练习中，还应注意动作姿势和呼吸节奏，力求做到能量利用节省化。实践证明，只要坚持系统、科学的训练，女子运动员有氧代谢和无氧代谢能力是完全能获得大幅度提高的。

三　体脂与体温

女子身体内脂肪含量较多，体脂占体重的比例较大，男子为 10%～ 14%，女子为 20%～ 25%。脂肪不仅具有充填和固定内脏器官的作用，而且是长时间耐力运动时重要供能物质。研究表明：女子利用脂肪酸供能能力高于男子。在长时间低于 55%～ 60% 最大摄氧量的耐力运动时，女子动用脂肪供能的比例明显高于男子。在长时间的耐力运动中，随着时间的延长，肌肉利用脂肪供能的比例也随着增加。在 2 小时以上的中或小强度训练中，女子在有氧耐力上显得比男子优越。在 2 小时以内的强度运动中，由于脂肪不易作为能源物质，往往又是运动中的一种负担，脂肪多也是导致女子身体灵活性差的原因之一。根据这一特点，一方面加强一定时间范围内中、小强度的有氧耐力训练和通过饮食等措施减少脂肪，为灵敏素质发展提供良好的基础；另一方面，则应充分利用有氧耐力的优势，通过延长训练课时间磨炼基本技术和改进基础战术配合。

女子体温调节能力比男子好。男子在体温升高时排汗多，女子在体温升高时排汗量与降低体温的需求较适应。另外，女子由于具有雌性激素促使血管扩张的特性，运动时皮肤毛细血管开放的数量较多，通过皮肤散热也可使体温下降。

四　月经周期

月经周期是成年女子的正常生理现象。月经周期的长短因人而异，一般为 28 ～ 30 天。在经期时部分女子会出现一些特殊的生理反应，如有轻度不舒适的

感觉、下腹部和乳房发胀、腰部发酸。少数人会出现全身性异常反应，如食欲不振、疲倦嗜睡、情绪激动、头痛等。在经期，运动员运动能力的一般趋势相对较低，随后逐渐升高，在月经期一周后（增生期末和分泌期初）达到相对较高水平，保持一段后又逐渐下降，到下一次月经期又落入较低水平。

（一）月经期训练负荷安排

1. 一般安排

根据女子月经周期运动能力变化的一般生理规律，月经期参加适当的体育运动是有益无害的，运动能改善人体机能状态，改善盆腔内生殖器官的血液供应。运动时腹肌、骨盆底肌收缩与舒张交替进行，对子宫起到一定的按摩作用，有利于经血的排出，促进血液循环。月经期运动负荷安排的一般规律是：从月经来潮的前一周开始，运动负荷逐渐减少，直到月经期内维持相对较小的运动负荷。月经后期运动负荷逐渐增大，月经后一周达到相对最大负荷，维持一段时间后，在下次月经的前一周又逐渐减小。依此类推，循环往复。

2. 个体安排

月经周期运动能力的波动具有个体差异。一般安排很难与每名运动员月经周期运动能力的变化规律相一致。为了提高科学训练的严谨性，必须掌握运动员月经周期运动能力变化的规律，做好个体安排。

首先应掌握每名运动员月经周期运动能力变化的规律。月经周期运动能力指标的变化可用"月经周期运动能力指标波动图"表示。一张图可使用两个周期，这便于反映出月经周期之间的联系。

上述月经周期运动负荷安排的一般原则，主要是针对运动新手。对于多年系统训练的高水平运动员来说，随着机体各器官系统机能的不断改善，可有意识逐步地在运动能力相对较低的阶段加大负荷，提高机体承受运动负荷的能力，以保证运动员在月经周期的各个阶段都能参加大负荷的足球比赛，并在比赛中表现出良好的竞技水平。

（二）月经期训练注意事项

现代竞技体育领域中，女运动员月经期训练和比赛的问题已引起广泛的重视。许多女运动员月经期参加奥运会、亚运会、全国性比赛并取得优异成绩的事实证明：在经期可正常参加训练和比赛。尽管经期对女子运动员机体机能的影响是客观存在的，但根据运动员适应性原理，通过长期系统的训练会产生良好的适应性，使经期对运动员竞技能力的影响逐步降低。研究表明，大多数运动员经期反应是随着运动训练水平的提高而好转的。对优秀运动员来说，经期参加大负荷训练和比赛是可以的，不会产生过大影响，但对训练水平较低的运动员则应重视个体差异性，不宜过多地参加大负荷训练和比赛，要循序渐进，逐步适应。为了保证训练效果和运动员的身体健康，教练员在安排经期训练时必须注意：

① 经期和经期后一周出现成绩高潮，一定程度上反映了超量恢复的规律。一般在经期前往往安排大负荷训练，经期开始后进行调整。在经期的后期和经期后一周就会出现机体机能的超量恢复效益。依此规律可使经期训练变被动为主动。

② 经期训练必须坚持运动负荷缓慢增大逐步适应的原则，即运动员对某一量度的负荷适应后再加大负荷。由于经期训练适应包含着生理和心理两方面，所以，对运动员传授必要的经期卫生、心理知识，有助于排除运动员心理顾虑。

③ 经期训练必须与严格的医务监督相结合。通过建立月经卡片等方法，详细记录并了解运动员月经期身心反应和运动能力，以便及时调整经期的运动训练负荷。

一般短时间的月经来潮紊乱，可看作是运动员对经期训练不适应或过度疲劳的症状。可通过逐步适应或运动负荷的调整，使月经逐步恢复正常。但对长期月经间隔短于20天或长于60天，甚至闭经或出血不止的队员，则要进行妇科检查。例如，确诊为生殖系统有病变的运动员，应暂时停止参加经期训练和比赛，及时接受治疗。

④ 经期训练应尽量减少增大腹压的练习和承受大重量并带有憋气的动作。因为月经期盆腔脏器充血，子宫绵软，在做使腹内压增加的练习时，可能会造成月经血量过多，时间长还可能引起子宫及附件移位，影响生殖机能。经期训练应注

意卫生，特别在阴雨天和泥泞地训练或比赛时更要注意，以防阴道感染。

⑤ 女运动员经期常会出现心理上的紧张和烦躁，对比赛失去信心和兴趣。因此，除了对运动员进行思想教育外，还应向运动员讲清女子经期的生理特点，解除其思想顾虑。另外，还须进行必要的心理训练和调控，解除各种不良的心理因素。

第三节　女子心理特征与足球训练

一　竞争欲和胆量

竞争是竞技体育固有的属性。竞争的心理和竞争欲是指，人渴望通过竞争取胜来显示自己能力、维护自尊的一种心理趋势。研究表明：女子运动员的竞争欲和竞争取胜的渴望程度并不亚于男子运动员，但胆量和冒险精神不如男子。女子在训练与比赛中往往表现出缺乏冒险精神和畏首畏尾的倾向。这种差异主要与男性荷尔蒙有关。因此，有意识地激发运动员竞争动机，可以提高她们的竞争欲和胆量。

女子运动员自信心较男子运动员差，多数女子运动员因感到自身身体素质薄弱，对承受大负荷训练的能力缺乏自信心，在训练中对掌握难度较大的技、战术动作，以及在激烈比赛中容易产生焦虑情绪较高的心理倾向。这一倾向严重地影响和制约了女子足球运动员向更高竞技水平的发展。因此，教练员在训练中应根据女子运动员的心理特点，通过设置各种对抗的环境，采用各种有助于提高竞争欲望和锻炼勇气的训练手段，提高女子足球运动员竞争欲望和胆量。

二　思维力和创造性

赛场上足球技战术行动的正确选择，要求运动员具备良好的思维判断能力和创造性。研究表明：女子运动员具体形象思维能力较强，尤其在形象记忆和视觉记忆方面强于男子。但女子思维在综合抽象推理方面弱于男子。女子思维易墨守成规，缺乏灵活性和创造性，因此，女子运动员战术思维的敏捷性和灵活性差，战术意识也不如男子运动员强。

据此特点，女子足球运动员应加强战术理论的学习。在训练中鼓励运动员机动灵活、创造性地选择战术，帮助她们分析战例，提高对战术的理解能力，从而发展思维的灵活性和创造性，切不可用过多的条条框框束缚运动员的手脚。在训练中应发挥她们形象记忆和视觉记忆较强的特点，多提供一些具体、形象、复杂的比赛方案和实战情景，注重在训练和比赛中积累大量的形象经验，以弥补她们在实战中灵活性和创造性不足的弱点。

三　性格特征

女子运动员较男子运动员自制能力强、责任心强、自觉性好，守纪律，好管理，愿意接受增加训练时间，对单调乏味工作的耐受性好。这对于保证训练质量、加强队伍的管理具有积极的作用。但是，由于女子心胸相对较为狭窄，一点小事处理不当，往往会互相埋怨，影响队内团结。为了避免女子运动员性格特征的消极因素对全队的不良影响，教练员应注意言谈举止，并观察和分析她们的思想动态，以便及时做好思想工作，保证训练和比赛中有良好的战斗力。

四　情感特征

女子情感特征明显表现为丰富、细致、感情脆弱、讲究情面。训练和比赛中往往情感体验深刻、易受外界干扰、情绪起伏比较大、容易产生焦虑状态，导致思维与行为的失调，使竞技能力和思维能力受到干扰，影响训练和比赛。因此，教练员应格外注意工作方法，对她们在训练和生活中出现的错误，要耐心、细致地做思想工作，避免简单粗暴或在公开场合下对她们进行严厉的批评，从而挫伤她们的自尊心。对于在比赛中出现的焦虑状态，教练员应引导运动员正确对待比赛胜负，提高运动员在挫折和不利情况下的耐受力，提高其自信心。

女子情感特征的另一点是闭锁性和延续性高于男子。女子情感闭锁性强，容易产生较大的情绪波动，教练员要细心观察和及时引导，情感延续性强又容易导致某一不良情绪状态难以缓解，教练员要及时调整她们的思想情绪。

第四节　女子足球训练的注意事项

一　选材特点

女子足球运动员竞技能力不如男子的主要原因是体能的先天差异，所以，首先应注重队员的体能选材，选择那些在形态、力量、速度、动作频率等方面具有男子特色的强健者。这有利于在掌握和运用各种技、战术动作方面占据优势，在体能训练方面节省大量时间，提高训练效益。

二　混合比赛

女子训练"男子化"是现代运动训练的发展趋势。因此，学习和借鉴男子足球的先进经验，掌握男子运动员的技、战术，按男子运动员的要求发展运动素质，由男选手陪练和一起比赛，有助于培养女子足球运动员勇猛顽强的比赛作风和全面发展竞技能力。一般来说，青春发育期前，男女在一起比赛是无条件的，但对于青春发育期后的男女来说，则必须谨慎行事。因为，双方的力量、速度、身体条件等方面的不等性，常易引起运动损伤。

三　饮食

运动员合理的饮食和营养应根据生理特点和运动训练需要安排。数量应满足消耗的需要，质量应保证各种营养素的需要量，能量供给和消耗应保持平衡。少吃脂肪类含量大的食物，以免造成体内含脂过多，降低运动能力。由于女子足球运动员的生理特点，在青春发育期前，男女每日的铁质需求量基本一致。在月经期，由于血的流失量较大，而铁质对血的再生起着重要作用，所以，在青春期后女子应有更多的铁质补充。

四　损伤

由于足球运动的特点和女子运动员解剖的生理特征，女子足球运动员膝关节和踝关节比较容易损伤，因此，在女子足球训练中应加强腿部力量的训练。另外，在训练和比赛前要切实做好准备活动，避免在地面不平的场地上进行训练或比赛。

五　女教练员和女管理员

由于女子运动员的生理和心理特点与男子运动员有显著的差异，女子足球队中大量生活问题和思想问题却是男教练员无从听到或难以处理的。所以，在条件许可的情况下，女子足球队伍应尽可能配备一名女教练员或女管理员，以便及时掌握队员的各种思想情况和问题，妥善安排训练、比赛和生活事宜。

六　职业教育

多年来，我国女子足球运动发扬"艰苦奋斗、爱国奉献"的优良传统，依靠严格管理、严格训练和"三从一大"的训练方针，加强政治思想教育，使得我国女子足球运动在极其艰苦的条件下生存、发展、壮大，取得了举世瞩目的成绩。为了使我国女子足球运动继续保持世界领先地位，在加快我国女子足球运动改革步伐的同时，在全国女子足球队伍中继续进行爱国主义、集体主义和职业道德教育，树立正确的人生观和价值观，坚持发扬艰苦奋斗、刻苦训练、顽强拼搏的精神，同时，还应利用多种形式组织运动员进行文化学习，提高运动员文化素质和道德修养。

参考文献

1. 杨一民等：《中国体育教练员岗位培训教材——足球》，人民体育出版社 1997 年版。

2. 全国体育学院教材委员会：《体育学院专修通用教材——足球》，人民体育出版社 1992 年版。

3. 田麦久等：《运动训练科学化探索》，人民体育出版社 1988 年版。

4. 张彩珍等：《中国足球运动史》，武汉出版社 1993 年版。

5. 张恩子等：《足球教学训练大纲》，科学普及出版社 1991 年版。

6. 杨一民等：《足球战术与技巧》，人民体育出版社 1996 年版。

7. 全国体育学院教材委员会：《运动训练学》，人民体育出版社 2000 年版。

8. 钟伯光、翁庆章：《高原训练的理论与实践》，人民体育出版社 2002 年版。

9. 田麦久等：《项群训练理论》，人民体育出版社 1998 年版。

10. 杨则宜、王启荣：《足球运动的体能与营养》，北京体育大学出版社 2004 年版。

11. 谷明昌：《现代足球理念》，北京体育大学出版社 2005 年版。

12. 杨锡让等：《实用运动生理学》，北京体育大学出版社 1998 年版。

13. 杨一民等：《亚洲足球教练员 A 级培训教程》，人民体育出版社 1999 年版。

14. 杨一民等：《亚洲足球教练员 B 级培训教程》，人民体育出版社 1999 年版。

15. 杨一民等：《亚洲足球教练员 C 级培训教程》，人民体育出版社 1999 年版。

16. 何志林等：《现代足球》，人民体育出版社 2000 年版。

17. 杨一民等编译:《足球训练——荷兰足球协会青少年足球训练指定教材》,人民体育出版社 2002 年版。

18. 刘丹等:《球类运动训练理念批判》,北京体育大学出版社 2006 年版。

19. 宋守训、尹怀容、杨一民:《风靡世界的职业足球》,北京体育大学出版社 1993 年版。

20. 侯会生:《我国职业足球俱乐部主体人力资源开发研究》,博士学位论文,北京体育大学,2006 年。

21. 张社平:《对我国足球甲级队主教练员领导行为对其队员影响力的研究》,《体育科学》1994 年第 14 期。

22. 李宝生、张社平:《对职业足球教练员基本素质与运动员行为表现、训练水平的相关分析》,《中国体育科技》2000 年第 36 期。

23. 刘浩、杨一民、张恩子:《我国高级足球教练员岗位培训教学目标及培训内容的初步研究》,《北京体育大学学报》1999 年第 22 期。

24. 周毅、胡洪泉:《中外足球教练员岗位培训模式的比较研究》,《体育成人教育学刊》1999 年第 19 期。

25. 龚波:《职业足球运动员体能训练研究》,《体育科学》2005 年第 25 期。

26. 龚波、何志林:《我国职业足球运动员力量与速度素质特征》,《上海体育学院学报》2005 年第 29 期。

27. 张立、张雁立:《试论足球运动员的无氧能力及训练》,《广州体育学院学报》2003 年第 23 期。

28. 张忠、陶骆定:《试论足球运动员的无氧能力及训练》,《武汉体育学院学报》2003 年第 23 期。